광주의
기억을
걷다

광주의 기억을 걷다

1판 1쇄 발행 2014년 5월 18일
1판 4쇄 발행 2019년 7월 27일

지은이 노성태
펴낸이 김승희
펴낸곳 도서출판 살림터

기획 정광일
편집 조현주
디자인 김경수

인쇄 · 제본 (주)현문
종이 월드페이퍼(주)

주소 서울 양천구 목동동로 293, 22층 2215-1호
전화 02-3141-6553
팩스 02-3141-6555

출판등록 2008년 3월 18일 제313-1990-12호
이메일 gwang80@hanmail.net
블로그 http://blog.naver.com/dkffk1020

ISBN 978-89-94445-63-2(03910)

시대와 소통하는 빛고을 역사문화 기행

광주의 기억을 걷다

노성태 지음

살림터

왜 광주인이고 광주 정신인가?

『남도의 기억을 걷다』가 세상에 나온 지 꼭 2년이 지났다. 출판 전 필자는 1년 반 동안 한 주도 거르지 않고 『전남일보』에 남도 역사기행을 연재하면서 지쳐 있었다. 그래서 당분간 푹 쉬고 싶었다. 그런데 몇 개월의 쉼도 없이 또 광주 역사기행을 준비하지 않으면 안 되었다. 『남도의 기억을 걷다』가 출판되자 필자가 근무하는 춘태학원의 최석태 이사장께 책을 보내드렸다. 그런데 일주일도 안 되어 장문의 소감문을 보내왔다. 최이사장이야말로 『남도의 기억을 걷다』의 최고 독자인 셈이다.

　최 이사장은 소감문에서 "의향이라는 정체성은 각 시대를 통하여 관통하는 선각자나 신념 있는 인물들이 실행한 삶의 신조이고 얼의 결집이었다는 근원적 인식을 가져다주었으며, 민주화의 성지 남도는 이에 따른 역사적 뿌리의 결과였음을 알 수 있었다."면서 "남도인으로서의 정신의 재정립과 가치 있는 삶의 방향을 다시 한 번 깊이 있게 성찰하여볼 수 있는 계기가 되었다."고 고백하였다. 그러면서 "광주는 초기 마한시대의 영향이 크고 그 뒤 백제, 후백제, 통일신라, 고려, 조선이라는 우리나라 역사의 전개 과정에서 가장 많은 6개 단위 국가적 역사와 문화적 흐름이 융합된 희귀한 천년의 역사 도시"라고 진단하였다. 또한

"이를 바탕으로 광주가 천년 역사 도시에서 창조 도시로 재조명되어 역사의 빛 속으로 나와야 한다."는 견해도 피력하였다. 최 이사장의 광주 역사를 바라보고 해석하는 견해가 매우 흥미 있다고 생각했다. 그리고 "6개의 큰 역사적 물줄기가 융합된 희귀한 천년 역사 도시"라는 해석은 곰곰이 생각해보니 탁견이었다.

편지 말미에 광주를 천년 역사와 창조 도시 광주로 재인식할 수 있도록 『광주의 기억을 걷다』라는 새 책이 나오기를 기대한다면서 골치 아픈(?) 숙제마저 내주었다. 그러고는 꼼짝할 수 없게 광주의 역사를 연구하고 있는 필자의 시대적 소명이라는 말로 묶어버렸다. 지난 1년 동안 광주 역사기행을 또 연재하게 된 이유였다. 한 주도 거르지 않고 광주의 역사와 씨름하기는 결코 쉽지 않았다. 그러나 소명을 실천한다는 기쁨 또한 만만치 않았다.

광주가 남도의 중심 치소가 된 것은 신문왕 6년(686), 9주의 하나인 무진주가 되면서 지방장관인 도독이 파견되어 15개 군을 관할하면서부터다. 따라서 엄밀히 말하면, 광주는 천년을 훨씬 뛰어넘는 고도인 셈이다. 그러나 중심 치소가 되기 훨씬 이전부터 광주는 하이테크 기술을 갖춘 사람들의 삶의 보금자리였다.

최초의 광주인이라 할 수 있는 12만 5,000년 전의 구석기인들이 치평동에 살았으며, 청동기시대에는 용두동 송학산 기슭에 북방식 고인돌을 남기기도 했다. 철기시대 신창동 사람들의 기술력은 당대 최고였다. 그들이 남긴 155센티미터 두께의 벼 껍질 압착층은 현재까지 확인된 세계 최대의 벼 생산 자료이며, 신을 만들 때 사용하던 틀인 신발골도 세계 최초다. 그리고 그들이 만든 비단과 현악기, 발화 도구, 수레바퀴는 한국 최고다.

천년이 훨씬 넘는 세월 동안 무등산 자락과 광주천을 배경으로 살아온 광주인들이 남긴 삶의 흔적은 셀 수 없을 만큼 많다. 일본과의 교류를 보여주는 명화동·월계동 장고분도, 신라시대 축조된 무진고성도, 증심사·원효사 등 불교 자취도, 광주에서 거병하여 후백제를 건국한 견훤의 흔적도, 전국 최초인 향약 시행 장소도, 최고급 분청사기를 구워내던 가마터도 그 흔적들이다.

그러나 세월은, 인간은 무서운 파괴자였다. 남아 있는 흔적보다 훨씬 더 많은 흔적들이 사라져버렸다. 대부분은 세월의 무게를 버티지 못하고 사라지고 말았지만, 더러는 광주읍성처럼 일제의 침략에 의해 허물어지기도 했다. 그리고 더러는 개발에 눈이 뒤집힌 인간의 탐욕과 욕심이 마지막 남은 광주의 옛 모습마저 깡그리 없애버리고 만다. 태봉산이 헐리고 경양방죽이 메워지고 유림수가 베어진 건 다 그 때문이었다. 미래를 보지 못한 단견이 가져다주는 파괴는 아픔이다. 그러나 아픔도, 추억도, 흔적도 다 우리들이 가슴에 품어야 할 역사요 문화이다.

천년의 역사는 수많은 영웅들을 낳았다. 견훤, 박상, 이선제, 박광옥, 고경명, 김덕령, 양진여·양상기, 최홍종, 전상의, 기대승, 정충신, 정율성, 임방울, 최병채, 박준, 박관현, 윤상원…… 양림산에 묻힌 외국인 선교사들도, 뱃사공으로 한푼 두푼 모은 돈으로 서창 면민들을 구제한 뱃사공 박호련도 무등산이 낳은 영웅이었다. 이들뿐만 아니라 한말 어등산에서 목숨 걸고 싸운 의병도, 광주학생독립운동과 4·19혁명, 5·18 민주화운동, 6월 항쟁 당시 선두에 선 학생도 시민들도 다 무등산이 품은 광주의 영웅들이다.

그 영웅들이 죽음으로 지켜낸 가치가 의로움이며, 그 의로움의 가치가 역사적으로 축적되고 발현된 것이 민주·인권·평화의 광주 정신이다. 국립 5·18 민주묘지에 형상화된 기념탑이 내포한 의미이기도 하다. 이처럼 역사 속에서 축적된 광주 정신은 광주인의 자긍심이 되고 정체성이 된다.

필자는 광주 정신인 민주·인권·평화는 광주만의 정신이 아닌 한국인 모두가 지향해야 할 보편적 정신이고 가치여야 한다고 믿는다. 아니, 전 세계인의 정신이고 가치여야 한다. 그 정신과 가치가 무등산 자락에서 잉태되었음은 정말 자랑스러운 일이 아닐 수 없다. 그럼에도 광주 정신은, 광주는 어딘지 허전하다. 광주를 벗어나지 못한 답답함도 있다. 어딘지 갇힌 느낌도 받는다. 이제 광주는 자랑스러운 광주 정신으로 한국민과 세계와 소통해야 하며, 창조의 도시로 다시 부활해야 한다.

광주는 빛고을이다. '빛'이 갖는 창조성은 이미 2,000년 전 신창동 유적지에서 확인된 바 있다. 자긍심이 된 광주 정신 위에 창조 도시 광주가 이젠 미래의 꿈이었으면 싶다.

이 책이 출간되기까지 많은 사람들의 도움을 받았다. 책의 모태가 된 지난 1년여에 걸친『전남일보』의 칼럼 '노성태의 광주 역사기행'은 즐거웠지만 고된 여정이었다. 지면을 할애해준 전남일보사와, 다듬어 예쁜 책으로 만들어준 도서출판 살림터에 거듭 고마움을 전한다. 늘 든든한 동반자 신봉수 선생의 꼼꼼한 교정과 지적은 정말 큰 도움이 되었다.

책으로 만들기 위해 원고를 읽고 또 읽으면서 너무도 부족함을 절감하곤 했다. 그러나 격려해준 많은 독자들의 응원 덕분에 여기까지 왔다. 광주의 역사와 정신을 사랑하는 분들이 가슴에 품는 책이 되기를 바란다.

2014년 4월
심청원에서

제1부

천년 역사 고도, 광주

제3부
ⅡⅡⅡⅡⅡⅡⅡⅡ

민주·인권·평화의 도시, 광주

제1부

천년
역사
고도, 광주

1

광주에 남은 인간 최초의 흔적,
치평동 유적

350만 년 전 지구상에 등장한 인류 최초의 조상인 구석기인은 어떤 모습일까? 너무 오랜 시간 전이다 보니 그들이 남긴 흔적조차 만나기가 결코 쉽지 않다. 그들의 삶은 21세기 현대인에 비해 아주 단순했을 것임이 분명하지만 절대적인 정보 부족으로 정확한 모습은 그릴 수 없다. 단지 지금까지 확인된 대략의 모습은 다음과 같다.

그들은 동굴이나 강가에 막집을 짓고 살았다. 배가 고프면 뗀석기를 이용하여 사냥을 하거나 나무 열매를 먹었다. 아직 계급도 사유재산도 출현하지 않은 원시공동체 사회였다. 불을 발견하면서 원거리 이동이 가능해지고, 익혀 먹게 된다. 시간이 흐르면서 석회암이나 동물의 뿔등으로 조각 작품을 만들기도 했다. 그 흔적을 알려주는 한반도의 대표적인 유적으로는 상원 검은모루 동굴, 연천 전곡리, 공주 석장리 등이있다.

남도에는 언제부터 구석기인이 살았을까? 10여 년 전까지도 남도는 구석기인이 살지 않은 땅이었다. 한반도에서 가장 비옥한 조건을 갖춘 남도에 구석기인이 살지 않았을 리는 없다. 단지 그 흔적을 오랫동안

상무지구 치평동 구석기 유적지(조선대학교 박물관 제공)

찾지 못했을 뿐이었다. 그런데 2006년 판 국사 교과서에 남도에도 구석기인이 살았음을 확인하는 순천 죽내리 유적지가 지도에 실린다.

교과서에 실린 12만 5,000년 전의 순천 죽내리 유적은 하층의 문화층에서 연천 전곡리 유적에서 볼 수 있는 석영과 응회암으로 제작한 대형격지와 주먹도끼, 찌르개, 긁개 등 중기 구석기시대의 석기류가 발굴되었다. 이어서 화순 도산 유적지에서도 석기 제작터와 함께 찍개, 긁개, 톱니날 석기 등이 출토되었다. 이들 지층과 유물은 적어도 중기 구석기시대부터 남도 일원에 구석기인이 정착했음을 보여준다.

남도에 들어온 구석기인의 주 정착지는 강가나 하천의 야트막한 언덕이었다. 특히 그들의 생활 터는 하천이 합류하는 낮은 구릉이나 둥글

상무지구 치평동 구석기 출토 유물

게 휘돌아 섬처럼 이어진 구릉, 그리고 물가에서 얼마간 떨어져 주변을 조망하기에 적당한 곳이나 햇볕이 오래 드는 곳 등에서 확인된다. 이런 생활 터는 수렵이나 어로를 비롯한 각종 생산 활동이 용이한 천혜의 자연 조건을 갖춘 지역으로, 구석기인에게는 명당이었다. 남도의 젖줄인 영산강과 샛강인 극락강, 황룡강, 지석강 주변과 보성강도 바로 그런 곳이었다.

천혜의 조건을 갖춘 영산강 유역의 구릉상에 구석기인들이 삶의 터전을 마련했음은 당연하다. 실제로 영산강의 중상류 지역에 위치한 광주 첨단지구의 산월동과 상무지구의 치평동, 철도 이설 구간인 매월동 등의 구릉상에서 구석기인들이 사용한 여러 점의 뗀석기가 출토되었다. 또한 나주 동강면과 공산면, 산포면 등 영산강 하류 지역에서도 다양한 뗀석기 유물들이 확인되고 있다. 영산강 유역에서 출토된 다수의 유물은 주먹도끼, 긁개, 찍개 등 후기 구석기에 속한 유물이었다. 이는 광주를 비롯한 영산강 유역이 후기 구석기인들의 주 무대였음을 보여준다.

광주 최초의 인간 흔적이 남아 있는 서구 치평동(92~1번지) 유적은 극락강과 그 지류인 광주천 주변의 동남쪽에 형성된 30~40미터의 낮은 구릉지대에 위치한다. 1996년, 조선대학교 박물관의 발굴 조사 결과 9개의 지질층이었고 그 지질층 가운데 2개의 구석기 문화층이 확인되었다.

구석기 1문화층에서는 몸돌 1점, 조각돌로 만든 긁개 2점이, 구석기 2문화층에서는 몸돌 2점, 격지, 찍개, 여러면석기, 조각돌이 각각 1점 등 지표에서 채집된 유물을 포함하여 총 12점이 출토되었다.

2개의 문화층 중 구석기 2문화층은 후기 구석기의 늦은 시기에 해당되고, 구석기 1문화층은 이보다 이른 시기로 판단된다. 구석기 1문화층의 연대는 구석기 2문화층에 이르기까지 쌓인 약 3미터에 이르는 퇴적 두께와 그 사이에 적갈색 모래질찰흙층이 있는 점을 고려한다면, 적어도 중기 구석기시대에 속할 가능성도 있다.

광주 치평동 구석기 유적은 영산강 유역에서 발견된 최초의 구석기 유적이라는 점, 제1문화층이 중기 구석기 단계까지 올라갈 수 있는 가능성이 함축되어 있다는 점에서 의미가 있다.

지금 광주의 신도심은 시청이 버티고 있는 상무지구다. 한때 이곳은 대한민국 군 장교 양성의 요람이었다. 1994년, 상무대가 장성으로 옮겨 가면서 지금 전남중학교 주변인 치평동 92~1번지 일대가 구석기인의 보금자리였음이 밝혀졌다. 시굴된 유적은 다시 흙으로 덮이고, 그 위로 고층 아파트들이 빼곡히 들어섰다. 수만 년이 흐르면서 구석기인의 주거지였던 막집은 이제 21세기의 주거지인 아파트로 변해버렸다. 아파트 빌딩 속에서 수만 년 전 구식기인들의 막집을 떠올리기는 쉽지 않지만, 치평동 유적은 광주에 남은 인간 최초의 흔적임이 분명하다.

구석기인의 보금자리, 한반도

인류가 언제 출현했는지에 대해서는 몇 가지 학설이 있지만, 대체로 350만 년 전에 아프리카에서 출현했다고 알려져 있다. 한반도에 구석기시대의 출현은 이보다 훨씬 늦은 70만 년 전이고, 한반도의 남쪽 끝자락에 자리 잡은 광주·전남의 경우는 더 늦다.

인류는 진화 과정에서 직립이 가능해짐에 따라 손을 사용할 수 있게 되자 돌을 깨서 석기를 만들어 사용하게 된다. 생산도구였던 석기를 다듬는 기술을 기준으로 구석기시대는 전기(350만 년 전~12만 5,000년 전), 중기(12만 5,000년 전~4만 년 전), 후기(4만 년 전~1만 년 전)로 나뉜다.

전기에는 큰 석기 하나를 여러 용도로 사용했고, 중기에는 큰 몸돌에서 떼어낸 돌조각인 격지들을 가지고 잔손질을 해서 석기를 만들어 사용했는데, 나중에는 크기도 점점 작아지고 하나의 석기가 하나의 용도만을 가지게 되었다. 후기에는 쐐기를 대고 형태가 같은 여러 개의 돌날격지를 만들었다.

현재에도 한반도 곳곳에서는 구석기시대의 유적·유물이 계속 발굴 조사되고 있다. 그런데 1960년대 전반 공주 석장리 유적이 발굴 조사되기 전까지 한반도에서 구석기시대의 존재가 인정되지 않았던 적도 있었다. 1935년 함경북도 동관진 유적에서 몇 점의 석기와 동물뼈가 조사되었지만, 한국사의 단계적 발전을 부정하는 일본인 연구자들에 의해 부정되었기 때문이다. 그 후 1970년대 말 경기도 연천군 전곡리 유적 발굴을 시작으로 광주 치평동 유적까지 한반도 곳곳에서 구석기시대 유적이 발굴되면서, 한반도는 구석기인의 삶의 보금자리였음이 확인된다.

복원된 구석기시대 막집

2

남도 유일의 북방식,
용두동 고인돌

고인돌(支石墓, Dolmen)은 크고 평평한 바위를 몇 개의 돌로 괴어놓은 고대의 거석 구조물을 가리킨다. 계급 분화가 시작된 청동기시대에 만들어졌으며, 주로 경제력이 있거나 정치권력을 가진 지배자(족장)의 무덤으로 추정된다. 돌화살촉, 민무늬토기, 비파형동검, 곱은 옥 등이 부장품으로 발견되어 제작 시점을 알려준다. 고인돌은 납작한 판석이나 덩이돌 밑에 돌을 괴어 지상에 드러나 있는 '괴여 있는 돌'이란 뜻의 굄돌이나 고임돌에서 유래된 것으로 추정된다.

고인돌은 겉모습의 차이에 따라 북방식(탁자식) 고인돌과 남방식(바둑판식) 고인돌로 나뉜다. 북방식 고인돌은 탁자 또는 탁상 모양의 고인돌로, 보통 돌멘이라고 불리는 멋쟁이 고인돌이다. 네 개의 판석을 세워 평면이 장방형인 돌방을 구성하고, 그 위에 거대한 덮개돌을 올려놓은 것으로 돌방이 지상에 노출되어 있다. 덮개돌의 크기는 2~4미터가 보통이나 8미터가 넘고 무게가 수십 톤이 나가는 것도 있다. 주로 한강 이북에 분포하며 전북 고창이 남방한계선이다. 남방식 고인돌은 매장 시설의 주요 부분이 지하에 설치되어 북방식과는 확연히 구분된다. 판석 또는 할석이나 냇돌을 사용하여 지하에 돌방을 만들고 그 위에 거대한 덮개돌을 올려놓는다. 남방식은 전국적으로 분포하고 있지만 전라도, 경상도 등 한강 이남에 주로 분포한다.

고인돌은 가장 위에 놓인 덮개돌과 이를 받치고 있는 받침돌(굄돌), 밑에 마련된 석실인 무덤방과 무덤방을 덮는 뚜껑돌로 구성된다. 무덤방에서는 사람 뼈나 부장품이 발굴되는 경우도 있다. 덮개돌이나 뚜껑돌에는 별자리 모양이 새겨져 있기도 하다. 별자리 모양은 석기시대 이전부터 토속신앙의 상징으로 고대 한반도의 기복신앙이나 고대 천문학의 기원으로 추정된다. 여수 오림동에서는 당시 사람들의 신앙을 나타내는 암각화가 그려진 고인돌도 확인된다.

이러한 고인돌은 스칸디나비아반도로부터 지중해 일대까지의 유럽 지역, 인도, 동남아, 중국 동부 해안지대, 한국, 일본 등지에 널리 분포한다. 한국에는 약 3만여 기의 고인돌이 분포하고 있는데, 이는 세계 고인돌의 절반 이상을 차지한다. 특히, 전남에는 2만여 기가 분포하고 있어 세계적인 고인돌 왕국을 이룬다. 그중 200톤이 넘는 세계 최대 크기의 고인돌과 덮개돌을 떼낸 채석장을 간직하고 있는 화순 효산리·대신리 고인돌은 세계문화유산으로 지정되었다.

2만여 기가 분포하는 고인돌 왕국 남도에서 광주도 예외일 수는 없다. 광주의 고인돌은 광산구 29곳, 남구 15곳, 서구 13곳, 북구 6곳, 동구 3곳에서 수백 기가 확인된다. 주로 도시의 외곽지대인 광산구에 많이 분포하고 있어 얼른 눈에 띄지 않을 뿐이다. 광산구 삼거동에는 반경 200미터의 구릉 안에 49기의 고인돌이 분포되어 있어 광주 지역 최고의 밀집도를 자랑한다. 광주의 고인돌 유물은 매월동에서 출토된 완형의 석검과 석착(돌로 만든 끌)을 제외하면 무문토기 편 등 매우 빈약하다.

용두동 북방식 고인돌

이러한 상황에서도 축조 시기 및 유적의 하한 연대를 알려준 청동기시대의 민무늬토기인 점토대토기가 출토되었다. 또한 서구 용두동에서는 북방식(탁자식) 고인돌 1기가 확인되었다. 이는 북방식의 남방한계선이 전북 고창보다 더 남쪽으로 내려오고 있음을 확인해주었다는 점에서 의미가 있다.

　　광주를 대표하는 고인돌 유적 중 하나는 북방식 고인돌이 확인된 서구 용두동 학동 마을이다. 광주~송정 간 도로의 극락교 앞에서 왼쪽 길로 접어들어 서창동사무소를 지나 대촌동사무소 쪽으로 가다 고개를 넘으면 바로 왼쪽 송학산(209m) 기슭에 있다.

　　학동 마을은 5가구 정도가 사는 아주 조그마한 마을이다. 입구에

난 작은 길을 따라 70미터쯤 가면 고인돌을 만날 수 있다. 고인돌은 남북으로 3열로 배치되어 있는데 우측 열의 보존 상태가 가장 완전하다. 현재 온전한 상태로 남아 있는 것이 10기이며, 덮개돌이 없는 굄돌 7개가 흩어져 있는 것으로 보아 2~3기가 더 있었을 것으로 생각된다. 용두동 고인돌의 덮개돌은 높이가 대부분 50센티미터 정도이나 입구에 자리 잡은 고인돌은 가로 140센티미터, 세로 120센티미터, 폭이 50센티미터로 가장 크다. 주변에 채석장이 없는 것으로 보아 1킬로미터 정도 떨어진 인근 송학산에서 채석해 온 것으로 보인다.

용두동 고인돌군의 가장 큰 특징은 남도 유일의 북방식 고인돌 1기가 남아 있다는 점이다. 3호 고인돌로 불리는 이 고인돌은 모두 3기의 굄돌이 있는데, 대부분의 북방식 고인돌에 비해 그다지 높지 않은 변형의 모습을 보이고 있다. 강화도 고인돌과는 달리 남부 지방으로 내려올수록 북방식 고인돌의 굄돌 높이가 짧아지고 크기도 작아진다. 그럼에도 불구하고 평평하지 못한 두꺼운 모습의 덮개돌과 날씬하지 못한 뭉뚝한 모양의 굄돌은 어딘지 부자연스럽다.

북방식 고인돌이 있는 학동 마을은 뒤에 송학산이 위치하며 마을 앞 가까이에 극락강이 흐른다. 배산임수지인 송학산 자락은 청동기인들의 최적의 취락지가 아닐 수 없다. 학동 마을 가까이에 갈판과 갈돌이 출토된 청동기시대를 대표하는 송암동 주거지가 있음도 그 증거이다. 용두동 북방식 고인돌은 송학산에서 채석한 덮개돌을 옮기는 장면을 상상할 수 있는 남도의 소중한 문화 원형이다. 그 문화 원형 가까이에 전국 최초로 향약을 시행했던 부용정, 88올림픽 식전 행사를 장식한 고싸움의 마을과 고경명 사당인 포충사도 있다.

용두동 북방식 고인돌의 모습이 어쩐지 외로워 보인다. 남방식 고

용두동 고인돌 안내 표지판

인돌이 대부분인 남도에서 유일하게 북방식이기도 하지만, 모습 자체도 어쩐지 불안하다. 외로워 보이는 이유는 또 있다. 만귀정, 금당산 등과 함께 서구 8경으로 선정되어 있는 오늘의 문화재임에도 관리가 너무 허술하기 때문이다.

세계문화유산, 화순 고인돌

남도에서 고인돌은 어디서나 볼 수 있는 흔하디흔한 유물이다. 우리나라 고인돌 3만여 기 중 2만여 기 이상이 남도에 있기 때문이다. 남도의 고인돌 밀집도가 어느 정도인지는 영남 4,800여 기, 강원 2,000여 기, 충청 1,000여 기, 전북 2,000여 기, 북한 4,000여 기와 비교하면 더욱 분명해진다.

2만여 기가 넘는 남도 고인돌 중 화순 효산리·대신리 고인돌이 세계문화유산으로 지정될 수 있었던 이유는 무엇일까?

첫째는 계곡 사이에 입지해 보존 상태가 양호하고, 둘째는 고인돌의 축조 과정을 알 수 있는 채석장이 함께 존재하고 있으며, 셋째는 거대한 고인돌이 다수 있고, 넷째는 크고 작은 다양한 형태의 고인돌이 공존한다는 점을 들 수 있다. 그리고 축조 연대를 알 수 있는 근거를 확보할 수 있었다는 점도 중요한 원인이 되었다. 화순 대신리 고인돌에서 나온 목탄의 방사성 탄소 연대가 기원전 2500±80년으로 측정되어 기원전 2500년경에 고인돌이 축조되었음을 알려주었다. 채석장 아래에서 아가리 부분에 삼각문과 점열문이 있는 토기도 출토되어 기원전 10세기

핑매바위라 불리는 세계 최대 규모의 고인돌

이전의 유물임을 보여주고 있다.

　화순 고인돌 유적의 명물은 길이 7미터, 두께 4미터, 무게 200톤에 달하는 세계 최대의 고인돌로 알려진 핑매바위다. 마고할미가 운주골에서 천불천탑을 세운다는 소문을 듣고 치마에 돌을 싸가지고 가는데, 닭이 울어 탑을 다 쌓았다고 하자 돌을 버리고 발로 차버렸다고 해서 핑매바위라는 이름이 붙여진다. 핑매바위 위에는 구멍이 있는데 왼손으로 던져 그 구멍에 돌이 들어가면 아들을 낳고, 들어가지 않으면 딸을 낳는다는 이야기도 전해진다.

3

2,000년 전의 타임캡슐,
신창동 유적

2,000여 년 전 광주 신창동의 영산강변에는 당대 최고의 하이테크 기술력을 지닌 선진 집단의 마을이 자리 잡고 있었다. 이 유적은 1962년, 서울대학교 고고학 팀이 53기의 옹관(독무덤)을 발굴 조사하면서 알려졌다.

옹관 발굴이 있은 지 30년이 지난 1992년 5월, 국립광주박물관 조현종 학예연구사가 구불구불한 국도 1호선 길을 직선화하는 공사 현장인 신창동을 찾았다. 30년 전 옹관이 출토된 곳에서 150미터 정도 떨어진 농경지 유적의 가능성이 있는 퇴적층의 모래와 흙을 긁어 연구실로 가지고 온 조 연구사는 흥분을 감추지 못했다. 흙에서 볍씨와 토기편들을 확인했기 때문이다. 공사는 당장 중단되었고, 공사 범위에 들어 있는 9평의 저습지에 대한 발굴이 시작되었다.

국내에서 한 번도 조사되지 않았던 저습지 유적이 확인된 순간이었다. 저습지 유적은 호소(湖沼)와 같은 습지나 그 주변에 형성된 유적으로 유기물 보존이 양호하여 유구나 유물, 식물 유체 등이 잘 보존되는 특징이 있다. 신창동에서 확인된 저습지는 원래 영산강변에 형성된 늪과 못으로 둘러싸인 습지로, 당시 사람들이 생활용수로 쓰던 곳이었다. 세월이 흐르면서 사람들이 사용하던 도구나 물건들이 버려지거나 영산강이 범람하면서 이곳이 메워진 것이다.

9평의 기적, 그 좁은 공간에서 엄청난 유물이 쏟아졌다. 나무로 만든 머리빗·칠기굽잔·칼자루 등의 목칠제 유물과 높은 굽이 달린 접시·점토대 토기 등의 각종 토기류도 출토되었다. 이 조사 결과, 신창동 유적은 학술적·문화적 가치의 중요성이 인정되어 곧바로 사적 제395호로 지정되었다(1992. 9).

그러나 발굴은 곧 중단되었다. 유물이 습지 속에 있을 때는 2,000년을 견뎌왔지만 일단 퇴적층이 햇볕에 노출돼 유기물이 산화되면서 토양의 색깔이 변해버렸기 때문이다. 유물의 산화도 급속하게 진행돼 섣불리 발굴을 강행하면 유물 전체를 한순간에 망가뜨릴 수 있었다. 저습지 발굴 경험이 전혀 없던 발굴팀은 2년간 조현종 학예연구사를 일본 나라 문화재연구소로 보내 일본의 저습지 유적 발굴 기법을 공부하게 했다.

1992년부터 시작된 유적 발굴은 2012년까지 13차례나 계속된다. 발굴이 진행될 때마다 최초·최고라는 수식어가 붙는 엄청난 유물이 쏟아졌다. 저습지 유적의 조사방법론을 계획적으로 적용한 우리나라 최초의 유적지, 신창동 유적의 최초·최고 타이틀을 확인해보자.

신창동에서는 벼, 조, 밀 등의 다양한 재배 작물과 155센티미터 두께의 벼 껍질 압착층, 벼를 재배한 밭과 논이 확인되었다. 그중 밭벼 재배는 우리나라에서 최초로 확인되었다. 155센티미터의 벼 껍질 압착층은 중국에서 발굴된 72센티미터를 크게 앞지르는 유적으로, 벼의 무게로 환산하면 500여 톤에 달하는 규모다. 10톤짜리 덤프트럭 50대 분량에 해당하는 벼 껍질 압착층은 현재까지 조사된 세계 최대 규모의 유적이다.

신창동 유적에서는 870여 점의 목기도 출토되었다. 이들 목기는 무기·농기구·공구·제의구·방직구·악기·수레부속구 및 기타 생활용품으로 종류가 매우 다양하다. 농기구와 공구 자루 및 수레바퀴에는 단단한 참나무가, 북에는 울림이 좋은 버드나무가 사용되었다. 2,000년 전 신창동 사람들은 놀랍게도 나무의 성질을 정확하게 파악하여, 용도에 적합하게 나무를 사용하였다.

신창동 유적에서는 완성된 칠기뿐 아니라 칠기 제작을 알려주는 유물들인 칠이 묻어 있는 천조각과 칠이 담긴 용기, 칠 주걱 등도 우리나라 최초로 출토되었다. 『동국여지승람』에 보이는 극락강의 옛 이름은 칠천(漆川)이다. 신창동 유적지에서 초기 철기시대부터 통일신라시대의 것까지 연이어 출토된 칠기는 2,000년 전부터 이 지역에 고도의 칠기 제작 기술을 가진 첨단 기술 집단이 존재하고 있었음을 보여준다.

발화막대, 발화막대집, 발화대 등 발화 도구도 출토되었다. 이들 발화 도구는 우리나라 최초의 발화 도구일 뿐 아니라 시기적으로도 가장 빠르다. 함께 출토된 관솔은 송진이 많이 엉긴 소나무의 조각으로 한쪽에는 불을 붙였던 흔적이 남아 있다.

신창동 유적에서는 신을 만들 때 사용하였던 틀인 신발골도 출토되었다. 전체적인 형태는 발의 모양과 흡사하지만 앞과 뒤가 약간 들려 있다. 『삼국지 위서 동이전』에 "삼한 사람들은 가죽신을 신고 다닌다."는 기록이 있다. 신창동 출토품은 신코가 경사져 있어 동이전의 기록에서와 같이 가죽신을 만드는 데 사용되었던 것으로 보인다.

12년 만에 이름을 찾은 유물도 있다. 땅을 일구는 데 사용된 따비

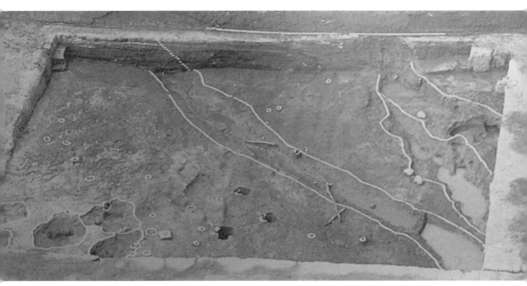

국내 최초의 신창동 저습지 유적 발굴 전경(1997, 국립광주박물관 제공)

가 그것이다. 1997년 출토 직후 곡병부괭이로 보고되었다. 그러나 12년이 지나는 동안 관련 자료와 일본 지역의 따비 자료를 검토하는 과정에서 농경문청동기에 묘사되어 있는 것과 같은 쌍날따비임을 알게 된다.

신창동 저습지 유적 발굴은 계속 이어질 것이다. 앞으로 또 얼마나 많은 유물이 쏟아질지 정말 흥분된다. 지난 20년간 엄청난 유물을 쏟아낸 유적지에는 30년 역사 교사인 필자조차도 알기 어렵게 쓰인 안내판만 휑하니 서 있을 뿐 그 흔한 전시관 하나 없다. 창조 도시 광주의 기원이 된 신창동 유적의 중요성에도 불구하고 일반인들에게 여전히 낯선 이유다.

신창동 발굴, 빅3

1997~98년의 발굴은 일반인들의 관심을 가장 많이 끌고 있다. 신창동 발굴 유적의 빅3로 불리는 현악기와 베틀 부속구인 바디, 수레바퀴가 출토되었기 때문이다.

발굴된 현악기는 길이 77.2센티미터, 폭 28.2센티미터였다. 『삼국지 위서 동이전』「변진조」에 "삼한은 방울과 북을 매달아 귀신을 섬기고 노래 부르고 춤을 출 때 사용하는 슬(瑟, 큰 거문고)이 있는데 그 모양이 중국의 현악기인 축(筑, 거문고 비슷한 대로 만든 악기)과 같다. 이것을 타면 소리와 곡조가 나온다."는 내용이 나온다. 이 현악기를 복원한 결과 10현임이 판명되었다. 우리나라 최고의 현악기인 신창동 슬은 대전 월평동 출토품 및 신라 토우에 보이는 현악기와 비슷한 모습이었다.

베틀 부속구인 바디(베를 짤 때 위쪽에서 밑으로 당기는 도구)가 옷감을 짜기 위해 실을 만드는 가락바퀴와 실의 탄력을 일정하게 하기 위한 실감개, 한국 최초의 비단인 천조각과 함께 출토된 것도 획기적이다. 출토된 바디는 중국과 한국 그리고 일본 출토품 중 가장 완전한 형태였고, 천을 짤 때 날줄과의 마찰로 바디 날에 세밀한 수직 마찰 흔이 선명하

신창동 출토 빅3 중 하나인 현악기, 슬
(출토 당시의 모습)

세계 최고인 155센티미터의 벼 껍질 압착층

게 드러나 있었다. 바디의 출토는『삼국지 위서 동이전』「마한조」의 "양잠을 알고 옷감을 만들었다."는 내용과 함께 당시 직조 기술과 의생활의 단면을 엿볼 수 있게 해주었다.

수레의 발굴은 더욱 극적이다. 출토된 수레바퀴통은 바퀴살이 박혀 있고 빠진 흔적이 남아 있었다. 특히 가로걸이대의 고삐고리에서는 마차를 사용한 흔적이 확인되었다. 이는 "마한인은 소나 말을 탈 줄 모르며 장례에 다 써버린다."는『후한서 동이전』의 기록이 틀렸음을 알게 해주었다.

국내 출토 최고의 발화 도구

4

한·일 고대사의 미스터리,
명화동 장고분

1994년 국립 광주박물관은 광산구 평동 저수지 위쪽에 자리 잡은 고분 하나를 발굴했다. 고분의 규모는 33미터×24미터, 높이 2.7미터였다. 이 무덤은 광주에서 찾아볼 수 없을 만큼 컸을 뿐만 아니라 모양도 특이했다. 위에서 내려다보면 두 개의 삼각형이 서로 하나의 꼭지점에서 맞닿아 있고, 그 위로 원형의 봉분이 둥그렇게 얹혀진 모양이었다. 꼭지점이 맞닿은 부분은 잘록하고 낮았다. 고분의 가장자리는 넓은 도랑이 빙 두르고 있었고, 도랑을 포함한 고분 형태는 방패형이었다. 사다리꼴과 원형의 연결 부분 가장자리를 따라 원통형 토기도 배열되어 있었다.

우리나라 최초로 발굴된 특이한 형태의 고분, 모습이 악기인 장고를 닮았다 해서 지명인 명화동과 함께 명화동 장고분(광주광역시 기념물 제22호)이라 이름이 붙여진다. 발굴이 이루어지자, 일본에서는 난리가 났다. 일본의 3대 신문인 『아사히신문』이 발굴 고분과 유물을 1면 머릿기사로 대서특필(1994년 5월 20일자)했기 때문이다.

명화동 장고분에서 출토된 유물인 원통형 토기는 일본에서는 하니와라고 부른다. 신문은 "한·일 양국의 연구자들은 이번에 발굴된 하니

한·일 고대사의 타임캡슐, 명화동 장고분(33미터×24미터)

왜가 6세기 한반도 남부와 일본의 관계가 얼마나 깊었는지 말해주는 1급 유물이라는 데 이의를 달지 않고 있다."며, "이 고분은 한반도에 정착하고 있던 왜의 호족이 묻힌 곳일지도 모른다."고 보도한다. 이어 "광주의 명화동 고분에서 12점의 하니와가 발견됐다는 뉴스는 하니와가 일본 열도에만 존재한다는 정설을 일시에 뒤엎는 것인 만큼 한·일 양국 연구자들에게 엄청난 놀라움을 안겨주고 있다."고 강조했다. 일본의 유력 신문 아사히는 왜 명화동 장고분과 출토 유물인 원통형 토기를 1면에 대서특필하며 호들갑을 떨었을까?

일본에는 3세기 중엽에서 6세기 후반에 걸쳐 전방후원분이라 불리는 고분이 2,000개가 넘게 조성된다. 전방후원분은 최고 권력자인 왕과 지역 수장의 무덤인데, 이름에서 알 수 있는 것처럼 무덤 앞면은 네모지고 뒷면은 무덤 주인공을 매장하는 봉분으로 둥글게 축조된다. 오사카에 있는 닌토쿠(仁德) 천황 능은 전체 길이만 400미터가 넘는 거대 봉분으로, 이집트 피라미드·중국 진시왕릉과 함께 세계 3대 무덤으로 불린

명화동 장고분에서 출토된 원통형 토기

다. 일본만의 무덤으로 알려진 전방후원분과 하니와를 꼭 빼닮은 원통형 토기가 명화동에서 출현했으니 『아사히신문』이 흥분하고 호들갑을 떤 것은 당연했다.

일본의 전방후원분과 유사한 장고분은 명화동과 월계동을 비롯하여 영광, 담양, 함평, 영암, 해남 등 영산강 유역에서만 13기가 확인된다. 이들 장고분은 모두 5세기 후반에서 6세기 전반의 짧은 시기에 조성된 것으로, 대부분 길이가 40~50미터 내외이다.

명화동에서 장고분이 확인된 이후 영산강 유역에 산재한 장고분 속 피장자의 국적은 한·일 역사학계의 뜨거운 논쟁거리가 된다. 피장자의 국적이 뜨거울 수밖에 없었던 것은, 일제가 4~6세기 가야 지역에 임나일본부라는 통치 기구를 두고 다스렸다는 소위 임나일본부설과 맞닿아 있기 때문이다. 일부 일본 학자들이 주장하는 임나일본부설은 『일본서기』 등의 기록을 근거로 전방후원분이 조성되던 4세기 말부터 200여 년 동안 왜가 한반도 남부를 지배했다는 식민지 지배를 합리화하기 위한 학설이었다. 그런데 그 학설을 뒷받침이라도 하듯 영산강 유역에서 왜의 전방후원분과 비슷한 무덤이 나왔으니 피장자의 국적 문제는 한·일 역사학계의 뜨거운 쟁점일 수밖에 없다.

지금까지 피장자의 국적에 대해서는 크게 세 학설이 있다. 마한 토착 세력설, 왜인설, 마한 망명객설 등이 그것이다.

마한 토착 세력설은 독립적인 정치체를 형성하고 있던 나주 영산강 유역의 수장들이 왜와 빈번히 교류하면서 왜의 무덤 양식을 받아들였다는 주장이다. 왜인설은 다시 둘로 나뉜다. 하나는 영산강 유역에 왜의 무역센터 같은 곳이 있었는데, 이곳에서 철 교역에 종사한 왜계 집단이 고향의 무덤인 전방후원분을 조성했다는 주장이다. 또 다른 하나는 백제의 한성 함락(475)으로 백제가 자력으로 영산강 유역을 통치할 수 없게 되자, 왜계의 백제 관련 집단을 채용하여 토착 세력을 견제했다는 것이다. 마한 망명객설은 오사카를 중심으로 왜와 가야계가 야마토 정권을 세우자 이에 반발했던 북규슈의 마한 계통 망명객이 다시 고향인 영산강 유역으로 돌아와 장고형 고분을 축조했다는 설이다.

한·일 학계의 뜨거운 논쟁거리인 장고형 고분의 피장자가 현 시점에서 현지 수장층인지, 왜인인지, 마한 망명객인지는 결정적인 물증이 나오지 않는 한 정확히 알 수 없다. 그러나 분명한 것은 피장자가 현지인이든 왜인이든 임나일본부설과는 관련이 멀어 보인다. 현지인일 경우 임나일본부설은 원천적으로 성립할 수 없고, 왜인이라고 해도 장고분의 분포가 대형 옹관고분의 중심지인 나주가 아닌 광주, 담양, 함평, 해남, 영광 등 그 주변에 드문드문 산재한 것으로 보아 왜가 정치체를 형성하여 영산강 유역을 장기간 지배한 흔적이라고는 볼 수 없기 때문이다.

전방후원분과 유사한 장고분과 원통형 토기의 출현은 광주를 포함한 영산강 유역이 어떤 형태로든 규슈 지역의 왜와 빈번히 교류했음을 알려준다. 그러나 명화동 장고분은 여전히 전방후원분의 기원이 어디인지, 무덤의 주인은 누구인지, 임나일본부설과는 어떤 관련이 있는지 등 한·일 고대사의 수많은 비밀을 품고 있는 1,500년 전의 타임캡슐이다.

월계동 장고분

첨단지구 월계동 주택단지 주변에도 특이한 모양의 고분 2기가 남아 있다. 이 고분 역시 명화동처럼 장고를 닮은 형태이다. 개발이 이루어지기 전, 이곳 마을 이름은 월계리 장구촌이었다. 장구 모양의 고분과 관련된 마을 이름인 장구촌답게, 이곳에는 9기의 고분이 있었다. 그러나 오랜 세월이 지나면서 방치되고, 생계를 위해 주민들이 봉분을 깎아 논밭으로 만들면서 2기만 남았다. 2기의 고분도 이 일대 주민들은 야트막한 야산이나 구릉으로 알고 있었다. 발굴 당시까지도 주민들은 시신이 안치된 돌방을 김치 등을 보관하는 냉장고로 사용하고 있었다.

야트막한 야산, 구릉으로 알려진 무덤이 장고분으로 확인된 것은 1993년과 1995년 전남대학교 박물관에 의해 조사 발굴되면서부터다. 그 결과 앞은 네모지고 시신이 안치된 봉분인 뒷부분은 원형인 장고형 고분임이 확인되었다. 그리고 고분 주변은 1~2미터 깊이의 방패형 도랑이 감싸고 있고, 봉분의 아랫부분에서는 일본에서 하니와라 부르는 원통형 토기도 출토되었다.

1호분은 전체 길이 45미터, 봉분 지름은 26미터나 되는 광주 최대 크기의 고분이고, 2호분은 1호분에 비해 4분의 3 정도 크기이나 기본 구조는 같다. 명화동 장고분과는 달리 굴식돌방이 확인되었는데, 벽은 깬 돌을 이용하여 벽돌처럼 쌓았다. 일제강점기에 도굴되었지만 금귀고리, 철제 화살촉, 토기 조각 등이 남아 있었다.

일본에서는 원통 모양의 토기를 비롯하여 인물이나 동물 모양의 토기를 봉분이나 도랑에 배치하는데, 이것을 하니와라 부른다. 하니와는 묘의 영역을 구분하고 악령을 막으며 피장자의 권위를 나타내는 종교적 역할과 관련이 깊다. 월계동 장고분 출토 원통형 토기도 제사와 관련된

월계동 장고분 원형 주변의 고랑과 유물

유물로 추정된다.

　명화동에서처럼 월계동 장고분과 원통형 토기도 5~6세기 한·일 고대사와 관련하여 큰 관심을 받고 있다.

5

통일신라시대 무진주의 치소,
무진도독성

근대 광주가 남도의 중심지가 된 것은 23부제가 13도제로 바뀌면서 전라남도 도청 소재지가 된 1896년부터다. 1896년 이전 남도의 중심 치소는 나주였다. 고려 왕조를 개창한 왕건이 나주 호족인 오씨 세력과 결합하면서 나주의 위상이 갑자기 부각된 결과였다. 그러나 천년도 훨씬 이전인 신라의 삼국 통일 이후는 광주가 남도의 중심지였다. 신라는 삼국을 통일한 후 확대된 영토를 효율적으로 관리하기 위해 전국을 9주로 나눈다. 당시 광주의 명칭은 9주의 하나인 무진주(武珍州)였고, 지방장관인 도독이 파견되어 15개 군을 관할하는 치소가 된다. 『삼국사기』에는 신문왕 6년(686)에 무진주가 처음 설치된 것처럼 기록되어 있지만, 『광주읍지』 「읍선생조」를 보면 문무왕 18년(678년)에 아찬 천훈이 무진주 도독으로 파견된 기록도 있다. 무진주는 이후 경덕왕 16년(757)에 무주로 개편된다. 그리고 주의 장관인 도독이 근무하는 무진도독성이 축조된다. 1910년대에 일제의 만행에 의해 허물어져버린 고려 말 건립된 광주읍성 이전에 무진도독성이라 불린 또 다른 통일신라시대의 읍성이 있었다. 그러나 통일신라시대 광주에 읍성이 있었음을 아는 사람은 거의

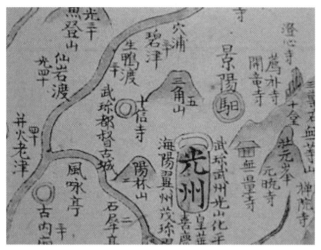

17세기 후반에 제작된 『동여비고』에 표기된 무진도독고성(武珍都督古城)

없다. 흙으로 쌓은 토성이어서 역사가 좀먹은 결과이겠지만, 찾아보려는 관심 부족도 탓하지 않을 수 없다.

무진도독성은 통일신라시대 무진주의 치소로 현재 광주광역시의 출발이 된다. 하지만 아직 정확한 위치나 규모 등은 파악되지 않고 있다. 무진도독성이 기록되어 있는 문헌으로는 『세종실록지리지』(1432), 『신증동국여지승람』(1530), 『여지도서』(1765), 『동국문헌비고』(1770), 『광주목지』(1798), 『대동지지』(1866), 『광주읍지』(1879) 등이 있다. 『세종실록지리지』에는 "무진도독 때의 옛 토성은 둘레가 2,650보이다."라고 서술된 반면, 『신증동국여지승람』에는 "무진도독고성은 현의 북쪽 5리에 있다. 흙으로 쌓았고 둘레는 3만 2,448척이다."라고만 기록되어 있다. 이후 문헌상의 기록은 현이 주로만 바뀔 뿐 『신증동국여지승람』처럼 단편적이다.

일단 문헌상으로 알 수 있는 것은, 무진도독성이 고려 말에 축조된

잣고개 좌우 산기슭에 복원된 무진고성

광주읍성의 북쪽 5리에 위치했고, 흙으로 쌓은 토성이었으며, 둘레가 3
만여 척으로 8,253척인 광주읍성보다 컸다는 사실뿐이다. 더욱 구체적
인 위치를 보여주는 것은 지도 『동여비고』(1682)와 『대동여지도』(1861)
다. 『동여비고』는 십신사라는 절 왼편에 무진도독고성을, 고산자 김정호
는 『대동여지도』에 읍성 북쪽 냇가 건너편에 고읍을 표기하고 있다. 고
읍이란 조선시대 읍성 이전의 옛 읍으로 무진도독성을 가리킨다. 그러
나 무진도독성의 정확한 위치는 여전히 오리무중이다. 그래서 한동안
도독골이라는 지명이 남아 있고, 신라 시기의 귀면 문양의 암막새와 새
문양이 새겨진 수막새가 발견된 잣고개의 돌로 쌓은 석성이 무진도독성
이라는 설이 제기되기도 했다. 그런데 1988년 전남대학교 박물관의 발

굴 조사 결과, 잣고개성은 무진도독성이 아닌 무진도독성의 배후 산성으로 판명된다.

그렇다면 광주광역시의 출발이 된 무진도독성의 위치는 어디였을까? 1994년부터 무진도독의 치소였던 옛 성터에 대한 발굴 성과가 발표되기 시작하면서, 그 구체적인 위치가 확인되기 시작한다. 1994년 전남대학교 임영진 교수는 누문동 광주일고 운동장에서 통일신라시대 건물터와 기와 조각을 찾아낸다. 특히 건물지는 광주 시가지의 핵심 도로인 충장로와 평행하면서 접해 있어 이미 통일신라시대에 충장로를 포함하는 도로망이 형성되었음을 알려준다.

이러한 연구 성과를 바탕으로 2002년에 나온「광주읍성유허지표보고서」는 고려 말에 건립된 광주읍성이 무진도독성의 격자형 가로망 위에 축조되었음을 밝힌다. 무진도독성은 9주 5소경이 설치된 경주나 남원의 읍성처럼 격자 가로망 구조였다. 즉, 고려 말에 조성된 광주읍성이 이 격자 가로망을 활용한 것이기 때문에 네모난 모양이라는 것이다. 고려 말에 건립된 광주읍성은 4대문이 있는 사각형 모양의 읍성이었다. 즉 동문인 서원문은 대의동 옛 광주문화방송국 옆 사거리, 서문인 광리문은 황금동 옛 광주 미문화원 부근 사거리, 남문인 진남문은 광산동 옛 광주시청을 지나 전남대학교 의과대학 가는 사거리, 그리고 북문인 공북문은 금남로 4가 충장 치안센터 앞 사거리였다. 그 4대문을 경계로 해서 사각형으로 쌓은 성이 광주읍성이었다. 그 읍성의 중심 도로가 남문과 북문을 잇는 대로, 즉 지금의 충장로다. 전남대 김광우 교수도 무진도독성의 격자형 시가지 일부에 석성을 쌓은 것이 광주읍성이라는 견해를 피력한다. 이는 무진도독성이 어디에 위치했는지를 분명히 확인시켜준다.

이처럼 격자형 가로망 및 건물지와 통일신라시대 출토 유물은 통일신라시대에 축조된 무진도독성이 충장로 일부를 포함한 누문동, 북동 일대임을 암시한다. 이 위치는 이미 소개한 조선조 문헌의 북쪽 5리에 있다는 기록이나 고지도인 『동여비고』 및 『대동여지도』에 표기된 위치와도 일정 부분 일치한다. 통일신라시대에 세워진 여러 사찰 터에 남아 있는 석탑이나 석불 등도 위치를 비정하는 데 도움이 된다. 9세기의 동구 지산동 5층 석탑은 백천사지 유물이고, 증심사의 철조비로자나불좌상은 옛 도청 소재지의 대황사지 유물로 추정된다. 평지에 위치한 이 사찰들은 그들로 둘러싸인 광주의 도심지가 당시의 중심지였음을 말해준다.

무진도독성이 언제 완성되었는지는 알 수 없다. 무진주에 최초로 파견된 도독은 문무왕 18년(678)의 아찬 천훈이다. 이후 신문왕 대를 거쳐 경덕왕 16년(757)에 무주로 개편되는 것을 보면, 이 무렵 완성되었을 것으로 추정된다. 흙으로 쌓은 지상의 읍성은 천년이 넘는 세월을 견디지 못하고 흔적도 없이 사라졌지만, 1915년에 제작된 광주시가지 지적원도에 새겨진 격자 모양의 가로망은 놀랍게도 천년을 넘는 세월을 이어오며 천년 고도 광주의 역사적 징표가 되고 있다.

무진도독성은 광주가 도청 소재지가 된 1896년이 아니라, 7세기 말부터 남도의 중심지였음을 알려준다. 무진도독성에서 시작된 광주의 도심지는 고려 말 조선시대 광주읍성을 거쳐 오늘 인구 150만의 거대 도시로 발전한다.

무진도독성의 배후 산성, 무진고성

산수동에서 전망대를 지나 4수원지로 넘어가는 길목을 잣고개라고 한다. 이 고갯마루의 좌우 산기슭에 새롭게 복원된 돌로 쌓은 성이 있다. '무진주 시대의 옛 성'이란 의미를 지닌 무진고성이 그것이다.

잣고개성은 한동안 무진도독의 읍성인 무진도독성일 가능성이 높다는 향토사학자들의 주장이 제기되었다. 실제로 1986년 광주일보 향토문화연구소와 향토문화개발협의회 회원들이 지표 조사한 결과 '國·官·城·京(국·관·성·경)' 등의 명문이 새겨진 기와 조각과 경주 안압지 등에서 출토된 가릉빈가의 변형으로 추정된 새 문양(왕벌 문양으로도 봄)의 수막새, 귀면 문양의 암막새 등을 발굴했다. 더군다나 주변 마을 사람들은 성터 너머 마을을 도독골이라 부르고 있었다. 도독골은 도독고을이며, 우리말 고어 잣은 '城(성)'으로 잣고개는 성고개이다. 그러므로 잣고개의 성터는 바로 무진주 도독이 근무하는 무진도독성터일 가능성이 높다는 주장이 탄력을 받기도 했다.

그럼에도 무진고성은 무진도독성이 될 수 없는 결정적인 한계를 안고 있었다. 무진도독고성을 언급한 『신증동국여지승람』을 비롯한 여러 문헌에는 "현의 북쪽 5리에 흙으로 쌓았다." 혹은 "주의 북쪽 5리에 쌓

무진고성에서 출토된 새 문양의 수막새(왼쪽)와 귀면 문양의 암막새

았다." 등으로 표기하고 있다. 즉 무진도독성은 조선시대 읍성으로부터 북쪽 5리에 위치하며, 토성이라는 것이다. 그런데 무진고성은 방향과 거리에서 전혀 맞지 않고 돌로 쌓은 석성이었다. 실제로 1988년, 전남대학교 박물관의 발굴 조사 결과 무진고성은 총 길이 남북 1킬로미터, 동서 500미터, 둘레 3,500미터의 타원형 구조의 성으로 판명된다. 동·서·남·북 문 등 4대문이 있었고, 성 능선에 17개소에 이르는 건물터, 성 안에 5개소에 이르는 건물터가 발견되었다. 그러나 전남대박물관은, 무진고성은 토성이 아닌 석성이며 출토 유물 중 무진도독성임을 입증할 만한 확실한 유물이 없어 무진도독성터로 볼 수 없다고 발표했다.

통일신라시대 9주 5소경이 설치된 남원, 김해, 공주 등지에 산성이 있었음을 감안해보면 잣고개에 위치한 무진고성은 유사시에 대피하여 장기간 농성할 수 있는 무진도독성의 배후 산성이었을 가능성이 높다.

6

무등산 불교 지킴이,
증심사 3층 석탑

무등산 자락은 수많은 사찰을 품고 있다. 1530년에 간행된 『신증동국여지승람』 「불우조(佛宇條)」를 보면, 광주의 사찰 10개 중 7개가 무등산에 건립된 것으로 나와 있다. 무등산이 통일신라시대부터 국가가 직접 제사를 지낼 만큼 성스러운 산이었던 점을 고려해본다면, 사찰 건립이 많았던 것은 당연한 결과로 보인다.

삼국시대부터 이 지역에 불교가 들어왔겠지만 정확하게 언제부터인지는 확인하기 쉽지 않다. 금곡동 무등산 자락의 원효사는 원효대사(617~686)가 머무른 암자에서 시작되었다고 전해진다. 원효대사가 머무르기 이전부터 암자가 있었다면, 원효사는 삼국시대에 이미 창건된 사찰이어야 한다. 그러나 오늘 원효사에는 삼국시대의 역사를 알 수 있는 어떤 흔적도 남아 있질 않다. 단지 1980년 대웅전 신축 공사 당시 삼국시대의 금동불상 6점을 비롯하여 백제 토기 기와, 고려시대 흙으로 빚은 불상 등이 출토되어 원효사의 창건 시기와 역사를 더듬게 해줄 뿐이다.

현재 원효사에는 20세기에 제작된 광주 최고의 서양화가 오지호 화백의 명품 탱화가 한 점 남아 있다. 1954년 독실한 불교신자인 장모의 간청으로 그린 198센티미터×152센티미터의 거작이다. 원효사를 찾게 되면 종무소 오른편 주지스님 방에 걸린 명품 탱화를 꼭 한번 감상해보길 권한다.

무등산 자락의 불교는 9세기에 유입된 선종과 함께 꽃을 피운다. 무등산 자락의 불교가 9세기에 꽃피울 수 있었던 것은 삼국 통일 후 무진군이 9주의 하나인 무진주로 승격된 정치 상황의 변화와도 관련이 있다. 무진주가 15개 군을 거느린 남도의 정치 중심지가 되면서 불교문화 역시 광주를 중심으로 새롭게 재편되었을 것이기 때문이다.

유학승에 의해 유입된 선종은 참선 수행을 통해 각자의 마음속에 있는 불성을 깨우칠 수 있다는 새로운 불교를 가리킨다. 선종은 경전의 이해를 통해 깨달음을 추구하는 기존의 이론적인 교종 체제를 부정하는 혁신적인 것이었고, 당시 신라 사회의 변화 요구에 상응하는 불교계의 새로운 흐름이었다. 내재적 불성을 발견하려는 선종의 개인주의적 경향은 중앙 정부의 거추장스러운 간섭에서 벗어나 지방에서 독자적인 세력을 구축하려는 지방 호족의 경향과도 잘 들어맞았다. 이에 선종은 각 지방 호족의 지원을 받아 전국에 9개의 산문을 개창하게 되는데, 이를 9산 선문이라 부른다. 9산 선문 중 세 곳이 우리 지역에서 개창되면서, 남도는 선종의 중심지로 부상한다. 장흥 보림사, 곡성 태안사, 남원 실상사는 9산 선문의 중심 도량이었고, 화순 쌍봉사와 구례 연곡사는 개산조사의 거처였다. 이들

증심사의 건립과 함께한 무등산 불교 지킴이,
증심사 3층 석탑

선종 산문과 승려들은 광주 지역, 무등산 자락의 불교에도 많은 영향을 미치게 된다.

통일신라시대 광주의 불교문화를 알 수 있는 자료는 거의 남아 있지 않지만, 가지산문을 연 보조선사 체징(804~880)이 859년 무주(지금의 광주) 지역의 황학난야에 머물렀음은 확인된다. 그리고 무등산 자락의 증심사, 약사사, 개선사 등도 이 무렵 창건되었다. 이 중 증심사와 약사사는 사자산문의 실질적인 개산조로 화순 쌍봉사에 주석하면서 선풍을 떨치던 철감선사 도윤(798~868)에 의해 창건되었다.

9세기, 무등산 불교가 꽃피었음을 알려주는 대표적인 불교 유물로는 동구 지산동의 동 5층 석탑(보물 제110호), 약사사의 석조여래좌상(보물 제600호), 증심사의 철조비로자나불좌상(보물 제131호), 오백전 앞 3층 석탑(광주시 유형문화재 제1호), 광주 댐 근처의 개선사지 석등(보물 제111호)과 원효사 등지에서 발견된 통일신라시대의 기와 조각 등이 있다.

더러는 세월의 무게를 이기지 못해 자취를 감추거나 터만 남기기도 했지만, 오늘 무등산 자락의 사찰 가운데 현존 최고의 사찰 중 하나는 광주 시민들의 사랑을 듬뿍 받고 있는 증심사다. 증심사는 통일신라시대인 860년, 철감선사 도윤이 세웠음은 이미 살핀 바 있다. 그런데 사자산문의 개산조사인 철감선사 도윤은 증심사나 약사사 창건자로서보다는 화순 쌍봉사에 남은 우리나라 최고의 걸작인 철감선사 승탑(국보 제57호)의 주인공으로 더 유명하다.

증심사의 역사는 결코 순탄하지만은 않았다. 1094년 고려 혜조국사가 중건하였지만 정유재란(1597) 당시 침입한 왜구에 의해 소실된다. 광해군 1년(1609) 석경 스님 등에 의해 다시 세워진 후 여러 차례 중수되지만, 6·25전쟁으로 오백전(유형문화재 제13호)과 사성전만 남기고 다 불에

원효사 출토 유물, 고려시대 흙으로 빚은 불두(佛頭)

타고 만다.

1970년 대웅전이 다시 준공된 후 지장전, 비로전, 일주문 등이 다시 세워져 오늘 제법 사찰다운 풍모를 풍긴다. 그러나 증심사의 건축물은 6·25전쟁의 화마를 비켜간 조선 후기의 오백전과 사성전을 제외하고는 모두 1970년 이후에 건립된 것들이다.

증심사에 남아 전하는 문화재로는 철조비로자나불좌상, 3층 석탑, 석조보살입상 등 지정문화재와 범자 7층 석탑 등이 있다. 그중에서도 보물 제131호로 지정된 철조비로자나불좌상은 우리들의 눈길을 사로잡는다. 사성전 안에 안치된 철조비로자나불좌상은 90센티미터 크기로 비교적 작은 불상이지만, 철불이 유행하던 신라 하대의 작품임은 분명하다. 그런데 이 불상은 처음부터 증심사에 있던 것이 아닌 광주 서방면 동계리에 있던 것을 1934년 옮겨놓은 것이어서, 진짜 증심사의 주인은 아니다.

증심사의 진짜 주인, 이는 대웅전 뒤 오백전 앞에 자리 잡고 있는 3.2미터 높이의 3층 석탑이다. 이 탑은 상륜부의 일부 석재가 없어지고 1층 머릿돌이 파손된 것을 제외하고는 정유재란도, 6·25전쟁의 화마도

견뎌낸 채 건립 당시의 모습을 당당하게 유지하고 있다. 3층 석탑은 높은 2중 기단과 몸돌 부분의 뚜렷한 체감 비율 등이 통일신라 석탑의 양식을 충실히 따르고 있어 증심사의 창건 시기를 9세기 중엽으로 추정하는 단서가 되기도 한다. 1971년 해체 복원되었지만 몸돌 안의 사리함이 이미 도굴된 상태여서 증심사의 창건 및 탑의 정확한 조성 시기는 확인할 수 없었다.

증심사 3층 석탑은 무등산 자락에 남아 전하는 최고의 불교 흔적이며, 증심사 창건 당시부터 천년이 넘는 역사를 지켜낸, 증심사 지킴이가 아닐 수 없다.

명문이 새겨진 개석사지 석등

증심사 3층 석탑과 함께 신라 하대에 세워진 중요 불교 유적 중 하나는 광주 댐 가장자리의 개선사지 석등(보물 제111호)이다. 신라 하대 '임금님 귀는 당나귀 귀'로 유명한 경문왕(861~875)은 왕비와 공주의 발원을 담아 쌀 300석의 거금을 쾌척하여 경주에서 멀리 떨어진 광주 부근에 개선사란 절을 짓고, 정말 잘생긴 석등 하나를 세운다.

이 개선사지 석등은 오랫동안 땅속에 묻혀 있었다. 일제 강점기에 조선총독부가 펴낸 『조선고적도보』에 보면 간주석(상대석과 하대석을 잇는 기둥 모양의 돌) 부분까지 묻힌 채로 있었다. 1992년 바닥을 파고 흩어진 부분을 정

광주 댐 끝자락에 위치한 개선사지 석등

개선사지 석등에 새겨진 명문

리하여 시멘트로 바닥을 짠 다음 다시 일으켜 세우면서 일부 석재에 20세기의 돌이 들어가 조금은 어색하다.

　개선사지 석등이 대단한 불교 유물인 이유는 통일신라시대에 만들어진 석등 중 유일하게 136자의 명문이 새겨져 있어 제작 연대가 경문왕 7년(867)임을 알 수 있을 뿐 아니라, 무등산 자락에 남아 전하는 가장 오래된 불교 유물 가운데 하나이기 때문이다.

　석등에 새겨진 글자 중 1행부터 6행까지는 경문왕과 왕비, 공주(뒤의 진성여왕)가 발원하여 석등을 건립하였다는 기록이 새겨져 있고, 7행부터 10행까지는 이 절의 승려가 주관하여 석등의 유지비를 충당하기 위해 토지를 구입한 것과, 구입한 토지의 위치에 관한 기록이 새겨져 있다.

　왕이 직접 나서서 만든 석등이고, 석등을 유지하기 위해 토지까지 구입한 것을 보면 개선사지 석등에 들인 왕실의 정성을 짐작해볼 수 있다. 왕실의 이런 정성이 정말 멋진 석등을 만들어냈고, 1,100여 년이 지난 지금에도 석등 속에 그 품격이 남아 전하고 있다. 왜 신라 경문왕이 왕비와 공주의 발원을 담아 경주에서 멀리 떨어진 변방 지역 무주에 쌀 300석의 거금을 보내 이런 석등을 세웠는지는 지금 정확히 알 수 없다. 다만 석등이 건립되기 20여 년 전에 일어난 장보고 피살(846) 등 청해진 세력 제거와 관련된 무주인에 대한 민생 수습용은 아니었는지 추정해 볼 뿐이다.

7

전설이 된 진훤의 땅,
광주

892년 무진주에서 거병한 후 900년 완산주(지금의 전주)에서 후백제를 건국한 진훤은 경상도 상주 가은현 출신인지, 광주 북촌 출신인지 궁금하다. 다소 뚱딴지같은 질문을 던진 것은 『삼국유사』권2, 「후백제와 진훤조」에 실려 전하는 진훤의 출생 설화 때문이다.

"옛날 한 부자가 광주 북촌 마을에 살고 있었다. 그에게는 딸 하나가 있었는데, 용모가 매우 단아했다. 어느 날 딸이 아버지에게 말했다. '매일 자주색 옷을 입은 남자가 침실로 와서 관계를 맺곤 합니다.' 그러자 아버지가 말했다. '네가 바늘에 실을 꿰어 그 사람의 옷에다 꽂아놓아라.' 딸이 그렇게 했다. 날이 밝자 북쪽 담장 아래에서 풀려나간 실을 찾았는데, 실은 큰 지렁이의 허리에 꿰어 있었다. 그 후 딸이 임신을 하여 사내아이를 낳았다. 아이는 열다섯 살이 되자 스스로 진훤이라 일컬었다."

일연의 『삼국유사』는 진훤이 광주 북촌에서 태어났다는 설화를 전하고 있다. 하지만 김부식의 『삼국사기』에는 진훤이 경상북도 상주 가은현 출신으로 기록되어 있고, 학계에서는 이를 정설로 받아들이는 분위

풍영정에서 바라본 대마산

기다.

　진훤의 출신지가 오늘 어디인지를 묻는 이유는 상주 출신설의 논리적 허점이 너무 많아 보일뿐더러, 지렁이 설화의 땅 광주에 진훤 관련 흔적이 많이 남아 전하기 때문이다. 그가 상주 출신임을 의심하게 만드는 이유는 다음과 같다.

　첫째, 아자개가 진훤의 친아버지라면 그의 아들의 적수였던 고려의 왕건에게 귀부할 수 있겠는가?

　둘째, 918년 아자개가 왕건에게 귀부한 사건은 아자개가 진훤의 생부였다면 당시 최고의 빅 뉴스였을 것이다. 그런데 『삼국사기』나 『삼국유사』에는 어디에도 그와 관련된 기록은 없다.

　셋째, 아자개가 왕건에게 귀부하기 10여 년 전인 906년, 진훤이 후백제의 왕이 되어 상주에 금의환향하지만 사서에는 상주민들의 진훤에 대한 어떤 반응도 보이지 않는다.

　넷째, 진훤 정권에 참여한 인물 중 상주 출신은 거의 찾아볼 수 없다.

이에 반해 광주 출신일 가능성은 다음과 같다.

첫째, 광주에서 군사를 일으킨 진훤은 거병한 지 한 달 만에 5,000명의 무리를 모은다. 궁예가 3,500명의 무리를 모아 자립하는 데 10년이 소요되었음과 비교하면 믿기 어려울 만큼의 놀라운 속도다.

둘째, 지훤을 비롯한 박영규, 김총, 능창 등 진훤 정권의 주변 인물들은 모두 광주와 광주 주변 출신들이다. 진훤 정권의 중심 인물 중 상주 출신은 단 한 명도 없다.

위에서 살핀 것처럼 진훤은 상주 출신이 아닌 광주 출신으로 이해하는 것이 더욱 합리적이며, 출신지의 끈끈한 연고를 바탕으로 후백제를 건국할 수 있었다고 해석하는 것이 맞아 보인다. 그 합리적인 해석을 가능하게 하는 많은 흔적들이 각종 고지도나 문헌 및 전설 등에 남아 있다.

광주의 북쪽, 영산강 상류 지역에는 『삼국유사』의 출생 설화 이외에도 진훤과 관련된 더 많은 자료가 남아 있다. 19세기에 제작된 각종 문헌에 남아 전하는 진훤대(甄萱臺)와 방목평(放牧坪)이 그것이다.

현재까지 알려진 옛 문헌 가운데 진훤대와 방목평에 대해 처음 언급한 관찬 자료는 18세기에 편찬된 것으로 추정되는 『여지도서』다. 그 이후 간행된 『광주읍지』에도 진훤대와 방목평을 다루고 있고, 그 내용도 『여지도서』와 대동소이하다.

『광주읍지』에 따르면 "진훤대는 고을 북쪽 15리에 있다."고 했고, "방목평은 진훤대 아래에 있으며 민간에 전하길 진훤이 군대를 주둔시키고 말을 기르던 곳이라고 한다."라고 적고 있다.

진훤대와 방목평은 지금 어디일까? 『광주읍지』에 보이는 진훤대가 지금 어디인지에 대해서는 생룡동 뒷산인 대포리봉(죽취봉으로도 불린다)

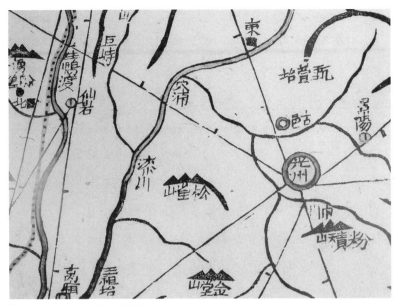

『대동여지도』에 보이는 견훤대

과 동림동의 대마산으로 견해가 엇갈린다. 북구 생룡 마을 뒤에서 대포리봉으로 가는 가파른 구릉을 따라 꼭대기까지 약 2.5킬로미터에 걸쳐 흙과 돌로 쌓은 성터의 흔적이 남아 있는데, 이 성터 꼭대기를 진훤대라 부른다고 한다. 실제로 생룡 마을 뒤에서 통일신라시대의 토기와 기와 조각들이 출토되기도 했다. 대포리봉이 진훤대라고 생각하는 사람들은 진훤이 광주 북촌에서 출생했다는 『삼국유사』의 설화나 생룡 마을 등 '용' 자 이름이 붙은 동네 이름이 유독 많은 것과 관련짓기도 한다. 그러나 대포리봉이 진훤대라는 설은 다음과 같은 취약성을 안고 있다. 대포리봉이 있는 생룡 마을은 옛 거리상으로 북쪽 40리에 있던 동네다. 이는 당시 진훤대가 북쪽 15리에 있다는 기록과 맞지 않는다.

이에 반해 동림동의 대마산(93.9미터)이 진훤대라는 증거는 이렇다.

19세기에 제작된 비변사인 「방안지도」에 "진훤대는 황계면에 있다."고 밝히고 있다. 황계면은 대마산이 있는 지금의 동림동 일대를 부르던 옛 지명이다. 또한 이 지도에 "황계면이 읍치로부터 10~15리에 있다."고 기록되어 있어, 진훤대가 북쪽 15리에 있다고 했던 『광주읍지』의 기록과도 부합한다. 19세기 김정호가 제작한 『대동여지도』에도 진훤대가 황계면 남쪽에 있는 것으로 그려져 있다. 더욱이 대마산은 왕조대로 추정되는 광·송 간 도로변의 사월산(혹은 백마산으로도 추정함)과도 서로 마주 보고 있어 "왕조대는 진훤대와 더불어 서로 마주 보고 있다."는 『여지도서』의 기록과도 부합한다. 단원 김홍도가 그렸다고 전해지는 『동국지도』는 황계산(지금의 운암산) 옆에 별도의 산을 그려놓고 이곳을 진훤대라고 표기하고 있다. 이런 자료들은, 조선시대 후기 사람들은 북구 생룡 마을이 아닌 동림동의 대마산을 진훤대로 믿었음을 보여준다.

북구 일대의 '용' 자 마을

영산강 유역에서도 나주 이남의 중·하류 지역은 왕건이 주인공으로 등장하는 설화가 압도적이다. 왕건과 오다련의 딸이 처음 만난 나주 시청 앞의 완사천, 왕건이 진훤의 군대에 쫓기던 중 꿈의 계시를 받았던 나주시 동강면의 몽송 마을, 그리고 왕건이 진훤의 추격을 피해 건넜다는 무안 몽탄면과 나주 동강면 사이의 몽탄나루(오늘의 몽탄대교), 왕건이 진훤의 군대를 크게 이겼다는 무안 몽탄면의 파군교 등이 그것이다.

반면, 영산강 상류 지역에서는 진훤이 주인공으로 등장한다. 『삼국유사』에 나오는 광주 북촌의 지렁이 설

광주 북촌 설화지로 추정되는 생룡 마을 입구

화나 문헌에 등장하는 진훤대와 방목평이 그것이다. 진훤 설화는 나주 이남에 남아 전하는 왕건 설화에 비하면 매우 적다. 이는 왕건이 역사의 승자였던 반면, 진훤은 패자였던 것과 관련이 있어 보인다.

영산강 상류, 그의 탄생지로 추정되는 북구 생룡 마을 일대에 남아 전하는 '용' 자 마을의 집중도 흥미롭다. 고려 2대 왕 혜종이 태어난 나주의 흥룡동처럼 용은 왕을 상징하는 지명으로 곧잘 등장하기 때문이다. 실제로 영산강 상류인 북구 생룡 마을과 담양군 대전면 일대에는 생룡·용전·용산·용강·용두·복룡·용동·청룡·신룡·용정 등 '용' 자를 쓴 마을 이름만 줄잡아 10여 곳에 이른다. 영산강 유역에서 반경 5킬로미터 안에 이처럼 '용' 자 지명을 가진 마을이 밀집해 있는 것은 이 일대가 유일하다.

영산강 이북인 광주에 오면 진훤은 왕건의 주위를 맴도는 조연이 아니라 "진훤이 태어났다, 진훤이 머무르며 진을 쳤다, 진훤이 포위를 풀었다."처럼 주어가 되고 주연이 된다. 역사적으로는 왕건에게 패했지만, 전설을 통해서나마 진훤을 역사의 승리자로 두고 싶어 하는 광주인들의 진훤 사랑 때문은 아닐까?

8

성거사 터
5층 석탑의 비밀

고려시대 광주의 정치적 위상은 나주에 밀리면서 크게 약화된다. 그러나 불교문화만은 여전했다. 이는 광주 곳곳에 남은 고려 불교의 흔적을 통해서도 확인할 수 있다. 현재 사찰의 명칭이 확인되는 곳으로는 성거사지, 대황사지, 십신사지, 서봉사지 등이 있다. 유물만 전하는 곳으로는 장운동 폐사지와 광산구 신룡동 폐사지, 선암동 폐사지, 탑동 폐사지 등도 확인된다.

대황사지는 옛 광주읍성의 남문 안에 세워진 절터로, "무신년에 임금이 오래살고 나라가 평안하기를 바라며 석등을 세웠다."는 내용이 새겨진 8각 간주형의 석등이 남아 있다. 글자가 새겨져 있어 재명석등이라 불린다. 1968년 금남로 확장 공사 당시 옛 도청 안으로 옮겨놓았다가, 2008년 아시아 문화 전당이 세워지면서 다시 국립광주박물관으로 옮겨졌다. 절이 사라지면서 도로에 차이고, 건물에 치여 이리 저리 옮겨 다니는 모습이 어쩐지 짠해 보인다.

장운동 폐사지에는 지금도 석조여래좌상이 남아 있고, 그곳에 있던 5층 석탑은 1984년 떨어져 나간 부재들을 보완하여 국립광주박물관에 옮겨져 복원되어 있다. 신룡동의 절 터에는 지금 5층 석탑과 석불 입상이 있다. 1981년, 없어진 부재를 보완하고 복원하는 과정에서 1층 몸돌에서 사리갖춤이 발견되어 국립광주박물관에 보관 중이다. 이외에도 선암동과 탑동에는 고려시대에 건립된 석탑의 부재들이 남아 있고, 운천동에는 운천사 마애여래좌상이 있다. 고려 말 흙으로 만든 후 금을 입힌 불상들이 원효사에서 조성되는 등 광주 곳곳에서 고려시대 내내 활발한 불사가 이루어졌음도 알 수 있다.

고려시대 내내 끊임없이 이어진 불사, 그러나 오늘 그 흔적을 다 만날 수는 없다. 천년 가까운 세월 때문이기도 하지만, 고려 말 왜구 침탈도 한

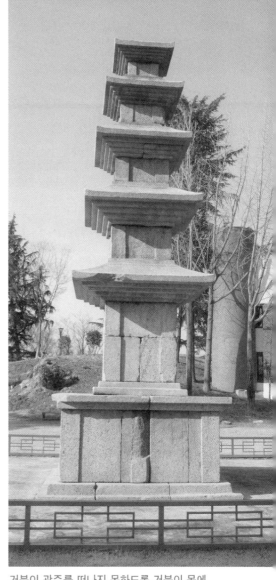

거북이 광주를 떠나지 못하도록 거북이 목에 건립된 성거사지 5층 석탑(광주공원)

원인이었다. 고려사에는 우왕 7년(1381), 왜구들이 지리산에서 무등산으로 도망쳐 들어가 규봉사 부근에 목책을 세우고 저항했다는 기록이 남아 있다. 기록의 정황으로 보아 규봉사만이 아닌 인근의 사찰 역시 큰

피해를 입었을 것으로 추정된다.

고려 시기, 광주 불교의 가장 큰 특징은 신라 말 무등산 자락에 영향을 미친 선종이 풍수지리설과 연결된다는 점이다. 이는 성거사 터에 남아 전하는 5층 석탑의 건립 비밀이 잘 말해준다.

성거사 터 5층 석탑(보물 제109호)이 있는 광주공원은 원래 성거산 또는 성구강이라 불렸다. 성구강은 산의 모양이 거북처럼 생겼기 때문에 붙여진 이름이었다. 그래서 이곳의 마을 이름도 구동 또는 구강동으로 불린다.

전설에 의하면, 성거산이 거북 모양이므로 상서로운 거북의 기운이 광주를 떠나지 못하도록 거북의 등에 절을 지으려고 했지만, 지을 때마다 무너져 지을 수 없었다고 한다. "거북의 목 부근에 탑을 세우면 절이 넘어지지 않을 것이다."라는 도승의 말에 따라 거북의 급소인 목에 5층 석탑을 세우고 거북을 움직이지 못하게 한 다음, 절을 세웠다고 한다. 그렇게 세워진 절이 성거사다.

실제로 광주공원이 된 성거산은 거북이가 광주천 물줄기를 향해 헤엄치는 형국이다. 안중근 의사비가 세워졌던(1987년 어린이 공원으로 옮겨짐) 지점의 바위산이 거북의 머리이고, 5층 석탑의 자리는 거북의 목이며, 지금 현충탑이 서 있는 자리는 거북의 등에 해당한다. 광주문화재단(옛 구동체육관) 입구가 오른쪽 앞발, 어린이 놀이터 자리가 오른쪽 뒷발, 서동과 사직공원을 잇는 도로가 꼬리, 광주향교의 오른쪽 서동이 왼쪽 뒷발, 관상대 광주지대(옛 활터)의 구릉이 왼쪽 앞발에 해당한다. 그러나 지금 거북의 옛 모습을 찾기는 쉽지 않다. 1940년, 일제가 그들의 신사를 개수하면서 등허리를 파헤치고 길을 내어 발을 끊는 등 원형이 많이 변형되었기 때문이다.

거북의 머리에 해당하는 바위산

　광주는 지금 거북의 자세가 가리키는 방향으로 북서진하고 있다. 멀리 첨단지구의 발전이 눈부시다. 해방 직후 8만이던 인구는 이제 150만이 넘는 거대 도시가 되었다. 전설대로라면 거북을 붙잡아둔 결과다.

　구강의 전설은 성거사에 대한 문헌상의 부족을 메우는 데 큰 도움을 준다. 창건 동기가 풍수지리설과 밀착된 비보 사찰(이름난 곳이나 명산에 절을 세우면 국운을 돕는다는 도참설과 불교 신앙에 따라 세운 절)의 성격을 지닌 사찰임을 알려줄 뿐 아니라 창건 시기 또한 풍수지리설이 크게 유행했던 고려 초로 추정되기 때문이다. 고려 초기에 창건되었음은 탑의 양식 및 1961년 출토된 사리갖춤을 통해서도 알 수 있다.

　그러나 성거사가 언제 폐사되었는지는 정확히 알 수 없다. 16세기 중엽에 편찬된 『신증동국여지승람』 「광산현 불우조」에 "성거사는 성거산에 있다."라고 간단하게 언급하고 있는 것을 보면, 고려 초에 창건되어 16세기까지는 존재했음을 알 수 있다. 다만 증심사나 원효사가 정유재란 당시 소실되었던 점을 고려하면 그 무렵 피해를 입었을 것으로 추정된다.

성거사 터 5층 석탑은 한때 신라 하대에 제작된 법원 앞의 보물 제110호인 동 5층 석탑과 짝하여 서 5층 석탑으로 불리기도 했다. 화강암으로 만든 8.5미터 크기의 이 탑은 기단부와 탑신부는 잘 보존되어 있으나 상륜부는 모두 없어졌다. 신라시대 탑의 특징인 2중 기단과는 달리 높은 단층 기단과, 탑신부에서 1층 몸돌에 비해 2층 이상의 몸돌 체감율이 적어 다소 높고 가늘어 보이는 고려 석탑의 전형을 보여준다. 1층 몸돌은 4매의 석재를 상·하 2단으로 짜 맞춘 독특한 모습이다. 1961년 이 탑을 해체 보수할 때 2층 몸돌에서 사리갖춤과 함께 많은 유물이 발견되었다.

5층 석탑의 사리갖춤

사리란 본래 부처나 성자의 유골을 말한다. 하지만 오늘날에는 스님들의 시신을 화장하고 난 후 유골에서 추려낸 구슬 모양의 작은 결정체를 가리킨다. 사리를 숭배하는 신앙은 불교가 일어난 인도에서부터다. 석가모니가 열반에 들자, 그의 유골을 8등분하여 각지에 탑을 세우고 그 속에 안치한다. 나중에 아소카 왕은 8개의 탑 중 7개의 탑에서 유골을 다시 모아 세분하여 8만 4,000개의 탑을 인도 각지에 건립한다. 이후 사리를 숭배하고 공양하는 신앙이 탑으로 발전되어 아시아 각국에 성행한다.

고려 불교가 광주에 남긴 가장 큰 흔적은 광주공원에 건립된 성거사와 성거사지 5층 석탑이다. 1961년 탑을 해체 수리할 당시 2층 몸돌의 사리구멍에서 사리를 모신 사리갖춤이 발견된다. 그런데 그 사리갖춤의 공예 수준이 정말 대단하다.

사리갖춤은 큰 건물 모양으로 뚜껑과 받침, 은제 사리함으로 구성되어 있다. 뚜껑의 4면에는 서로 다른 모습의 보살상이 돋을새김되어 있고, 받침의 네 모서리에는 사리를 수호하는 사천왕이 새겨져 있다. 그리고 받침 중앙의 연꽃 대좌 위에 은으

성거사지 5층 석탑에서 출토된 사리갖춤

로 만든 사리함이 놓여 있다. 뚜껑의 지붕 중앙에는 연꽃 봉우리가 솟아 있고, 모서리에는 꽃과 풍탁(풍경)을 달아 장식했다. 국립광주박물관에 보관 중인 이 사리갖춤은 통일신라시대의 양식을 계승한 것으로 예술적 조형미와 구성이 돋보이는 고려 전기의 대표작이자, 우리 고장의 불교 공예 수준을 잘 보여주는 수작이 아닐 수 없다.

9

토지·오곡신에게 제사 지내던 사직산

1970~80년대 광주인들의 사랑을 듬뿍 받던 공원이 있었다. 남구 사동 사직산의 사직공원이 그곳이다. 당시 사직공원이 광주 시민의 뜨거운 사랑을 받았던 것은 벚꽃과 동물원, 사직수영장 그리고 팔각정 때문이었다. 양림파출소 옆 가파르게 난 돌계단을 올라야 만나는 정자 양파정도 사직공원이 사랑받았던 이유 가운데 하나이다.

당시 자주 찾았던 최고의 벚꽃놀이 장소는 농촌진흥원(지금 상록회관)과 사직공원이었다. 태풍에 벚꽃나무가 쓰러지고 꺾이어 옛 명성을 유지하지는 못하지만, 4월 초쯤 벚꽃이 만발할 때의 장관은 여전하다. 사직공원이 벚꽃으로 유명하게 된 데에는 이런 사연이 있다. 1924년 일본 왕태자 히로히토(뒤에 쇼와 천왕)의 결혼을 기념하기 위해 공원을 조성하고 기념공원이라는 이름을 붙인다. 그리고 기념공원 명명을 기념하여 사진 속에만 보이는 지금의 팔각정 자리에 나무로 만든 전망대를 세운다. 나무 전망대는 팔각정이 세워지던 1973년까지 존재했다. 당시 나무 전망대에 오르면 인구 6만이 채 되지 않던 광주가 한눈에 들어왔다. 그러나 오늘 팔각정에서는 광주를 한눈에 담을 수 없다.

사직공원의 명물이었던 나무 전망대(지금 팔각정 자리)

왕세자의 결혼을 기념하는 공원이었지만, 이렇다 할 공원으로서의 환경은 조성되지 못한 것 같다. 그러다가 1938년 "6만 광주 시민을 환락경(기쁘고 즐거운 경지)으로 만들겠다."는 요란을 떨면서 벚꽃을 심어댔다. 이 요란에는 이유가 있었다. 원래 일제는 식민지 공원의 상징으로 가꿀 계획으로 1913년 광주 최초로 성거산에 광주공원을 조성하였다. 그런데 광주공원에 신사가 들어서면서 차질이 생긴다. 이에 일제는 사직공원에 요란법석을 떨면서 벚꽃을 심었던 것이다. 그리고 시내와의 접근성을 높이기 위해 광주천에 다리까지 놓는다. 지금 양림파출소 앞 금교가 바로 그 다리다.

일제가 심어놓은 벚꽃은 일제의 의도와는 관계없이 광주 시민이 즐겨 찾는 유락처가 된다. 이에 1971년 사직단이 있던 장소에 동물원이 들어선다. 현재 복원된 사직단 장소가 예전 동물원 입구 매표소였다. 당시 동물원은 소풍과 휴식의 공간으로 인파가 늘 북적댔다. 오늘날 초등학생뿐 아니라 중·고등학생들도 동물원이 있는 우치놀이공원으로 소풍을 가는 것처럼, 당시 사직동물원은 학생들의 소풍 장소로도 인기가 꽤 높았다. 동물원이 개장되던 해인 1971년 사직공원에는 수영장도 들어선다. 사진으로만 보는 당시 수영장과 수영복이 참 재미있다.

이제 사직공원의 모습은 많이 바뀌었다. 황토와 목재로 단장된 보행로와 산책로는 단아하고 아름답다. 고풍스러운 난간과 예술성 물씬 풍기는 주변의 가로등 불빛은 100년 가까이 자란 나무숲과 어우러지면서 아름다운 밤풍경을 연출하고 있다.

언제부터인지 사직공원에 시비가 세워지기 시작했다. 그러더니 지금 10개가 넘는 시비는 어느덧 사직공원의 명물로 자리 잡았다. 이젠 사직공원은 사직단 때문이 아닌 시인들의 시비공원으로 기억될지 모르겠다.

광주를 포함한 남도는 예향으로 불린다. 판소리 등 민속예술이나 회화, 도자기적 측면에서는 말할 것도 없고 시가 문학적 측면에서도 그렇다. 특히 식영정·소쇄원·환벽당을 품고 있는 무등산은 가사문학의 발상지다. 그 가사문학의 전통은 근현대 시로 계승되고, 기라성 같은 시인들을 배출한다.

사직공원 시비 중 낯익은 시가 백호 임제와 면앙정 송순의 시다. 임제의 시비에 새겨진 시조 "청초 우거진 골에 자난다 누었난다/ 홍안을 어디 두고 백골만 묻혔는고/ 잔 잡아 권할 이 없으니 그를 슬퍼하노라."는 많은 이야기를 품고 있다. 이 시는 백호 임제가 개성의 황진이 묘를 찾아가 읊은 것이다. 그때 임제는 35세, 평안도 도사로 부임하는 길이었다. 개성을 들러 가는 길에 평소 만나보고 싶던 풍류 여걸 황진이가 석 달 전에 죽었다는 말을 듣고 닭 한 마리와 술 한 병을 사 들고 그녀의 무덤을 찾는다. 이 사건은 이후 임제가 중앙 관직으로 나아가는 데 걸림돌이 된다. 사대부의 체면을 구겼다는 당시 지배층의 괘씸죄 때문이었다.

사직공원 팔각정 자리에 들어설 '빛의 타워' 조감도

호남 유림의 좌장이자 면앙정 시단의 대부로 추앙받는 면앙정 송순의 시비에는 「자상특사황국옥당가」가 새겨져 있다. "풍상이 섞어 친 날에 갓 피운 황국화를/ 금분에 가득 담아 옥당에 보내오니/ 도리야 꽃인 양 마라 임의 뜻을 알괘라." 자신을 경박한 복숭아와 오얏꽃으로, 임금을 황국화로 묘사하고 있다.

오늘 남도는 굵직한 수많은 현대 시인을 배출해왔다. 그중 휴전선 시인으로 불린 박봉우의 「조선의 창호지」는 내 발을 붙잡는다.

"조선의 창호지에/ 눈물을 그릴 수 있다면/ 하늘만큼 한 사연을……/ 눈물을 흘리지 말고/ 웃으며 당신에게 드리고 싶은/ 하늘만큼 한 밤을……/ 조선의 창호지에 눈물을 그릴 수 있다면."

이수복의 「봄비」는 1984년까지 국어 교과서에 수록되어 암송되던 한국을 대표하는 서정시다. 국어 교과서에 서 본 그 시를 시비에서 다시 보는 감회가 필자에게도 새롭다.

"이 비 그치면/ 내 마음 강나루 긴 언덕에/ 서러운 풀빛이 짙어오것다/ 푸르른 보리밭길/ 맑은 하늘에/ 종달새만 무어라고 지껄이것다/ 이

이수복 시비

비 그치면 시새워 벙글어질 고운 꽃밭 속/ 처녀애들 짝하여 새로이 서고/ 임 앞에 타오르는 향연과 같이/ 땅에선 또 아지랑이 타오르것다."

　이 외에도 사직공원에는 많은 시비가 서 있다. 장성 출신 필암서원의 주인 하서 김인후와 남도 의로움의 정신을 세운 「신비복위소」의 주인 눌재 박상의 시를 새긴 시비, 한국 국문학의 대표 시조 시인 고산 윤선도의 「오우가」를 새긴 시비도 서 있다. 충장로의 주인공 김덕령의 억울한 심정을 읊은 시도, 금남로의 주인공 정충신과 임진왜란을 극복한 영웅 이순신의 나라를 걱정하는 우국시도 만날 수 있다. 뿐만 아니다. 현대 시인 이동주의 대표작 「강강술래」를 새긴 시비, 「가을의 기도」가 새겨진 양림동 시인 김현승의 시비도 양림산 자락 호남신학대학교 교정에서 만날 수 있다.

　오늘 사직공원에는 면앙정 송순에서부터 이수복·이동주·박봉우

등 근·현대 시인에 이르기까지 10여 기가 넘는 시비가 서 있다. 이 시비들은 팔각정 대신 들어설 '빛의 타워'와 함께 또 다른 추억을 만들어가는 명소가 될 것이다.

백 년 만에 부활된 사직제

기념공원은 해방 이후 사직공원으로 이름이 바뀐다. 태조 3년(1394)에 건립된 사직단 때문이었다. 원래 사직단은 토지의 신(社)과 오곡을 관장하는 곡식의 신(稷)에게 제사를 지내는 제단을 말한다. 토지와 오곡은 국가와 민생의 근본이므로 삼국시대부터 사직단을 설치하여 왕이 친히 나아가 풍년과 국태민안을 기원하는 제사를 지냈다. 광주에서는 목사가 왕을 대신하는 제주가 된다.

사직산에는 옛 동물원 정문에 영귀정이라는 정자가 있었다. 그 옆에는 정사각형으로 된 두 개의 제단이 있었고, 주위는 담장으로 둘러싸여 있었다. 동물원이 들어서기 전 사직단의 모습이다. 사직단에서는 매년 정월에 그해의 풍년을 비는 기곡제를 비롯하여 음력 2월과 8월, 12월에도 국태민안을 기원하는 제사를 지낸다. 그리고 가뭄에는 기우제를, 비가 많이 오면 기청제를, 눈이 오지 않으면 기설제 등을 지내기도 했다. 그러나 일 년에 몇 번씩 치러지던 사직제는 갑오년

토지신과 곡식신에게 제사 지내던 사직단

(1894) 이후 광주의 여제와 함께 폐지된다. 여제는 의탁할 곳이 없어 죽어간 귀신을 위로하기 위해 지내는 제사를 말한다. 여제를 올리던 여제단은 광주 객사(충장로 1가 무등극장 자리)의 정 북쪽인 지금의 계림초등학교 뒷산인 경호대 옆에 있었다. 또 정남쪽인 학동에는 서낭당도 있었다.

사직제는 폐지되었지만 사직단은 그 후에도 한참 동안 남아 있었다. 그러나 사직동물원이 들어서는 1960년대 말 헐리고 만다. 그 뒤 사직단을 원래의 모습으로 복원해야 한다는 여론이 일었고, 1991년 사직동물원이 우치공원으로 옮겨지자 예전 동물원 입구 매표소가 있던 자리에 1993년 사직단이 복원된다. 그리고 다음해인 1994년 사직제가 행해진다. 100년 만의 부활이었다.

10

조선시대 교육의 산실, 광주향교

조선시대 학교로는 오늘날 대학에 해당하는 성균관, 중등학교에 해당하는 서울의 4부 학당 및 지방의 향교가 있었다. 태조 때 설립된 관학 최고 학부인 성균관과 4부 학당이 서울에 세워졌다면, 향교는 전국의 부, 목, 군, 현에 설립된 중등 학교였다.

최초의 향교는 고려시대 12목 등 군현에 박사·교수를 파견하여 생도를 교육시킨 향학(鄕學)에서 출발했다. 고려 인종 5년(1127), 여러 주에 학교를 세우도록 조서를 내렸다는 기록을 보면 이때부터 향교가 세워진 것으로 보인다. 향교에 적극적인 유교 교육의 면모가 나타난 것은 조선시대부터였다. 태조 이성계는 1읍 1교 원칙에 의거하여 향교를 세우도록 명을 내렸고, 태종은 학전(국가에서 내리는 땅)과 노비, 서적 등을 하사하고 지방관의 인사고과에 반영하는 정책을 폈다.

광주향교는 조선 태조 7년(1398년), 처음 무등산 장원봉 아래에 세워졌다. 그러나 호랑이의 잦은 출몰로 성의 동문 안(지금의 대인동)으로 옮겨진다. 그런데 성안에 자리 잡았던 향교는 여러모로 불편했던 모양이다. 1879년 발간된 『광주읍지』에 의하면 "옛날의 향교가 성안에 있었는

광주향교 전경

데 지대가 낮고 좁으며 건물이 기울고 헐어 자못 거처할 수가 없으므로
이에 밭을 사들이고 터를 정하여 읍의 서쪽 2리 되는 곳에 신축을 하였
다.”는 기록이 있다. 읍의 서쪽 2리에 새로 터를 잡은 곳이 현재의 위치
인 남구 구동 22-3번지인 광주공원 자락이다. 이때가 성종 19년(1488),
이를 이뤄낸 분이 당시 현감 권수평이었다.

　향교를 세울 때 현감 권수평은 자신의 사재를 털어 땅을 사고 서적
과 건축자재 등을 댄다. 이에 광주읍민들이 감동하여 너도나도 향교 짓
는 일에 나선다. 광주향교가 몇 달 만에 완공될 수 있었던 이유였다. 그
러나 1597년 정유재란 때 왜군에 의해 전소되고 만다. 1600년에 다시
세웠지만, 1841년 또 화재가 나서 명륜당과 동재·서재가 불에 탄다. 이
해에 부임한 목사 조철영이 다시 짓고, 이후 여러 번의 수리와 재건축이
이루어져 오늘의 모습이 된다.

　광주향교에는 어떤 건물이 있는지, 기능은 무엇인지 궁금하다. 향교
에 들어가기 전, 가장 먼저 만나는 것은 하마비와 비각이다. 하마비란

신분 고하를 막론하고 말에서 내릴 위치를 표시한 비다. 공자님이 계신 곳이니 오만함을 버리고 경건한 마음으로 지나가라는 뜻이 담겨 있다.

향교에 들어가는 입구 오른쪽에 향교의 건립 및 이전, 건물들의 신축과 보수를 기념하여 세운 비석을 모아 관리하는 건물이 있다. 이 건물 이름이 비각이다. 비각 안의 중수비와 중건비 등은 향교의 소중한 역사다.

'광주향교(光州鄕校)'란 이름표가 붙은 외삼문이 향교가 바깥세상과 통하는 문, 즉 출입구다. 외삼문에 들어서면 교육의 기능을 담당하는 학교 공간이다. 학교 공간에서 만날 수 있는 건물로는 교실에 해당하는 명륜당과 기숙사 격인 동재·서재, 과거 1차 합격자인 생원·진사들이 공부하는 문회재(사마재)가 있다. 이 중 대표 건물은 명륜당이다. '인륜을 밝히는 집'이란 뜻의 명륜당은 규모가 가장 큰 8칸 집으로 학생(교생)들을 모아놓고 '강'이란 문답식 수업을 했던 장소, 지금으로 말하면 교실인 셈이다. 교생들이 기숙하는 기숙사인 동재와 서재는 명륜당의 좌우에 위치한다. 동쪽에 있는 집이란 뜻의 동재는 양반의 자제들이 사용하는 기숙사였고, 서쪽에 있는 집이란 뜻을 지닌 서재는 평민 자제들이 사용하는 기숙사였다. 향교는 양인 이상이면 모두 입학할 수 있었지만, 거처하는 곳은 이처럼 신분에 따라 달랐다.

서재 뒤편 건물이 문회재다. 문회재는 학문을 하기 위해 모이는 집이라는 뜻인데, 사마재라고도 부른다. 과거 1차 합격생인 생원·진사들이 모여 학문을 토론하던 장소로, 지금의 대학에 해당한다. 선비를 양성하는 집이라는 뜻을 지닌 양사재는 육영재라고도 부른다. 영재 40명을 선발하여 과거시험을 준비시키던 일종의 입시학원이었다.

내삼문을 통하면 바로 제향의 공간인 사당이 나온다. 따라서 내삼

공자 등의 위패를 모신 대성전

문은 학교와 사당을 구분하는 경계가 된다. 안쪽에 있는 세 칸의 문이란 뜻을 지닌 내삼문을 들어가는 법도가 따로 있다. 해가 뜨고 지는 자연법칙에 따라 동쪽으로 들어가고 서쪽으로 나와야 하며, 중문인 가운데 문은 제사 음식만 출입이 가능하다.

제향 공간에는 대성전과 동무·서무가 있는데 중심 건물은 대성전이다. 공자님의 궁전이란 뜻의 대성전에는 중앙에 공자의 위패를 중심으로 동쪽에 안자와 자사가, 서쪽에 증자와 맹자가 모셔져 있다. 이 외에도 공자의 열 제자와 설총, 최치원, 안향, 이황, 이이 등 우리나라 성현 18현의 위패도 함께 모시고 있다. 지금도 음력 2월과 8월 상정일에 석전대제라는 제사를 드린다. 동무와 서무는 대성전에 비해 격이 낮은 건물로 동쪽과 서쪽의 행랑채라는 뜻이다. 1951년 이전까지는 우리나라 18현의 위패가 모셔져 있었다. 그런데 1951년 성균관에서 "대성전에 중국의 유학자를 모시고 우리나라 유학자들은 격이 낮은 곳인 동무·서무에 모시는 것은 사대주의적인 발상이다."라고 결의한다. 그렇게 해서 위패가 공자가 있는 대성전으로 옮겨진다. 천만번 잘한 결정이다.

오늘, 권수평 현감이 설립한 광주향교는 임진왜란과 몇 번의 화마에도 불구하고 당당한 모습을 지키고 있다. 광주 문화의 원형이 아닐 수 없다. 그런데 광주향교에는 어딘지 모르게 외로움이 묻어 있다. 근대 교육에 밀려 학교 기능이 사라지면서 설립 목적 하나를 잃어버렸기 때문일 것이다. 선현에 대한 제사와 전통혼례, 성인식, 유교 경전의 재해석 등을 통해 잃어버린 남도 문화의 현대적 부활은 가능할 수 없는지를 묻는다.

사립 중등 교육기관 서원

향교가 관학이라면 16세기 후반부터 사림들에 의해 세워지기 시작한 또 다른 교육기관인 서원은 사학이다. 서원은 고려 말 조선 초에 존재하던 강학 장소인 서재의 전통을 잇는 것이었지만, 서원은 강학은 물론이고 선현을 봉사하는 사당을 가지고 있는 점이 달랐다.

우리나라 최초의 서원은 중종 38년(1543) 풍기군수 주세붕이 안향을 제사 지내기 위해 세운 백운동서원이었다. 백운동서원은 명종 5년(1550) 퇴계 이황의 요구로 소수서원이라는 편액을 하사받으며 사액서원이 된다. 서원이 전국적으로 확산되고, 우수 교원이 부임하면서 향교보다는 서원으로 학생들이 몰리게 된다.

향교와 서원은 교육 기능과 선현에 대한 제사 및 지방 문화의 중심지 역할을 한다는 점에서 공통점이 있다. 그러나 향교와 서원은 많은 차이가 있다. 설립 주체가 향교는 국가이고 서원은 개인이다. 향교는 도시

광주향교 현판

중심부에 위치했지만 서원은 경치 좋은 외곽에 위치했다. 향교 학생들이 제사 지내는 멘토는 공자를 비롯한 중국의 성인과 한국의 18현으로 모두 똑같았지만, 서원은 모두 한국인이었고 서원마다 제사 지내는 대상이 달랐다. 향교의 교수진이 과거 급제자이거나 중앙 관리임에 반해 서원은 유명한 학자나 양반들이었다. 향교는 평민이나 양반 모두 입학 자격이 있었지만, 서원은 양반 자제만 입학이 가능했다.

조선 전기, 광주의 교육은 관학인 향교가 중심이었다. 그러다가 중기 이후가 되면 서원이 교육의 중심이 된다. 15~17세기, 『신증동국여지승람』이나 『광주읍지』에 보면 광주 지방의 교육을 주도했던 학교로는 관학인 향교를 비롯, 사학인 월봉서원(1578)과 포충사(1601), 의열사(1604) 등이 있었다. 월봉서원은 기대승을, 포충사는 고경명을 그리고 의열사는 박광옥 등을 기리는 당대 최고의 사립학교였다.

11

최고급 분청사기 생산지, 충효동 가마

고려시대 중앙에 진상하던 최고급 상감청자의 주 생산지가 강진이었다면, 최고급 분청사기의 주 생산지는 무등산 수박으로 유명한 금곡동·충효동 일대의 무등산 자락이었다.

무등산 도자기의 출발은 멀리 선사시대 유적지에서 출토된 토기 그릇이나 신창동 출토의 소형 옹관에서 확인할 수 있다. 그러나 직접적인 연원은 아무래도 강진의 청자일 수밖에 없다. 12세기 고려 문화의 상징인 상감청자의 40% 이상을 생산하던 곳은 강진이었다. 그런데 고려 말 강진의 청자는 자취를 감춘다. 30여 차례에 걸친 왜구의 침략으로 남해안은 거의 폐허가 되었고, 강진도 예외일 수 없었기 때문이다. 강진의 도공들이 경기도 여주 등 전국으로 흩어졌고, 그중 일부가 금곡동·충효동의 무등산 자락에 정착한다. 이들에 의해 14~17세기에 광주 가마 혹은 무등산 가마로 불리는 가마에서 청자, 분청사기, 백자를 구워낸다. 특히 이곳에서 생산된 분청사기는 중앙에 진상되는 최고급품이었다.

상감청자에 이어 출현한 분청사기는 흙을 물속에 침전시킨 후 가라앉은 고운 흙만으로 빚는 청자와는 달리, 흙을 거르지 않기 때문에 거칠고 투박하다. 이를 보완하기 위해 회청자에 분을 칠하는데, 이 때문에 분장회청사기라 불린다.

　무등산의 서북쪽 자락에는 분청사기와 백자를 구웠던 가마터가 배재 마을에서부터 광주호 상류인 버성골까지 10여 개 이상 발견되고 있다. 이곳이 가마터로 적격이었음은 질 좋은 흙과 풍부한 연료 때문이었다. 가마터 위쪽의 고개 이름이 백토재로 불렸음은 이를 뒷받침해준다. 그러나 식영정·환벽당·소쇄원 등 증암천 유역의 담양 뜰에 경제적 기반을 둔 사람들의 수요도 한몫했을 것이다. 실제로 15세기 세종 대에 이곳이 가마터였음은 『세종실록지리지』에 "무진군 동쪽 배재에 자기소가 한 곳 있고, 군 북쪽에 도기소가 한 곳 있다."라는 기록을 통해서도 확인된다. 지금 충효동 가마터 근처 마을 이름이 배재다.

　한동안 묻힌 채 역사의 뒤안길로 사라져버린 충효동 분청사기 가마터가 세상에 알려진 과정이 재미있다. 때는 1958년, 그 자리에 이웃하고 있던 충효초등학교에 근무하던 신형모(당시 35세) 교사가 도자 파편을 주워 학생들에게 교육 자료로 사용하곤 했다. 그 소식을 들은 전라남도문화재보존위원회의 노석경(당시 42세) 위원이 현장을 답사하고 중앙에 보고한다. 그리고 1963년, 국립중앙박물관이 분청사기 가마터에 대한 우리나라 최초의 발굴을 진행하였다. 국립중앙박물관의 발굴 조사 결과 가마터 및 상감청자 파편을 비롯하여 분청사기와 백자 등 다양한 자기 편들이 수습된다. 특히 인화문, 조화문, 박지문, 귀얄문 등 매우 정교한 분청사기가 구워졌음도 알 수 있었다.

　당시 『동아일보』는 1963년 7월 23일자에 "이번 발굴 조사로 말미암아 학계에 충분히 알려지지 않았던 박지문과 조화문의 자기가 많이 나왔고 그 밖에 예상 외로 수많은 명문 자료가 드러나 학계에 큰 공헌을 하게 되었다. 이번 발굴로 그릇의 용도, 납품처, 도공 이름 등이 알려져 도자기 연구 외에 다른 학문에도 적지 않게 기여할 수 있는 희귀한 자료가 되었다."라고 발굴 성과를 출토 유물과 함께 대서특필하였다. 이보다 앞선 6월 25일자에서도 "수백 년 만에 잠깬 민족의 예술품"이라는 제목 아래 "도자예술 연구에 획기적 발견"이라는 부제를 달아 보도한다. 당시 『동아일보』 보도를 통해서도 충효동 가마의 의의를 짐작해볼 수 있다. 발굴 결과 충효동 가마터는 왕실에 진상된 최고급의 분청사기 생산지였고, 조선 전기의 도자기 발달사를 한눈에 볼 수 있는 주요 유적임이 확인되었다. 곧바로 금곡동 산 129번지, 산 172번지 일대가 사적 제141호로 지정된다.

충효동 분청사기 도요지 2호 가마(사적 제141호). 측면 퇴적층을 통해 조선 전기 도자 발달사를 알 수 있다.

1991년 국립광주박물관은 두 번째 발굴을 시작하였다. 두 번의 발굴 결과 4기의 가마터가 확인되고, 세종 이후부터 임진왜란 이전까지 분청사기를 중심으로 그 전 단계인 말기 청자와 그 후단계인 백자 생산지임도 밝혀졌다.

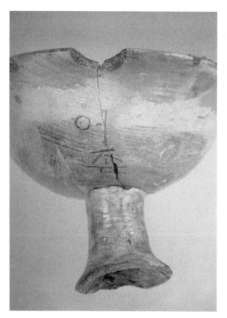
한글로 '어존'이 새겨진 마상배

그런데 무등산 가마터에서 출토된 그릇에 각종 명문이 새겨져 있다는 점이 재미있다. 무진내섬(茂珍內贍), 내섬시(內贍寺), 박덕지(朴德只), 광상(光上), 광이(光二), 정윤이(丁閏二), 광(光), '어존' 등의 명문이 그것이다. 이들 명문은 납품처나 품질 표시, 제작자, 제작지 및 제작 연대를 드러내고 있어 분청사기 연구에 많은 자료를 제공해 준다.

명문 '내섬시'는 납품하는 중앙 관청이 어디인지를 알려준다. 명문 '박덕지' 등은 당시 도공의 이름이다. 도공의 이름, 이는 도자기를 조잡하게 만드는 일이 없도록 하기 위한 조처로 생각된다. 요즘 농수산물 생산자의 이름을 표기하는 것과 같은 일종의 책임실명제인 셈이다. 명문 '광'과 '무진'은 제작지다. 또 귀얄로 분장된 마상배(말 위에서 술을 마실 때 쓰는 잔)의 바깥 면에는 한글로 '어존'이 음각되어 있다. 이는 도자기에 한글 명문이 새겨진 우리나라 최초의 사례로, 지방에까지 한글 보급이 이루어졌음도 보여준다.

제작 시기와 관련된 명문으로는 무진내섬시의 '무진(茂珍)'과 '성화(成化)'라는 연호가 새겨진 묘지가 주목된다. 명문 '무진'은 1430년부터 1451년 사이에 사용된 광주의 옛 이름이며, '성화'는 1465년부터 1487년까지 사용된 중국 명나라 헌종의 연호이기 때문이다.

관청의 이름이나 제작자의 이름을 새긴 것은 품질 관리 및 관청의 도자기를 개인이 소유하는 것을 방지하기 위해서였다. 그리고 제작지나 제작 시기를 밝히기 위해 지명이나 간지를 넣기도 했다. 이러한 명문은 오늘 도자기의 성격이나 내력을 밝혀주는 매우 중요한 사료가 아닐 수 없다.

충효동 2호 가마터

600년 전 금곡 마을 일대에 강진의 청자 도공들이 모여든다. 30여 차례가 넘는 왜구의 침략 때문에 찾은 새 삶터였다. 이 도공들과 그 후손들에 의해 만들어진 가마가 사적 제141호로 지정되어 보호각에 들어 있는 충효동 도요지를 비롯하여, 그 일대에서 10여 개 이상 발견되고 있다. 1963년 국립중앙박물관에 이어 1991년 국립광주박물관의 발굴 조사 결과 확인된 4기의 가마터는 왕실에 진상된 고품질의 분청사기 생산지였고, 또한 15세기 조선시대 도자기의 시기적인 변화 과정을 알려주는 주요 유적지임도 확인되었다.

그중 전시실 바로 위의 보호각 안에 위치한 2호 가마는 아궁이에서부터 굴뚝에 이르기까지 거의 완벽한 상태로 드러나 도자기 가마의 변천 모습을 가장 잘 보여준다. 가마는 땅을 약간 파 들어간 반 지하식이며, 가마 벽은 진흙으로 축조되었다. 폭 1미터 내외의 도랑 자국이 경사도 13도로 완만하게 올라가면서 20.6미터 길이로 이어져 있다. 검붉게 그을린 불 자국이 600년 세월을 뛰어넘었지만, 아직도 선연하다. 오른쪽에는 출입구인 옆문이 6개가 나 있다. 불을 지피는 아궁이의 벽면은 돌로 쌓은 후 진흙을 발랐다.

충효동 분청사기 가마터에서 가장 주목되는 곳은 불을 지폈던 아

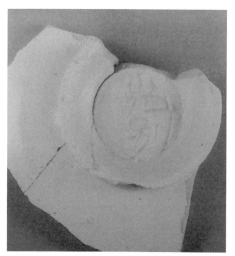

품질의 상태를 알려준 '광별(光別)' 명문이
새겨진 접시

궁이 좌측의 벽면에 쌓인 3.5미
터 높이의 파편 퇴적구다. 9개의
층위를 가진 퇴적의 가장 아래
층에서는 인화분청이, 바로 위에
서는 귀얄분청이, 그리고 맨 위
층에서는 백자가 출토되었다. 이
는 고려청자가 분청사기를 거쳐
백자로 발전하는 변화 과정뿐
아니라 인화분청에서 귀얄분청
으로 변화, 발전했음도 알게 해
준다.

고려 말 조선 초의 상감청자
에서 분청사기를 거쳐 초기 백자로의 변천 모습을 보여준 충효동 분청사
기 가마터를 비롯한 무등산 가마터 등은 문화 수도 광주의 자산이며 예
향으로 불리는 광주 문화의 원형이다.

12

전국 최초의 향약 시행처,
칠석동 부용정

남구 칠석동은 정월 대보름날 행해지는 고싸움으로 유명한 마을이다. 칠석동 고싸움은 88서울올림픽 개막식 때 시연되어 전 세계인의 눈길을 사로잡기도 했다. 고싸움의 마을 칠석동에 고려 말 조선 초 왜구 격퇴에 큰 공을 세운 뒤 전라도수군도절제사와 황해 감사를 지낸 김문발(1359~1418)이 낙향하여 세운 부용정이란 정자가 있다. 이 부용정이 우리나라 최초로 향약을 실행한 남구 칠석동 일대의 향약 시행처임을 아는 사람은 많지 않다.

정자의 이름을 부용이라 한 것은 김문발의 아호에서 따온 것이지만, 이는 연꽃을 꽃 중의 군자라고 칭송했던 북송 주돈이의 애련설에서 취한 것이다. 주돈이의 꽃 품평에 따르면 국화는 은자, 모란은 부자, 연꽃은 군자에 속한다. 주돈이는 "연꽃은 유독 진흙에서 나왔으면서도 더러움에 물들지 않고 맑은 물결에 씻기면서도 요염하지 않다. 속은 비었으되 겉은 곧으며 넝쿨지지도 않고 가지를 치지도 않는다. 멀어질수록 향기는 더욱 청아해지며 우뚝하니 깨끗하게 서 있는 것이 멀리서 바라볼 수는 있으나 함부로 다가가 희롱할 수 없다."고 극찬했다. 현재 정자

전국 최초의 향약 시행처인 남구 칠석동의 부용정 전경

안에는 양응정·고경명·이안눌 등의 시를 새긴 현판이 걸려 있고, 정자 주변에는 칠석마을 고싸움놀이(중요무형문화재 제33호) 전수관과 부용 선생이 심었다는 수령 600년의 은행나무가 서 있다.

　태종 11년(1411), 김문발은 병환으로 충청도수군도절제사를 사직하고 잠시 고향으로 내려와 여씨향약과 주자의 백록동 규약을 참조하여 향약의 규약을 만들고 이를 실행했다. 부용정 인근 칠석동 일대에서 실행된 이 광주향약은 전국 향약의 효시가 된다. 김문발이 전국 최초로 향약을 실시했음은 『광주읍지』「재학 편」에 "황해감사를 지낸 부용 김문발이 광주에서 최초로 향약을 설치하여 행했다."는 기록을 통해서도 확인된다.

　덕업상권, 과실상규, 환난상휼, 예속상교 등으로 잘 알려진 향촌 사회의 자치 규약인 향약은 중국 송나라의 남전 여씨향약에서 그 기원을 찾는다. 여씨향약은 중국 섬서성 남전현에 살던 여씨 4형제가 일가친척은 물론이고 향리 전체를 교화하고 선도하기 위해 만든 규약이었다. 이 여씨 형제들에 의해 실시된 향약을 주자가 가감하여 발전시킨 것이 주자증손 여씨향약이다.

조선의 향약은 주자향약에서 비롯되었다. 주자향약은 『주자대전』에 실려 고려 말에 전래되지만 곧바로 시행되지 못하고, 100여 년이 지난 중종 12년(1517)에 조광조 등 사림에 의해 전국적으로 실시되었다. 이미 살핀 것처럼 광주에서는 이보다 100여 년 앞선 태종 대에 김문발에 의해 남구 칠석동 일대에서 시작되었다. 그러나 김문발에 의해 시작된 광주향약은 널리 행해지지는 못한 것 같다. 이는, "광주향약은 태종 대에 김문발의 주도로 향약이 입조되어 시행됐으나 널리 퍼지지 못한 것을 뒤에 이선제가 다시 주도해 향적을 작성하고 향약을 시행하기 시작했다."는 『수암원지』의 기록을 통해서도 확인된다.

김문발에 의해 시작된 광주향약을 계승한 사람은 문종 1년(1451) 예문관 제학을 지내고 고려사를 개찬한 필문 이선제와 광주현감 안철석이었다. 이선제는 칠석동의 이웃 마을인 남구 원산동 출신으로 젊은 시절 김문발의 칠석동 향약에 참여한 인물이었다.

이선제에 의해 실시된 광주향약의 내용이 그의 문집 『수암원지』에 실려 있다. 『수암원지』에 실린 광주향약은 3장과 부칙 등 총 24조목으로 구성되어 있다. 그중 제1장은 주로 가족 및 향촌의 질서를 유지하기 위한 조항으로 이루어져 있다. 부모에게 불순한 자, 형제끼리 서로 싸우는 자, 가족의 질서를 어지럽히는 자, 고을의 연장자를 능멸한 자 등에 대해서는 가장 엄한 상등의 죄로 논하고 집강이 관청에 품의하여 법률

부용 김문발이 심었다고 전해지는 수령 600년의
칠석동 은행나무

에 의해 죗값을 치르도록 규정하고 있다. 그런데 형제가 서로 싸울 때의 처벌이 재미있다. 형이 잘못하고 아우가 잘했을 때는 같은 벌을 주며, 형이 잘하고 아우가 잘못했을 때는 아우만 벌하고, 잘잘못이 서로 같을 때에는 형은 가볍게 아우는 무겁게 벌한다고 규정되어 있기 때문이다.

제2장은 향촌민들이 지켜야 할 일반적인 내용을 담고 있다. 친척과 화목하지 않는 자, 정부인을 박대한 자, 친구끼리 서로 싸운 자, 염치가 없는 자, 힘을 믿고 약자를 구휼하지 않는 자, 국가의 각종 세금 및 역을 행하지 않는 자 등은 중등의 벌을 받도록 규정하고 있다.

제3장은 회의 시의 불참자나 문란자에 대한 내용으로 하등의 벌을 받도록 규정하고 있다. 그리고 부칙을 두어 하급 관리들이 향촌 사회에서 백성에게 민폐를 끼치거나 국가의 공금을 탐할 경우 관에 고발하여 농민을 보호하고 지방관을 보좌하는 역할도 규정하고 있다.

김문발에 의해 시작된 후 이선제와 현감 안철석에 의해 시행된 광주향약은 가족의 질서를 깨뜨리는 자는 상등의 벌로, 향촌 사회의 질서를 깨뜨리는 자는 중등의 벌로, 향약을 운영하기 위한 회의에서 문제를 일으키는 자는 하등의 벌로 규정하고 있다. 상등·중등·하등의 벌이 구체적으로 어떤 것인지는 알 수 없지만, 가정의 질서를 깨뜨리는 자는 가장 엄한 벌을 받고 있음을 통해 당시 가정의 질서 유지가 가장 중요한 덕목임을 알 수 있다. 그리고 부칙을 통해 향리 등 관청의 하급관리가 민폐를 끼치는 행위도 용납하지 않고 있다. 이는 양반이 중심이 된 향약에 농민이 가입한 이유이기도 했다.

광주향약의 내용을 담고 있는 필문 이선제의 문집인 『수암원지』

필문 이선제가 죽고 난 후 광주향약이 얼마나 지속적으로 계승 발전되었는지는 알 수 없다. 그러나 홍치 연간(1488~1505)인 15세기 말 16세기 초에 만들어져 100여 년 동안 실시된 양과동 동약을 분석해보면 거의 필문이 실시했던 내용과 대동소이함을 알 수 있다. 이는 필문이 실시했던 광주향약이 양과동 동약으로 계승 발전되었음을 보여준다.

고싸움의 마을 남구 칠석동은 전국 최초로 향약이 실시된, 오늘날로 말하면 향촌민의 풀뿌리 민주주의인 지방 자치가 가장 먼저 실시된 매우 의미 깊은 마을이 아닐 수 없다.

광주향약의 계승지, 양과동정(良苽洞亭)

남구 양과동 마을 입구 도로변 언덕에 광주향약을 계승하여 양과동 동약을 실시하던 유서 깊은 정자가 있다. 양과동정이란 정자가 그것이다. 정자의 건립 연대는 정확히 알 수 없지만 정자의 현판을 우암 송시열(1607~1689)이 쓴 것으로 보아 17세기 중엽으로 추정하는 사람이 많다. 그런데 정자의 역사는 더 깊다. 이는 15세기 양과동 출신인 최형한 (?~1504)이 지은 「간원대의 제목을 붙여 시를 읊는다」라는 시의 제목을 통해 확인해볼 수 있다. 간원대는 양과동정의 별칭인데, 이곳을 드나들던 선비들이 사헌부와 사간원 관리인 간관으로 많이 진출해 붙여진 이름이다. 그의 시 가운데 "선배들의 풍류를 누가 다시 계승할까?"라는 구절은, 양과동정이 최형한이 살았던 15세기 후반 이전에 이미 존재하고 있던 정자임을 말해준다.

정자 이름을, 마을 이름을 넣어 동정이라 한 것으로 보아 정자가 개인이 아닌 마을 공동의 용도로 사용되었음을 쉽게 짐작할 수 있다. 실제로 양과동정은 마을 사람들의 휴식처였을 뿐 아니라 마을의 동적을 작성하고 향약 등의 업무를 시행하는 본부였다. 또 이 고장 출신들이 모여 조정에 상소할 것을 논의하는 장소로도 쓰였다. 그래서 양과동정은 다른 정자와는 달리 양과동정입의서, 양과동정향약서와 간원대라는 현판이 걸려 있다.

특히, 이 정자에는 조선 초 황해감사를 지낸 이웃 칠석동 출신인 부용 김문발이 전국 최초로 제정한 광주향약의 영향을 받아 홍치 연간에 제정된 양과동 동약이 지금까지 전해오고 있다. 홍치 연간에 시작된 양과동 동약은 100여 년간 실시되다 임진왜란으로 한때 중단되지만, 1604년 유사경이 양과동정입의서를 짓고 향약을 재정비하여 다시 실행한다.

광해군의 폭정에 맞섰던 최형한이 이곳 양과동 출신이며, 김문발과 함께 광주향약의 좌목을 발의한 이선제(1389~1454)와 금산 전투에서 순절한 고경명 의병장도 이웃 마을인 원산동과 이장동 출신이다. 이들이 나라 위한 큰 꿈을 키웠던 장소도 이곳 양과동정이었다.

13

제일호산의 정자,
풍영정

무등산 자락과 영산강변에는 100여 개가 넘는 정자가 있다. 나름의 경관과 사연을 안고 서 있지만, 단연 압권은 칠천 언덕의 풍영정이다. 동림동 쪽에서 하남대로를 따라 흑석 사거리 쪽으로 가다 보면 영산강이 나온다. 풍영정은 영산강에 걸린 광신대교의 오른쪽 벼랑 위인 광산구 신창동 853번지에 위치한다. 조선시대 승문원 판교를 지낸 김언거(1503~1574)가 낙향한 후 지은 정자다

풍영정의 주인공 김언거는 아직 일반인에게는 낯선 인물이다. 본관은 광산, 자는 계진이며 호는 칠계다. 그의 호 칠계는 영산강(극락강)이 풍영정 앞을 지날 때 부르던 이름이다. 가까이에 있는 신창동 유적지에서 다량의 칠기 제품이 출토된 것을 보면 2,000년 전부터 극락강 주변은 고도의 칠 제작 능력을 갖춘 하이테크 기술을 지닌 사람들의 주거지였음을 알 수 있다. 김정의 셋째 아들로 태어나 중종 21년(1531), 문과에 급제한 뒤 옥당에 뽑혀 교리·응교·봉사시정 등의 내직을 거쳐 상주·연안 등의 군수를 지냈다. 그의 마지막 관직은 승문원 판교(정3품)였다. 『조선왕조실록』에서 본 그의 30여 년의 관직 생활은 순탄했지만, 정치적인

풍영정 전경

갈등은 컸던 것 같다. 정치적으로 피곤했던 그가 승문원 판교를 끝으로 낙향하여 꿈꿨던 삶은 풍영정이라는 정자 이름에 그대로 드러난다.

풍영의 뜻은 스승과 제자와의 격의 없는 대화 중 최고로 치는 대목인 『논어』 「선진 편」에 나온다. 공자가 "만약 유력자가 너희를 인정해준다면 너희는 어떻게 하겠느냐?"는 질문을 던지자, 비파를 타던 증점은 다음과 같이 대답한다.

"왈 막춘자 춘복기성 관자오육인 동자육칠인 욕호기 풍호무우 영이귀(日 莫春者 春服旣成 冠者五六人 童子六七人 浴乎沂 風乎霧雩 詠而歸)."

이에 스승인 공자가 무릎을 치며 칭찬한 답변의 해석은 다음과 같다.

"늦은 봄, 봄옷이 만들어지거든 어른 대여섯 명과 시중들 동자 예닐곱 명을 데리고 기수에서 목욕하고 무우에서 바람이나 쐬며 읊조리다가 돌아오는 그런 삶을 원합니다."

증점은 당대의 권력과 호의호식을 버리고 자연에서 유유자적하며 사욕 없이 살고자 하는 자신의 뜻을 표현했던 것이다. 자연을 벗 삼은 증점의 사욕 없는 삶은 중앙 정치의 파벌 싸움에 지친 김언거에게 동경의 대상이 된다.

오늘 풍영정의 경관은 빼곡하게 들어찬 나무들에 가리고 삐쭉삐쭉 올라선 고층 아파트에 막히면서 그 멋이 덜하지만, 당시는 대단했다. 십여 리에 펼쳐진 백사장과 넓은 들을 마주하고 있어 풍광이 뛰어날 뿐 아니라 멀리 무등산과 금성산, 영암의 월출산도 보인다. 당시의 풍광이 어떠했는지는 풍영정의 편액을 모은 한시 모음집인 『풍영정시선』에 보이는 다음 시 한 편으로 족하다.

"풍영정에서 바라보이는 경관은 동으로는 무등 영봉, 남으로 금성산, 백 리 밖엔 소금강이라 불리는 월출산이 바라보이고, 북녘 담양 용추산에서 발원하여 연중무휴 흐르는 칠천(극락강)이 풍영정 절벽 기슭을 휘감고 돌아, 앞으로 십여 리에 펼쳐진 백사장과 모래톱, 버드나무 숲 광활한 들녘인데……."

경관도 대단했지만 풍영정의 격을 한층 더 높인 것은 정자 안에 걸린 70여 개의 편액들이다. 당대 최고의 지성인 안동의 퇴계 이황이 써 보낸 아름다운 시문을 비롯, 김인후, 박광옥, 기대승, 고경명, 이덕형, 이안눌, 권필 등 당대 최고봉의 시문이 빼곡히 붙어 있다. 그리고 당대의 명필 한석봉이 쓴 현판인 '제일호산(第一湖山)'은 풍영정의 품격을 또 높여준다.

당시 풍영정 앞 여울엔 섶 다리가 놓여 있었고 마을 이름을 따서 선창교라 불렸다. 영산강의 여느 다리들처럼 강물이 줄어드는 겨울철에는 섶 다리를 놓았지만, 강물이 불어나는 여름철에는 대신 나룻배를 부

풍영정에서 본 극락강(칠천)

렸다. 선창교라 불린 섶 다리와 나룻배는 비아장을 잇는 통로였고, 장성과 임곡 등지에서 광주로 들어오는 길목 중 하나였다. 이 여울은 또한 영산강을 남북으로 이었다. 김언거와 절친했던 서창 사람 회재 박광옥도 거룻배를 타고 풍영정에 자주 놀러 오곤 했다는 기록이 여기저기에 보인다. 수심이 깊어지는 여름이면 소금을 가득 실은 소금배도 거뜬히 들어올 수 있었다. 그래서 풍영정에 남은 또 하나의 전설이 소금 장수와 장 여인의 애틋한 사랑 이야기다.

　조선시대 말기, 광주를 가로지르는 극락강을 오르내리며 소금을 팔던 강원도 총각이 있었다. 해마다 늦여름에 와서 극락강 나루에서 소금을 싣고 다시 길을 떠나곤 했는데, 어느 해인가 가까운 마을에 사는 장 처녀와 눈이 맞아 사랑하는 사이가 된다. 이 둘은 견우직녀처럼 일 년에 한 번 남의 눈을 피해서 짧게 만날 수밖에 없었지만 죽어도 헤어지

한석봉이 쓴 '제일호산'과 풍영정

지 않기로 맹세할 만큼 절절한 사이였다. 하지만 양갓집 규수와 뜨내기 소금 장수와의 결합이 가당할 리 없었다. 그러던 중 무슨 까닭인지 3년 동안 소금 장수 총각의 소식이 뚝 끊어진다. 장 처녀는 부모님의 영을 어기지 못하고 시집을 가고 만다. 그 소식을 듣지 못한 강원도 소금 장수 총각이 4년 만에 소금배를 몰고 찾아온다. 그러나 그토록 오매불망 하던 사람은 이미 남의 아내가 되어 있었다. 총각은 한 서린 울음만 터 트리다 돌아간다. 이를 알게 된 장 여인은 밤마다 언덕 위의 정자에 올 라 총각이 배를 저어 지나간 극락강을 바라보며 한숨과 눈물로 나날을 보내다가 이내 세상을 뜬다. 이후 그녀가 서 있던 그 자리에 한 그루 괴 목이 북쪽(강원도 쪽)을 향해 자라 강물을 덮었다고 한다. 장 처녀가 죽 어 괴목이 되었다는 곳이 지금의 풍영정 자리다.

풍영정 여울이 나룻터의 기능을 잃은 지는 이미 오래전이다. 1922

년 광주~송정 간 철도가 개통하면서 섶 다리 대신 육중한 철교가 놓였고, 1934년에는 여울 상류에 산동교가, 1980년대에는 광신대교가 또 놓였기 때문이다. 당시의 섶 다리가 현대판 다리로 바뀌면서 정자의 풍광과 여유로움도 많이 사라졌다. 그러나 여전히 풍영정은 기수에서 목욕하고 무우에서 바람이나 쐬며 살아가길 원했던 증점처럼, 광주인들의 힐링을 책임지는 곳이다.

가늘고 삐딱한 편액

"기수에서 목욕하고 무우에서 바람이나 쐬며 읊조리겠다."는 공자의 제자 증점의 답변에서 취한 정자 이름 풍영정의 글자 중 '風(풍)' 자가 다른 두 글자에 비해 다소 가늘고 삐딱하다. 그 이유는 다음과 같은 일화를 또 만든다.

김언거가 벼슬을 버리고 고향으로 내려와 정자를 짓자, 당시 임금이던 명종이 기뻐하며 전라도 무주 구천동의 기인 갈 처사에게 현판 글씨를 받아 걸라고 명한다. 13번의 헛걸음 끝에 산간 오지의 담배 밭에서 갈 처사를 겨우 만난다. 통성명이 끝나자마자 찾은 이유를 물은 갈 처사는 즉석에서 칡넝쿨로 붓을 만들어 풍영정이라는 정자 이름을 써준다. 그리고 가는 길에 절대로 펴 보지 말라고 신신당부한다. 글씨를 보고 싶은 마음을 참지 못한 김언거는 잠시 쉬는 사이에 종이를 펴 보고 만다. 그 순간 갑자기 돌풍이 불어 '풍' 자가 날아가버린다. 부득불 갈 처사를 다시 찾아 날아가버린 '풍' 자를 써주길 간청했지만, 갈 처사는 크게 나무란 뒤 제자 황 처사를 소개해준다. 지금 풍영정 현판을 자세히 보면 '풍' 자의 자획이 조금 가늘어 두 글자와 다르게 보인다.

글자가 달라진 이유에 대해서는 또 다른 일화도 전한다. 당시 풍영

풍영정 현판, 풍(風) 자가 어딘지 삐딱해 보인다.

정 뒤로 11채의 정자가 더 있었다고 한다. 임진왜란 때 왜인들이 다른 정자에 불을 지르고 마지막으로 풍영정에 불을 던지려던 찰나, 현판에 새겨진 '풍' 자가 오리로 변해 극락강 쪽으로 날아간다. 이를 기이하게 여긴 왜인 대장이 서둘러 불을 끄라고 명한다. 그래서 12개의 정자 중 풍영정 하나만 남는다. 또 그때 오리가 되어 날아가버린 '풍' 자를 후대에 다시 써 넣었기 때문에 다른 두 글자와 약간 달라졌다는 것이다. 두 일화 모두 그럴듯한 상상력이다.

14

광주의 읍호 변천과
희경루

필문 이선제(1390~1451) 등 광주 원로들의 간청으로 문종 원년(1451) 광주는 20여 년 만에 무진군에서 광주목으로 환원되었다. 광주목으로의 환원은 광주읍민에게는 커다란 경사였다. 마침 광주읍성에 새 누각이 준공되자, 이름을 희경루(喜慶樓)라 붙였다. 누각의 이름 희경은 1451년 광주가 무진군에서 광주목으로 승격된 것을 함께 기뻐하고 서로 경축한다는 의미를 담고 있다. 1451년 신숙주와 1536년 심언경은 각각 「희경루기」에서 "고을의 원로들이 모두 모여 경축했다.", "고을 사람들이 모두 기뻐하고 서로 경축했다."는 기록을 남기고 있다. 당시 두 기록은 광주 읍민들이 광주목 승격을 얼마나 기뻐했는지를 잘 보여준다.

광주목으로의 환원을 경축했던 고을 원님의 연회 장소 희경루는 지금 사라지고 없다. 그러나 남겨진 기록들을 참고하면 그 위치와 건물의 규모를 대략 집어낼 수 있다. 1924년 증보된 『광주읍지』는 "객사의 북쪽에 있다. 지금의 관덕정이다."라고 적고 있다. 객사가 지금 무등극장 일대에 있었으니 광주우체국 주변임은 분명하다. 기쁨의 누각이란 이름의 희경루는 1533년 화재가 일어나 불타버린다. 그 후 「희경루기」를 남긴

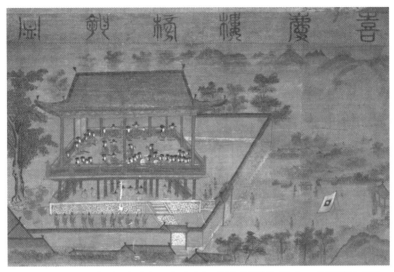

명종 22년(1567), 광주목사 최응룡이 과거 급제 동기생들을 불러 모아 잔치를 베푼 모습을 그림으로 옮긴 「희경루 방회도」(동국대학교 소장)

신숙주의 후손인 광주목사 신한에 의해 재건된 후 몇 차례의 중수를 거쳐 17세기까지는 남아 있었던 것 같다.

오늘 희경루는 사라졌지만 신한에 의해 재건된 희경루는 한 폭의 그림으로 동국대 박물관에 남아 있다. 「희경루 방회도」가 그것이다. 이 그림은 명종 22년(1567) 광주목사 최응룡이 1546년 함께 과거에 급제했던 동기생들을 불러 모아 잔치를 베푼 모습을 그림으로 옮긴 것이다. 지금으로 치면 고시 합격 동기생들의 모임인 셈이다. 희경루와 주변이 비교적 상세히 묘사되어 있어 광주읍민들의 기쁨을 복원하는 데 귀중한 자료가 아닐 수 없다. 정면 5칸, 측면 4칸에 팔작지붕을 얹은 누마루 집 형태로, 남원 광한루와 진주 촉석루에 버금가는 누정으로 추정된다.

희경루가 20여 년 만에 군에서 목으로 승격된 일을 축하하는 뜻을 담고 있지만, 성종 20년(1489) 광주목은 다시 광산현으로 강등된다. 지금의 부시장쯤에 해당하는 5품 벼슬아치였던 판관 우윤공이 화살을 맞고 부상을 입은 사건 때문이었다. 노흥준의 목사 구타 사건과 판관 우윤공의 화살 부상 사건으로 광주목은 무진군, 광산현으로 강등된다. 강등과 복구, 행정 치소의 존폐에 따라 광주읍민들은 환호하기도 실망하기도 했다. 희경루가 있었던 광주우체국 앞에 서서 변화무쌍했던 옛 광주의 이름들을 떠올려본다.

문헌에 등장하는 광주 최초의 이름은 무진주다. 『삼국사기』 「백제본기」에 "동성왕 20년(498) 8월, 백제는 탐라가 공납을 바치지 않는다 하여 왕이 친히 군사를 이끌고 무진주에까지 이르렀다."는 기록이 보인다. 이 기록은 백제 동성왕 대에 광주가 무진주라 불렸으며, 호남 지역과 제주 지역의 조공을 거두어들이는 경로였음을 보여준다. 무진주라 불리던 광주는 신라의 삼국 통일 후 신문왕 6년(686)에 9주의 하나로 승격된다. 그리고 경덕왕 16년(757) 대대적인 행정구역 개편이 이뤄지면서 무진주는 무진도독부가 된다. 이때 무진도독부는 15군 43현과 3개현을 직할현으로 거느리게 된다. 오늘날 광주광역시와 전라남도 전역 및 전북의 고창 일대로, 구한말 전라남도 행정 구역의 밑바탕이 된다.

오늘 우리들이 부르는 빛고을 광주라는 명칭은 고려 태조 23년(940)에 처음 등장한다. 그러나 고려 초기 광주는 나주나 승주보다 그 격이 떨어진다. 전국에 12목이 설치된 고려 성종 2년(983), 통일신라시대 9주의 하나였던 무주에는 목이 설치되지 못한 반면 나주와 승주에는 목이 설치된다. 이는 광주가 마지막까지 후백제의 세력 기반이었음과 관련이 깊다. 광주는 후삼국시대 고려 태조 왕건의 적대 세력인 진훤의 세력권이었으며, 진훤의 사위인 지훤과 아들 용검은 후백제 마지막까지 무진도독이었다. 이와는 달리 나주는 호족이었던 다련군 오씨가 왕건과 혼인관계를 맺는 등 일찍부터 왕건의 세력에 편입되어 고려 왕실과 긴밀한 관계를 유지한다. 왕건과 버들잎 소녀로 잘 알려진 장화왕후 오씨가 만났다는 나주 시청 앞 완사천은 그 흔적이다. 또한 승주는 진훤의 사위이자,

광주공원에 세워질 희경루 조감도

후백제 장군인 박영규의 세력이 있었던 지역이다. 박영규는 신검의 모반으로 금산사에 유폐된 진훤이 왕건에게 귀순하자 곧바로 왕건에게 귀부한다. 나주와 승주가 고려 초기 광주보다 더 중요한 지역으로 대우받았던 이유다.

『고려사』에 나타난 광주의 지명은 광주-해양현-익주-화평부-광주목으로 바뀐다. 때로는 광산과 익양으로 불리기도 했다.

광주는 공민왕 22년(1373), 다시 광주목으로 복구된다. 세종 12년(1430), 읍민 노흥준의 광주목사 신보안 구타 사건으로 무진군으로 강등되지만, 20여 년 뒤인 문종 대에 다시 환원된다. 성종 20년(1489)에는 판관 우윤공이 화살에 맞아 광산현으로 강등되지만, 연산군 7년(1501)에 복구되고, 인조 2년(1624)에 다시 현으로 강등되었다가 인조 12년(1634)에 복구되는 등 변화를 겪는다. 그러나 군현의 영역은 큰 변화 없이 조선 말까지 유지된다.

고종 32년(1895)에 시행된 지방제도의 개편으로 23부제가 실시되면서 전라도가 나주부, 전주부, 남원부로 분할되자, 광주는 광주군으로 개편되어 나주부 예하에 속한다. 이듬해인 1896년, 전국의 23부제가 폐지

1913년에 세워진 희경루 자리의 광주우체국

되고 13도제가 실시되면서 전라도는 전라남도와 전라북도로 분리된다. 그리고 광주에 전라남도관찰부가 설치되고 도청 소재지가 된다. 나주 대신 광주가 도청 소재지가 되었던 것은 1895년 시행된 단발령과 밀접한 관련이 있다. 단발령에 대한 나주인들의 격렬한 저항을 계기로 나주관찰부가 폐지되고 광주가 그 지위를 차지한 것이다.

1949년 광주부는 광주시로 바뀌고, 1986년 부산, 대구, 인천에 이어 네 번째로 직할시가 된다. 지방자치제가 실시되어 자치정부가 들어서면서 1995년 광주광역시로 명칭이 변경되어 오늘에 이른다. 변화무쌍했던 빛고을 광주의 명칭은, 광주의 역사가 희경루의 희경처럼 늘 기쁘고 경축스러운 역사만은 아니었음을 잘 보여준다.

2015년 유니버시아드 대회를 앞두고 광주공원에 희경루 복원 공사가 진행되고 있다. 조감도에 보이는 희경루의 모습이 대단했다. 유니버시아드 대회 또한 고을 사람들이 모두 기뻐하고 즐거워했으면 좋겠다.

광주목, 무진군으로 강등

광주 시민들의 정신적 고통이 1980년 5월 항쟁이라면, 수백 년 전 광주 읍민들의 가장 큰 아픔은 세종 대에 일어난 읍호 강등이었다. 읍호 강등이란 반역이나 친족 살해와 같은 삼강오상, 즉 강상을 범한 죄가 일어난 고을에 대해 고을의 이름을 바꾸거나 지위를 낮추는 것을 말한다. 조선시대 이전에도 광주는 이런저런 이유로 이름을 바꾼 적이 있었다. 광주 이름 무진(武珍)이 고려의 제2대 왕 혜종의 이름과 글자가 같다는 이유로 무진(茂珍)으로 바꾼 경우가 그 예다. 이는 광주 사람들의 의도와는 관계없이 생긴 경우였다.

그런데 세종 12년(1430) 광주목에서 무진군으로의 강등은 이와는 성격이 전혀 달랐다. 사건의 전모는 이러했다. 세종 11년(1429) 만호 벼슬을 역임한 읍민 노홍준이 목사 신보안을 구타했다. 신보안이 노홍준의 첩과 정을 통했기 때문이었다. 노홍준에 얻어터진 신보안은 얼마 후 숨을 거두었다. 이 사건이 일어난 다음 해인 세종 12년 광주목은 무진군으로 강등되었다. 신보안이 남의 애첩을 건드린 죄도 괘씸하지만, 현직 목사를 발로 걷어차 상해를 입힌 죄가 더 컸기 때문이다. 강상윤리를 해친 고을의 읍호 강등은 당시 법이었다. 문종 원년(1451) 필문 이선제 등 지역 원로들의 노력으로 다시 광주목으로 환원되었다. 그러나 성종 20년(1489) 판관 우윤공이 화살을 맞고 부상을 입은 사건이 발생하면서 다시 광산현으로 강등되었다.

무진군과 광산현으로의 강등은 당시 광주읍민들의 치욕이었다.

15

대군 아지의 태실,
태봉산

광주의 여의주라 불렸던 태봉산은 1967년 경양방죽을 매립할 때 사라졌다. 태봉산이 1967년까지만 존재한 이유다. 태봉산은 깎아 없앨 만큼 조그마한 산이었다. 높이 52.9미터, 넓이 3,000평쯤 되는 산이라기보다는 나지막한 언덕에 가까웠다. 무등산을 배경으로 찍은 옛 사진을 보면 마치 고구려의 수도 집안의 장군총(장수왕릉)처럼 둥글납작하게 보인다.

　태봉산이 광주시민들의 사랑을 받았던 것은 용이 물고 승천하는 여의주의 형상을 닮았기 때문이었다. 실제로, 무등산을 품고 있는 광주의 지형은 풍수적으로 학과 용의 형국으로 설명된다. 증심사에서 제1수원지 뒤의 바람재와 조선대학교 대학병원 뒤를 거쳐 전남대학교 병원까지 뻗은 산줄기를 학의 형국, 즉 학강이라 부른다. 또 하나는 원효사의 화암봉과 지산동 뒤 꾀재를 돌아 장원봉, 중군봉으로 뻗은 줄기다. 이 지형은 뱀 두 마리가 오랜 세월을 거쳐 이무기가 되고 다시 용이 되어 여의주를 입에 물고 하늘로 오른다는 화룡승천의 형국이다. 이 뱀이 오랜 기간을 지나 이무기가 되고 용이 되려면 물이 있어야 하고 또 여의주를 물고 하늘을 올라야 하는데, 그 물이 경양방죽이고 여의주가 태봉산

사진으로만 남은 태봉산 전경

이라는 것이다. 이런 이유 때문에도 지역민들은 경양방죽을 메우기 위해 태봉산을 헐 때 완강히 반대하였다.

　아이의 태를 묻은 산이라는 뜻을 지닌 태봉산은 꽤 오래전부터 알려졌다. 18세기 후반 제작된 『지승지도』에 실린 광주목 지도에도 태봉산이 주변의 산보다 자못 웅장하게 그려져 있다. 그 태봉산에 묻힌 태의 주인공이 누구인지는 정말 우연히 밝혀졌다.

　1928년 여름, 광주는 큰 가뭄이 든다. 극심한 가뭄에 시달리던 마을 주민들은 가뭄이 태봉산에 누군가 몰래 무덤을 써 생겼다고 생각한다. 몰래 쓴 무덤을 파헤치면 비가 온다는 속설에 따라 열이 난 동네 아낙들이 호미를 들고 무덤을 파헤친다. 그런데 아뿔사! 그 무덤 속에서 높이 62센티미터, 너비 130센티미터의 거대한 태실이 나온 것이다. 그

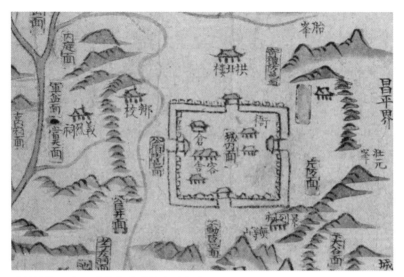

태봉산을 그린 18세기 후반 제작된 지승지도

안에는 태를 담은 백자 항아리와 지석, 그리고 금박 한 장도 들어 있었다. 지금 태실은 광주시립민속박물관 앞에, 유물은 국립중앙박물관에 보관되어 있다.

주인공의 정보를 담고 있는 지석에는 "황명천계4년9월초삼일진시 탄생왕남대군아지씨태 천계5년3월25일장(皇明天啓四年九月初三日辰時 誕生王男大君阿只氏胎 天啓五年三月二十五日藏)"이라는 글이 새겨져 있었다. 명나라 연호인 천계 4년은 인조가 즉위한 지 2년째 되는 1624년으로, 이괄의 난이 일어난 해다. 지석에 적힌 글을 해석하면, "1624년 9월 3일에 태어난 왕남대군 아지의 태를 이듬해인 1625년 3월 25일에 묻었다."는 내용이다. 어떻든 열혈 아줌마들 덕에 태가 묻힌 지 300여 년 만에 그 주인공이 드러난 셈이다.

궁중 말로 아기씨 대군 정도로 읽히는 1624년 9월생의 대군 아지는 누구일까? 알려진 바에 따르면 인조에게는 4명의 아들이 있었다. 첫째가 소현세자, 둘째가 효종 임금이 된 봉림대군이고, 셋째가 인평대군, 그리고 넷째가 용성대군이다. 태는 1622년에 태어난 인평대군의 것은 아니다. 따라서 아기씨 대군은 인평의 동생으로 결혼 전에 죽은 용성대군일 가능성이 크다. 비운의 왕자 용성대군, 그는 왜 한양에서 머나먼 광주 태봉산에 그 태를 묻어야만 했을까?

아지 왕자의 태가 태어난 이듬해 봄인 1625년 3월 25일, 공주 계룡산에서 광주 태봉산에 옮겨 묻히게 된 데는 다음과 같은 전설이 전해진다.

"이괄의 난이 일어나 공주로 피난 중에 인조는 왕자를 얻는다. 그러나 왕자의 잔병이 심해 중전의 수심이 가득했다. 이에 불심 깊은 중전인 인열왕후는 왕자를 안고 100일 기도를 드린다. 며칠이 지난 어느 날 백발의 노승이 나타나 '음탕하고 사악한 땅 기운이 계룡산에 묻힌 왕자의 태를 괴롭히니 이대로 두면 돌을 넘기지 못할 것'이라며, '왕자의 태를 광주 고을 북쪽의 여의주 모양을 한 둥글고 작은 산에 손바닥만 한 금 조각을 함께 안장하라'고 일러주고 사라진다. 인열왕후는 하늘이 왕자를 살리기 위해 보낸 노승이라 여기고 즉시 노승의 말대로 거행할 것을 명한다."

전설은 1928년에 우연한 발굴로 사실이었음이 확인된다. 손바닥만 한 금 조각을 태와 함께 안장하라는 노승의 말처럼, 실제 태실 안에는 놀랍게도 길이 12.3센티미터, 넓이 4센티미터 크기의 금 조각인 금박이 들어 있었다.

대군 아지가 태어난 1624년에 공신 책봉에 불만을 품고 이괄이 난을 일으켰다. 인조가 공주로 피난 가다 얻은 대군 아지의 태를 경황 중에 계룡산에 묻었다가, 난이 진압되자 명당을 물색한 후 태봉산에 안장한 것으로 보인다.

이괄이 태봉산 말고 광주에 남긴 것이 또 있다. 이괄의 반란군을 소탕하고 인조를 구한 이가 바로 광주 출신 정충신이다. 이 일로 정충신은 진무공신 1등에 책정되고 금남군이라는 군호를 받는다. 정충신에게 내려진 금남은 광주 제일의 번화가인 아시아문화전당 앞의 중심 도로명이 되어 광주 사람들의 사랑을 듬뿍 받고 있다. 역사는 얽히고설킨 실타래처럼 재미있다.

태봉산, 유래비로 남다

52.5미터에 불과한 신안동의 조그마한 야산이 왕실의 태 자리로 선택되어진 이유가 여전히 궁금하다. 그런데『헌종개수실록』의 "들 가운데 둥근 봉우리를 골라 그 꼭대기에 태실을 만드는 것이 우리나라의 풍습"이라고 했다는 기록은 그 궁금증을 조금이나마 풀어준다. 또한『태종실록』에도 "태봉은 산과 맥이 이어지지 않은 곳을 잡아야 한다."고 했다. 산과 맥이 이어지지 않은, 들 가운데 우뚝 솟은 둥근 봉우리인 신안동의 태봉산이 딱 그런 위치다. 이는 죽은 이를 위한 명당과 산 사람의 태를 묻는 길지인 명당은 그 위치나 생김새가 다름을 말해준다.

태봉산을 헐어 경양방죽을 메웠던 1960년대의 행위는 도시의 미래도, 시민들의 정서도 고려하지 않은 개발 독재의 만행이다. 그렇게 사라져버린 태봉산은 이제 없다. 그러나 흔적마저 도려낼 수는 없다. 북구 신안동에는 태봉이라는 이름을 가진 태봉초등학교와 태봉파출소가 있다. 그것은 그 언저리에 있었을 태봉산과의 관련 때문에 붙은 이름이다. 그러나 초등학교와 파출소에 붙은 태봉이라는 이름은 태봉산의 정확한 위치를 잡아내는 데는 큰 도움은 되지 못한다. 다행스럽게도 산의 한가운데 지점에 태봉산 유래비(광주역에서 전남대 사거리 사이)가 서 있어 주위 3,000여 평 규모의 여의주 형상을 닮은 태봉산을 그려볼 뿐이다.

태봉산 유래비(광주역~전남대 사거리 구간)

　태봉산이 나이 많은 어르신들의 기억 속에 머물 날도 얼마 남지 않은 것 같다. 어른들의 기억 속에서 사라지는 순간, 태봉산은 빛바랜 몇 장의 사진으로 남아 전해지다 전설이 될 것이다.

16

남도인들의 성황신,
무등산

무등산의 최초 이름은 『삼국사기』 「지리지」에 보이는 무진악이다. 이는 백제시대부터 광주가 무진주라 불렸던 것과 관련이 있어 보인다.

오늘 대표 이름이 된 무등산은 『고려사』 「악지」에 처음 등장한다. "무등산은 광주의 진산이다. 광주는 전라도에 있는 큰 고을이다. 이 산에 성을 쌓았더니 백성들은 그 덕으로 편안하게 살며 즐거이 노래를 불렀다."라는 기록에 나오는 무등산이 그것이다.

그런데 무등산은 서석산이란 별칭으로도 불렸다. 『고려사』 「지리지」에 "무등산이라 적고, 혹은 무진악이라 하고, 혹은 서석산이라 한다."는 기록이 나온다. 고려시대에 이미 서석이란 별칭으로 불렸음을 알 수 있다. 서석이란 별칭은 조선시대 여러 사서에도 등장한다. 『동국여지승람』은 『고려사』의 기록을 그대로 인용한 후 "이 산 서쪽 양지바른 언덕에 돌기둥 수십 개가 즐비하게 서 있는데 높이가 가히 백 척이나 된다. 그래서 산 이름을 서석이라 했다."고 적고, 서석으로 불린 유래를 밝히고 있다. 송강 정철은 「성산별곡」에서 "천변에 뜨는 구름 서석에 집을 삼아"라고 노래하고 있고, 고경명도 무등산 등반 후 「유서석록」을 남기고 있다. 육

무등산 서석대 전경

당 최남선은 서석산이라 불리게 된 서석대를 "좋게 말하면 수정병풍을
둘러쳤다 하겠고, 박절하게 말하면 해금강 한 귀퉁이를 떠 왔다 하고 싶
은 것이 서석"이라고 칭찬을 아끼지 않는다.

　　무등산은 무정산이라고도 불렸다. 이성계가 등극하기 전 여러 명산
을 찾아 왕이 되게 해달라고 빌었는데, 무등산 산신만은 그 소원을 거절
했다는 전설이 있다. 또한 나라에 가뭄이 계속되자 왕명으로 남쪽의 명
산 무등산에서 기우제를 지내게 했으나 무등산 신이 이를 받아들이지
않자, 왕명에 불복한 산신을 멀리 지리산으로 귀양 보내고 이 산을 왕명
도 거부한 무정한 산이라 하여 무정산으로 불렀다고 한다. 그러나 이는
민간 사이에 전해오는 설화일 뿐 『동국여지승람』의 "무등산신사 신라위
소사 고려치국제 본조춘추령 본읍치제(無等山神祠 新羅爲小祀 高麗致國祭

원효사에서 바라본 옛 무등산 전경(1955)

本朝春秋令 本邑致祭)"라는 기록이 무정산이라 불린 저간의 배경을 알려준다. 즉, 고려시대에는 나라의 제사를 모시다가 조선조에 와서는 산신의 격을 낮추어 고을 제사로 지내게 한 서운함에서 생겨난 설화로 보인다.

　무진악, 무정산, 서석산 등 어떤 이름으로 불리든 무등산은 남도인들을 지켜준 성황신이었고 포근한 힐링처였다. 무등산이 남도인에게 어떤 의미를 지닌 산이었는지는 최부의 이야기에서도 살펴볼 수 있다. 나주 출신인 최부(1454~1504)는 1487년 제주도에 추쇄경차관으로 갔다가 부친의 갑작스러운 사망 소식을 듣고 급히 뭍으로 나오던 중 폭풍을 만나 중국까지 떠밀려 간다. 그리고 우여곡절을 겪다 반 년 만에 귀국한다. 이때의 내용을 기록한 책이 『표해록』이다. 이 책에는 폭풍을 겪은 선상에서 수행원들이 쑥덕거리는 말을 우연히 엿듣게 되는 대목이 나온다. 제주에 들어가려는 사람들은 무등산 신사와 금성산 신사에, 제주를 떠나는 사람들은 제주 일원에 있는 여러 신사에 제사를 지냈어야 하는데, 최부가 그렇게 하지 않아 결국 바다의 노여움을 사 낭패를 당했다는 것이다. 이는 무등산과 금성산(나주)이 당시 남해를 관장하고 항해자의 안전을 살피는 수호신이었다는 증거다. 그런데 바다로부터 수십 킬로미터나 떨어져 있는 무등산이 남해 바다의 항로를 관장한다고 믿은 이유는 무엇이었을까? 믿음은 고려시대로 거슬러 올라간다. 충렬왕 7년(1281), 2차 여·몽 연합군의 일본 원정을 앞두고 광주 출신인 동정원수

김주정이 제사를 지냈을 때 무등산 산신만이 세 번이나 방울을 울려 승리를 기원했고, 이를 알게 된 고려 조정에서는 무등산 성황신에게 벼슬을 내린다. 이 이야기는 조선 초기에 쓰인 『동국여지승람』에 전한다. 그런데 이때의 일이 조선시대까지 지역민들의 기억에 남아 최부와 같은 배를 탔던 동승자들의 입을 통해 전해졌던 것이다.

이러한 민중들의 무등산 신앙은 옛 광주의 치소를 에워싸고 있던 길이 2킬로미터 남짓한 석성인 광주읍성에도 묻어 있다. 고려 말

1960~70년대 학생들의 소풍 장소였던 무등산

축조되어 1910년 무렵 일제에 의해 철거된 광주읍성을 축성한 돌이 바로 무등산의 특징적인 암석인 안산암이었다. 무등산의 안산암을 날라 쌓았던 것은 안산암의 절리가 뚜렷해 가공의 번거로움을 덜고 단기간에 성을 축조할 수 있었기 때문이겠지만, 광주의 진산으로 여겨온 무등산의 석재를 사용함으로써 산의 영험함을 얻어 왜적을 방어하려 했던 심리도 작용했을 것으로 생각된다.

무등산은 광주를 지켜낸 요새지요, 외침을 당한 수난지였으며, 독립운동가의 활동지였고, 이념의 아픔이 밴 역사의 현장이기도 했다. 이미 소개한 『동국여지승람』에 "백제 때 이곳에 옛 성이 있었고 무등산곡이라는 노래가 있었다."는 기록이 있다. 옛 성이 지금의 산수 5거리에서

무등산 전망대 쪽으로 오르면 만나는 무진고성인지 또 다른 성인지는 확인할 수 없지만, 후백제 진훤군과 왕건군의 치열한 싸움이 이 옛 성을 에워싸고 벌어졌음은 분명하다. 진훤은 892년 무진주에서 신라서남도 총지휘병마를 자칭하다가, 900년 완주(지금의 전주)에 후백제를 세운다. 903년 왕건이 서해로 내려와 나주를 쳐서 함락시켰으나 광주를 빼앗지 못했으며, 그 뒤 909년 진도를 쳤을 때도 마찬가지였다. 당시 광주의 성주는 진훤의 사위 지훤이었는데, 936년 신검이 고려에 항복할 때까지 무등산의 옛 성은 난공불락이었다.

고려 때 몽골과 왜의 외침이 잦아지면서 무등산도 수난을 당한다. 고려 고종 43년(1256) 6월 몽골의 차라대군 천여 명이 무등산에 진을 친 일이 있었고, 우왕 7년(1381) 4월에는 지리산 전투에서 패한 왜구가 무등산 규봉암으로 들어와 바윗돌 사이에 목책을 세웠다. 전라도 도순문사 이을진이 결사대 100여 명을 모집하여 높은 곳에 올라가 돌을 굴러 내리고 불화살을 쏘아 목책을 불사르고 왜구를 쫓아냈다. 왜구가 물러난 후 200여 년 뒤 또 왜군이 들이닥쳐(정유재란) 증심사를 불태웠다.

무등산은 어등산과 더불어 한말 최대 의병 항쟁지 중 하나였다. 무등산 자락은 광주 출신인 김원국·김원범 형제 의병장의 거병 장소였고, 왜군과 수십 회에 걸친 치열한 전투가 벌어진 현장이다. 1908년 음력 설날에 벌어진 창평군 외남면 무동리(현 담양군 남면 무동리) 전투도 그중 하나다.

또한 무등산은 항일 구국 열사들의 비밀 집회 장소였다. 광주학생항일운동을 조직적으로 이끌었던 것은 독서회였다. 광주고보와 광주농업학교의 독서회가 무등산 중머릿재와 약사암 앞 세인봉에서 결성된다(1929. 6). 1928년 8월 5일 광주 소년회관에서 열릴 예정이던 전남소년연맹 창립대회가 일제의 금지로 좌절되자, 그날 밤 대표 60여 명은 무등산 증심사로 옮겨 집회를 열다 일경의 습격을 받아 피검되었다. 증심사 앞 춘설헌은 의재 허백련의 작업 공간이었지만, 이전에는 김구가 찾은 광주의 어

2012년 무등산국립공원이 된 무등산

른 최흥종 목사의 오방정이었고, 2·8 독립선언의 주역이었던 석아 최원순의 은거지였다.

무등산에는 6·25의 아픔도 배어 있다. 6·25전쟁으로 증심사를 비롯하여 원효사, 규봉암 등의 주요 건물이 전소된다. 특히 1933년 증심사 5층 석탑을 해체 수리할 때 발견된 금동석가여래입상(옛 국보 제 211호)과 금동보살입상(옛 국보 제 212호)도 광주경찰서 금고에 보관 중 행방불명이 되고 만다. 국보에 '옛' 자가 붙은 이유다. 6·25전쟁 이후 한동안 무등산도 지리산처럼 빨치산의 은신처가 된다. 광주가 수복된 직후인 1950년 10월 29일, 서석초등학교에 주둔 중인 국군 제20연대가 무등산 빨치산의 습격을 받았고, 학교 건물 일부는 불에 타버린다. 지금의 산수동~원효사 간 관광도로도 6·25가 낳은 산물이다. 무등산에 은신 중인 빨치산에 대한 작전 수행을 위해 1950년 12월부터 경찰이 주민들을 동원, 계림동에서 원효계곡에 이르는 12킬로미터 구간에 도로를 개설한다. 그후 이 도로를 확장하고 포장한 것이 현재의 관광도로다.

태평양전쟁이 막바지에 이르자 일제는 부족한 군수용 목재 조달을 위해 나무를 베어내고, 비행기의 대체 기름을 얻기 위해 다년생 적송을

뿌리째 캐낸다. 연료 채취 때문이기도 했지만 해방 직후 무등산이 벌거숭이가 된 또 다른 이유였다.

광주가 어디 있느냐고 물으면 무등산 아래에 있다고 대답한다. 또 무등산이 어디 있느냐고 물으면 광주에 있다고 대답한다. 이처럼 광주와 무등산은 서로 떼어서 생각할 수 없다. 광주에 사람이 살기 시작할 때부터 무등산은 광주 지킴이였고 안식처였다. 때론 외침으로 아픔을 당하기도 했지만, 오늘 무등산은 다시 국립공원이 되어 광주시민들의 힐링 장소가 되었다. 오늘도 무등산은 여느 때처럼 남도인들의 성황신이고 지킴이다.

17

경양방죽이 남긴 풍경 셋

7~8할이 농사짓고 살던 시절, 광주에는 많은 관개용 방죽(저수지)이 있었다. 더러는 지금까지 남아 시민들의 휴식처가 되었지만, 경양방죽처럼 기억 속에만 존재하는 것도 있다. 그런데 왜 광주시민들은 경양방죽만을 가슴에 진한 추억으로, 그리움으로 간직하고 있을까? 6만 5,000평의 크기 때문만은 아닐 것이다.

풍경 하나는 방죽을 가득 메운 연꽃이었다. 지금 광주고등학교와 계림초등학교가 들어선 언덕의 경호정에 오르면 연꽃은 더욱 장관이었다. 당시 언덕을 경호대라 불렀는데 이는 경호정이란 정자와 관련이 깊다.

경호정은 1800년대 초, 광주목사를 지낸 김선이 처음 짓는다. 거울처럼 맑은 모습이 당시 김선에게 감동을 주었던 모양이다. 그 후 1840년 광주목사 윤치용은 경호정을 고쳐 짓고 이름을 응향정으로 바꾼다. 방죽에서 올라온 연꽃의 향기가 언덕의 끝자락에서 맺히는 것 같다 하여 붙인 이름이었다. 경양방죽을 달리 연꽃방죽이라 했던 것도 이 때문이었다.

두 번째 풍경은 둑길의 모습이었다. 1킬로미터가 넘는 방죽의 둑 양쪽에는 이삼백 년 된 아름드리 벚나무와 팽나무, 왕버들나무로 가득 찼다. 담양의 관방제림의 모습과 흡사했다. 젊은 시절 화순, 담양의 수령이 된 아버지를 만나기 위해 이 둑길을 걸었던 다산 정약용도 「과경양지(過景陽池)」라는 시에서 "잡목은 큰길가에 늘어서 있다."고 읊는다. 그로부터 100여 년 뒤에 지도군수였던 오횡묵도 "숲길의 끝과 끝이 5리나 족히 된다."며 그 둑길에 조성된 숲길의 당당함을 그리고 있다. 지금 둑길의 모습은 사라지고 없다. 옛 둑길은 좁디좁은 골목길로 바뀌었고, 군데군데 경양지를 노래한 시인 묵객들의 시만이 민가의 담장 벽에 새겨져 있을 뿐이다.

세 번째 풍경은 푸른 물 위에서 즐기던 뱃놀이의 추억이다. 정약용도 이 둑길을 지나면서 이미 언급한 시에서 "연꽃 피어 뱃놀이하기 좋다."고 읊었다. 18세기에 정말 뱃놀이가 행해졌는지는 알 수 없지만, 사진 속에 보이는 경양방죽의 뱃놀이는 그리 오래전 일은 아니다. 방죽의 70% 이상이 매립되고 일부만이 남아 체면을 유지하던 1930년대 말, 광주시에서 배 한 척을 띄워 간단한 뱃놀이를 할 수 있도록 했던 것 같다. 그 후 1941년 시 당국은 방죽의 남은 수명을 본격적으로 이용하는 방법을 공모했는데, 이때 불로동에 살던 일본인 후지가와 씨가 봄부터 가을까지는 작은 배를 띄워 유료 보트장으로 이용하고, 겨울에는 스케이트장으로 쓰자는 아이디어를 낸다. 오늘 우리들이 경양방죽에서 뱃놀이하고 스케이트 타는 모습의 사진을 볼 수 있게 된 이유다.

500년 넘게 광주의 젖줄이면서 휴양지였던 경양방죽은 두 번에 걸쳐 매립되는 수모를 당한 끝에 흔적도 없이 사라졌다.

첫 번째 매립 계획이 시작된 것은 광주 인구가 폭발적으로 늘어나면서 광주읍이 부로 승격될 무렵인 1935년이었다. 1934년에 공포된 조

해방 직후인 1946년 경양방죽 모습

선시가지 계획령에 따라서 읍이 부로 승격되면 도시계획을 세워 시행하게 되어 있었다. 당시 광주는 이를 위한 기초 조사를 실시하는 과정에서 일본인들을 중심으로 경양방죽을 매립하여 신시가지를 조성한다는 계획을 극비리에 추진했다. 이 계획은 곧 탄로 나고, 광주 지방민들은 분개한다. 이에 경양방죽 매립 반대 투쟁위원회가 구성되고 위원장에는 당시 신망이 두터웠던 최흥종 목사가 선임된다. 위원회의 매립 반대 이유는 다음 여섯 가지였다.

첫째, 경양방죽은 광주민들의 생활과 직결되는 농업 경영의 원천으로서 많은 몽리 답을 관할하고 있다.

넷째, 이 방죽을 메우지 않더라도 광주 시내에 주택지를 조성할 만한 좋은 장소가 많다.

광주여고 앨범에 실린 경양방죽 풍경(1961)

여섯째, 장차 광주가 대도시로 발전할 때를 대비해서 경관이 수려한 풍치지구를 아름답게 보전해야 한다(둘째, 셋째, 다섯째는 생략).

투쟁위원회가 제시한 반대 이유는 오늘도 여전히 유효하다. 특히 네 번째와 여섯 번째 반대 이유는 미래 가치를 내다본 탁견이 아닐 수 없다. 투쟁위원회는 이러한 이유를 내세워 관계 기관에 진정서를 내고 찾아다니며 주민들의 반대 의견을 전달한다. 주민들의 강경한 반대로 1939년 일제는 당초의 계획을 변경하여 3분의 2만 매립한다.

그러나 해방 이후 그 나머지도 역사 속으로 사라지고 만다. 1966년 광주시는 몽리 답의 수원으로서 기능 약화, 늘어난 인구, 쓰레기 투기와 오물로 인한 악취를 핑계로 매립, 시가지를 확장하고 택지를 조성하기로 결정한다. 결국 1967년 경양방죽은 역사의 뒤안길로 사라진다. 방죽을 메우기 위해 헐린 명물 태봉산은 덤으로 희생양이 된다.

전주에는 덕진호가 있고, 춘천에는 소양호가 있으며, 경주에는 보문호가 있다. 이들 모두는 인공 호수지만, 그 도시를 대표하는 명물이 되었다. 만일 광주의 역사가 뒤틀리지만 않았다면, 광주에도 이런 명물 호수가 있었을 것이다.

경양방죽을 메운 건 인구 폭발이 핑계였지만, 미래 가치를 읽지 못한 단견 때문이었다.

스케이트장이 된 경양방죽의 겨울(1940년대 사진)

김방과 개미의 보은

원래 경양지, 경호, 연지 등으로 불린 경양방죽은 조선 세종 22년(1440) 광주목사로 부임한 김방이 3년여의 공사 끝에 완공한 인공 호수였다. 연인원 50여만 명과 제주도 조랑말까지 동원된 대역사였다. 총 면적 6만 5,000평(호수면 4만 6,000평), 옛 시청 자리에 세워진 홈플러스 뒷길에서 광주은행 본점으로 뻗은 1킬로미터가 넘는 길이 당시의 둑길이었다. 그 둑길로 막힌 방죽의 물은 광주고등학교, 계림초등학교, 옛 광주상고의 정문 앞을 통하는 담양가도에 닿았으니 그 규모가 짐작된다.

거대한 방죽을 만드는데 그럴싸한 전설이 없을 수 없다. 공사는 시작되었지만 수년째 거듭된 가뭄으로 제때에 품삯을 지급받지 못한 공사장 인부들은 헐벗고 굶주림에 허덕였다. 어느 날 하루도 빠짐없이 공사장의 인부를 격려하던 광주목사 김방은 수만 마리의 개미떼가 개미집을 잃고 우왕좌왕하는 모습을 발견했다. 하찮은 미물이지만 집을 잃고

경양방죽터 비(홈플러스 정문 앞)

흙더미에 깔려 죽게 될 것을 측은히 여긴 김방은 인부를 시켜 개미집을 무등산 기슭의 안전한 곳으로 옮겨주었다.

그리고 며칠이 지난 어느 날, 김방은 양식 창고에 가득 찬 쌀을 발견했다. 더욱 놀라운 것은 다음 날, 그 다음 날에도 양식 창고에 계속 쌀이 쌓이는 것이었다. 이상히 여긴 김방이 숨어 지켜보자, 놀랍게도 수만 마리의 개미떼가 쌀알을 물어 나르고 있었다. 개미떼의 행렬은 공사가 끝날 때까지 계속되었다. 김방은 집을 옮겨 살게 해준 데 대한 개미들의 보은임을 직감하고 그 쌀을 공사장 인부들을 배불리 먹이는 데 다 쓴다. 공사가 기한 내에 마무리되었음은 물론이다.

18

근대 광주 교육의 출발지, 향교 사마재

남도 최초의 근대 공립학교가 된 전라남도관찰부 공립소학교는 1896년 11월, 광주향교의 부속 건물인 사마재를 빌려 개교하였다. 일명 문회재라고 불리었던 사마재는 과거 1차 시험인 생원·진사시에 합격한 유생들이 모여 학문을 토론하고 향론을 펼치며 친목을 다졌던 일종의 지적인 사교클럽이었다.

사마재가 언제 건립되었는지는 알 수 없다. 1488년 광주향교가 지금의 자리로 옮겨 올 때 이미 사마재가 있었고, 명륜당 건물 내 서쪽의 방 하나를 사마재라 부르며 사용했다는 기록이『광주읍지』에 나온다.

그런데 언제부터인가 사마재는 향교 밖에 별도의 건물을 지어 분가했던 것으로 보인다. 1879년 발간된『광주읍지』에는 사마재가 "향교의 동쪽에 있다."는 기록이 나온다. 왜 사마재가 향교에서 분가하여 동쪽으로 옮겨졌는지는 알 수 없지만, 과거 시험의 문턱에도 가보지 못한 교생(향교의 학생)과 1차 시험 합격자였던 생원·진사들의 보이지 않은 갈등 때문은 아니었을까 싶다.

향교 동쪽으로 옮겨졌다는 남도 최초 근대 교육의 출발지였던, 옛 사마재 터는 지금 어디일까?『광주향교지』(1952)를 보면, 사마재는 1894년 갑오개혁 이후 문을 닫았고, 그 터는 광주공원에 편입되었다고 한다. 사마재 터가 어디인지 알려주는 단서는 1960년대 말 최윤상이 쓴「전남 60년사」란 글 가운데 광주천의 물이 사마재(기념탑) 밑에 이르러 소를 이루는데 이곳을 깊게 패인 물웅덩이라는 뜻의 '아래 꽃바심'이라 부르곤 했다는 기록이 남아 있다. 최윤상 씨가 언급한 기념탑은 그 무렵까지 남아 있었던 광주금융조합 창설 기념탑을 말한다. 이 기념탑은 광주문화재단 주차장에서 향교 쪽으로 오르는 길 왼편에 위치한 어린이헌장탑 자리에 있었다. 즉 지금의 어린이헌장탑이 서 있는 자리가 바로 근대 광주 교육의 출발지, 사마재의 터다.

사마재 건물을 넣고 광주를 배경으로 찍은 1920년대 옛 사진 한 장이 남아 있다. 어린이헌장탑에서 바라다본 광주 어디에도 옛 사진 속의 모습은 남아 있지 않았지만, 멀리 무등산은 그대로 서 있었고 광주천은 여전히 흐르고 있었다.

사마재에서 시작된 공립소학교의 초기 모습은 어떠했을지 궁금하다. 학교 운영을 맡은 전남관찰부조차 광주목 관아를 빌려 쓰던 형편이었기 때문에, 새 학교 건물을 지을 여력이 없었다. 그래서 향교의 사마재를 빌려 임시 교사로 사용하였다. 재미있는 것은 학비와 학용품이 공짜였지만 공립소학교가 설립되고 2년이 지난 1898년 말까지도 단 한 명의 학생을 모집하지 못했다는 점이다. 왜 공짜로 실시된 근대 교육기관에서 2년 동안 단 한 명도 모집하지 못했을까? 이는 근대 교육에 대한 관심 부족이라기보다는 광주 지역민들의 경계심이 컸던 탓 때문으로 보인다. 1896년 초 광주향교는 명성황후 시해와 단발령에 대한 반발로 기우만을 중심으로 한 호남 의병이 창의하면서 본부로 썼던 건물이었다. 정부

현재의 서석초등학교 전경(광주드림 제공)

의 근대 개혁에 반대하고 있는 분위기 속에서 향교 소속의 사마재에 문을 연 공립소학교에 자녀를 보내기는 쉽지 않았을 것이다.

초창기 공립소학교가 아직 틀이 잡히지 않았음은 『서석 100년사』에 실린 교원들의 근무 연한에서도 확인된다. 교원들은 대개 한성사범학교를 갓 졸업한 초임 교원이었는데, 1899년까지는 1년도 채 안 되는 짧은 기간만 봉직하다 광주를 떠난다. 초대 교원인 조한설은 6개월, 2대 이헌은 11개월, 3대 장성화는 3개월만 근무했다. 그러나 1900년이 지나면서 광주 근대 교육의 분위기는 사뭇 달라졌다. 교원들의 근무 기간도 2년이 넘었으며, 홍병하는 1902년부터 1907년까지 6년 동안 재직했다. 학생 수가 늘자 교장인 관찰사의 관심도 각별해졌다. 1900년대 초 관찰사 이근호는 성적이 우수한 학생에게 지필묵을 나눠 주고 집무실인 선화당에 자주 불러 상을 내리곤 했다.

광주 공립보통학교 교사(1928년, 현재의 서석초등학교 교사 자리)

1906년 보통 학교령에 의거 전라남도관찰부 공립소학교는 공립광주보통학교로 이름을 바꾼다. 이때부터 수업 기간은 공립소학교 시절의 3년제에서 4년제로 늘어난다. 1907년에는 사마재를 떠나 동문 안 사정리(현 구도청 앞 전일빌딩 자리)로 옮긴다. 공립광주보통학교가 처음으로 독립된 교사를 갖게 된 것도 이때부터다. 이 무렵 광주의 근대 교육은 어느 정도 터를 잡는다. 1910년에 졸업한 보통학교 1회 졸업생이 18명, 2회 졸업생이 20명, 3회 졸업생은 27명이었음도 그 증거다. 사정리로 옮긴 20년 후인 1927년, 지금의 서석초등학교 터로 옮겨 보금자리를 튼다.

학교 이름은 이보다 훨씬 많이 바뀌었다. 전라남도관찰부 공립소학교(1896), 공립광주보통학교(1906), 광주공립보통학교(1911), 광주제1공립보통학교(1934), 광주서석공립심상소학교(1938), 광주서석공립심상고등소학교(1940), 광주서석공립국민학교(1941), 광주서석국민학교(1950), 그리고 지금의 서석초등학교(1996). 수많은 교명 중 국민학교에는 일제 치하 황국

신민을 길러낸다는 뜻을 지닌 일제 35년의
제국주의 망령도 묻어 있다.

학교 운동장에 개교 100주년 기념비
가 서 있다. 그 기념비 받침돌에 새겨진
'1896~1996'은 서석초등학교가 광주·전남
최고의 역사를 지닌 남도 근대 교육의 출발
임을 보여준다. 1960년대 한때는 학생 수가
만 명을 넘는 거대한 학교였고, 밀려드는 학
생 수를 감당하지 못해 3부제 수업을 하기
도 했다. 그러나 지금 서석초등학교는 200
여 명의 초미니 학교가 되어 있다. 도심이
텅 빈 공동화 현상의 결과다.

1930년에 지은 당시 전국 최초의 대강
당이었던 빨간 벽돌 강당과 1935년에 붉은
벽돌로 지은 2층의 본관 교사가 남아 초창

서석초등학교 교정에 세워진 개교
100주년 기념비

기 근대 공립학교의 모습을 떠올리게 한다. 학교의 터가 어디였건, 이름
이 어떻게 바뀌었건 간에 교육 도시로 불리게 된 광주 근대 교육의 출
발은 광주공원 사마재에서 시작된 전라남도관찰부 공립소학교였음은
변함이 없다.

전라남도관찰부 공립소학교

교육 도시라 불리는 광주의 근대 교육의 출발은 언제부터일까? 1894년
갑오개혁 이전, 교육은 서당과 향교, 성균관에서 이루어졌다. 유교 이념
이 주된 교육의 내용이었고, 유교 경전은 주요 교과서였다.

전라남도관찰부 공립소학교가 처음 위치
했던 광주향교 앞 사마재 터

서당 대신 근대 학교가 도입되고 서양에서 신문물이 밀려오자, 기존의 천자문 대신 새로운 교과서가 필요했다. 그 필요성을 절감한 분이 고종 황제였다. 이에 고종은 1895년 2월, 덕·체·지를 교육의 3대 강령으로 삼은 「교육입국조서」를 반포한다. 교육이 국가를 발전시키는 근본임을 밝힌 「교육입국조서」는 한국 근대 교육의 기본 방향을 설정했다는 의미가 있다.

「교육입국조서」가 반포된 후 7월, 고종 칙령 제145호로 「소학교령」이 반포되었다. 「소학교령」에 의하면 교과목은 수신, 독서, 작문, 습자, 산술, 체조를 기본으로 하면서 한국 지리, 역사, 도화, 외국어 중 한 과목 또는 수학을 추가할 수 있었다. 입학생의 나이는 8세부터 15세까지였다. 「소학교령」은 각 도의 부와 군에서 관내의 아이들을 취학시킬 수 있는 공립소학교 설치를 의무화했다. 이런 연유로 갑오개혁 이후 1896년부터 도청 소재지였던 광주에 최초의 근대 공립학교가 설립될 수 있었다. 지금 광주 서석초등학교의 전신인 전라남도관찰부 공립소학교가 그것이다.

19

안개처럼 사라진
광주읍성

광주에 읍성이 있었고, 4대문이 있었음을 아는 사람은 많지 않다. 그러나 100여 년 전까지 옛 도청과 충장로, 황금동 일대에는 2.5킬로미터의 직사각형 읍성이 있었다.

광주읍성은 단종 2년(1454년)에 간행된 『세종실록지리지』에 처음 등장한다. "읍성은 돌로 쌓았고, 둘레가 972보이다."는 기록이 그것이다. 16세기 중종 대에 간행된 『신증동국여지승람』에는 "읍성은 돌로 쌓았고, 주위는 8,253척, 높이는 9척이고 우물은 100곳이다."라는 내용이 나온다. 『호남읍지』나 『광주읍지』에도 이 같은 내용이 서술되어 있다. 조선시대 영조척(1척=31.24㎝)으로 환산해보면 읍성의 둘레는 약 2.5킬로미터, 높이는 약 2.8미터에 해당된다. 둘레가 약 5.4킬로미터에 달했던 부산의 동래읍성에 비하면 절반 정도의 크기지만, 1.4킬로미터인 낙안읍성이나 1.7킬로미터인 고창읍성에 비하면 훨씬 큰 규모였음을 알 수 있다. 실제로 광주읍성은 전주, 남원, 나주읍성과 함께 호남의 4대 읍성으로 꼽혔다. 그런데도 최근까지 광주읍성은 광주인들의 마음속에 남아 있지 않다. 언제, 왜 축조되었는지 언제, 왜 철거되었는지를 알게 된 것도 최근

광주읍성의 동문인 서원문

의 일이다.

　500여 년 이상을 버티어온 광주의 4대문과 읍성은 1916년 일제에 의해 완전히 헐리고 그 자리에 도로가 난다. 이로 인해 지금 광주읍성은 흔적도 없이 사라졌다. 광주읍성은 사라졌지만, 읍성의 모습은 18, 19세기에 제작된 옛 지도에 온전히 남아 있다. 18세기 중엽에 제작된 『해동지도』를 보면 평지에 조성된 직사각형 모양의 4개의 성문이 있었음을 분명하게 보여준다. 서문 가까이에 객사가 있고, 동헌은 그 위쪽에 있다. 『해동지도』는 광주읍성 밖의 모습도 자세하다. 서문 밖에는 향교와 의열사가, 남문 밖에는 경렬사가, 동문 밖에는 경양역이 표시되어 있고 북문 밖에는 공북루와 태봉산이 표시되어 있다. 가장 자세한 것은 1872년 간행된 『지방도』(서울대학교 규장각 보관)에 그려진 광주읍성이다.

지도는 보통 위쪽이 북쪽인데 이 지도는 위가 남쪽이다. 이는 풍수적으로 배산임수의 입지조건을 강조하기 위해 남쪽 진남문을 지도의 윗부분에 표시했던 것으로 보인다. 지도에는 남쪽의 진남문에서 북쪽의 공북문으로, 동쪽의 서원문에서 서쪽의 광리문을 관통하는 교통로가 붉은 선으로 표시되어 있다. 성안의 동서남북을 관통하는 두 길이 만나는 지점은 당시 가장 북적대는 번화가였다. 그 십자 도로가 만나는 한가운데가 지금 광주우체국이 있는 자리다. 우다방으로 불리는 우체국 앞 4거리는 오늘도 여전히 북적대는 광주의 번화가다. 십자도로가 만나는 그곳에 문종 원년(1451), 무진군에서 광주목으로의 환원을 경축하는 의미를 지닌 희경루라는 이름의 누각이 세워졌다.

읍성 내부에는 객사, 동헌 등 많은 관청 건물들이 그려져 있다. 이는 고을 수령을 비롯하여 수령을 보좌하는 아전과 군졸이 살았음을 보여준다. 읍성 안에 살았던 자들은 이들만이 아니었다. 19세기 말 광주를 왔다 간 여행자의 기록에 의하면, 몇몇 사람을 제외하면 대개 보잘 것없는 신분으로 기록하고 있다. 보잘것없는 신분, 이들이 광주의 4대문 안에 살았던 진정한 주인공들이었다. 지금의 광산동, 금남로 1~3가, 충장로 1~3가, 황금동, 궁동, 대의동 등이 옛 읍성의 성안에 해당된다. 4대문 밖의 모습도 덤으로 남아 있다.

흔적도 없이 안개처럼 사라져 문헌과 옛 지도로만 전해지던 광주읍성의 존재가 확인된 것은 1990년대 초. 1992년 전남도청은 방문객 주차장을 만들기 위해 부지 정리를 하던 중, 뒷담 부근에서 성돌과 성벽 하부의 토축으로 보이는 유적을 확인한다. 1996~97년 광주시립민속박물관은 황금동과 광산동에서 읍성 터 일부를 발굴하여 성벽의 하부 구조를 확인한다. 성벽의 폭은 3.4~4미터였다. 2007년 아시아문화전당

18세기 중엽의 『해동지도』에 그려진 광주읍성

을 건립하면서 지표면 아래에서 85미터에 달하는 성벽의 유허가 또 발굴된다.

이러한 발굴 성과가 2002년 펴낸 『광주읍성유허 지표조사보고서』와 2008의 『광주읍성 보고서』다. 두 보고서는 광주읍성과 관련된 많은 정보를 제공해준다. 읍성은 고려 우왕 4년(1378) 왜구 침략을 막기 위해 축조되었고, 1916년에 완전 철거되었음도 밝혀냈다. 당시 광주읍성의 남문 이름이 남쪽을 진압한다라는 뜻을 지닌 진남문임을 통해서도 저간의 사정을 짐작할 수 있다. 또한 보고서는 4대문의 현 위치도 확인해주었다. 즉 동문인 서원문은 대의동 옛 광주문화방송국 옆 사거리, 서문인 광리문은 황금동 구 광주 미문화원 부근 사거리, 남문인 진남문은 광산동 옛 광주시청을 지나 전남대 의대 가는 사거리, 그리고 북문인 공북문은 금남로 4가 충장치안센터 앞 사거리였다. 북문 밖의 공북루가 광주학생독립운동 기념탑이 서 있는 사거리에 있었음도 알게 되었다.

500년 동안 광주인들과 함께한 읍성의 흔적은 어느 정도 밝혀졌지만, 그 유허들의 관리는 정말 한심했다. 오랫동안 읍성을 쌓았던 돌은 주차장 후미진 담장 부근에 아무렇게나 방치되어 있었고, 심지어는 전남 도경 구내 화단의 경계석으로 박혀 있었다.

황금동에서 발굴된 광주읍성 성벽의 기단부 모습

오늘, 읍성 문화도시였던 광주의 옛 모습을 확인하기는 거의 불가능에 가깝다. 돌보지 않는 역사와 문화는 광주읍성에서 보듯 안개처럼 흔적도 없이 사라지고 만다. 이제 광주읍성의 옛 흔적 위에 엄청난 규모의 아시아문화전당이 들어선다. 아시아문화전당도 언젠가는 또 광주의 역사가 될 것이다. 새로운 것만큼이나 오랜 것도 중요하다. 천년 고도 광주에서 천년 역사를 일깨워줄 만한 흔적은 어디에도 없다. 겉모습만을 놓고 보면 광주는 1960년대, 70년대에 시작된 젊디젊은 콘크리트 도시일 뿐이다. 잃어버린 광주의 역사를 되찾을 수는 없을까?

흔적도 없이 사라져버린 광주읍성, 일제 뿐만 아니라 우리가 없애지는 않았는지 반성해볼 일이다. 광주읍성의 흔적을 알리는 공북문 터에 서서 과거 가치와 미래 가치가 공존할 수는 없는지도 묻는다.

광주읍성 4대문 이름

광주읍성 4대문의 공식 명칭은 서원문(瑞元門, 동문), 진남문(鎭南門, 남문), 광리문(光利門, 서문), 공북문(拱北門, 북문)이다. 당시 성문의 이름에는 나름의 의미가 담겨 있다. 조선 시대 한양의 4대문인 흥인지문, 숭례문, 돈의문, 홍지문이 성리학 이념의 핵심인 인, 예, 의, 지를 숭상하는 의미를 담고 있는 것과 같다.

북문의 이름인 공북문은 군왕에 대한 충성의 의미를 담고 있다. 이는 북문이 한양으로 올라가는 왕도였던 것과 관련이 있다. 반면에 남쪽을 진압한다는 뜻을 지닌 진남문은 남도의 오랜 걱정거리인 왜구 격퇴의 염원을 담고 있다. 광주 중심부에 성을 쌓게 된 것도 고려 말 네 차례에 걸친 왜구 침입을 받았던 경험이 배경이 되었다고 전해진다. 그 고통이 얼마나 컸던지 학동의 전남대학교 의과대학 교정에 있는 느티나무 옆 비석을 진남비라 불렀던 것도 이런 이유에서였다.

동문을 서원문, 서문을 광리문이라 했던 이유는 또 무엇일까? 광주 도시 경관의 변화에 정통한 시립민속박물관의 조광철 학예연구사는 이를 주역의 원리로 풀어낸다. 주역에, 하늘은 "하늘, 곧 건은 원형리정(元亨利貞)이다."는 말로 시작한다. 이 말은 하늘이 모든 사물의 시작이며 그로부터 모든 것이 형통하고 이로우며 최종적으로 모든 사물이 그곳으로 갈무리된다는 의미다. 광주의 동·서문도 이런 관념 체계와 관련이 있다. 동문은 동쪽이란 방위에 걸맞은 주역의 '원' 자를 취하고, 서문에는 서쪽에 해당하는 '리' 자를

북문인 공북문 터에 세워진 공북문 표지석

취한 후 광주의 별칭들을 수식어로 붙였다는 것이다. 즉 서원문은 동쪽에서 태동하는 상서로운 기운을 받는 문인 동시에 서석 고을의 동문이란 의미를 지니게 했고, 광리문은 만사가 형통하기를 바란다는 염원의 의미와 함께 광주 또는 광산 고을의 서문이란 뜻을 동시에 함축하도록 했다는 것이다.

20

광주천 백사장이
품은 풍경

무등산 샘골에서 발원하여 광주의 중심부를 가로질렀던 광주천은 옛 광주인들의 생명수였고, 삶의 터전이었다.

광주천 건너편에 읍성과 4대문이 들어서고 주변 군데군데 마을이 생겨나던 조선시대 내내 광주는 수천 명이 모여 살던 조그마한 소읍이었다. 100여 년 전 광주천이라는 공식 이름이 생겨날 무렵인 1916년, 광주 인구는 최초로 1만 명이 넘고 해방 직전에는 8만여 명이 넘는 도시가 되었다. 150만이 살고 있는 지금 광주의 중심부를 황룡강과 극락강이 관통하면서 두 강의 주변에 송산유원지를 비롯한 각종의 스포츠 시설 등 휴식 공간이 갖추어졌다. 그러나 채 몇만도 되지 않던 해방 이전, 아니 지금 50~60대가 어린아이였던 시절까지도 광주천은 최고의 휴식과 오락 공간이었다.

무엇보다도 광주천은 어린이들의 신나는 놀이터였다. 계절을 바꿔가며 미역 감고, 낚시하며 고기 잡고, 썰매 타는 장소였다. 그리고 넓은 백사장은 공을 차고 하루 게임을 즐기는 운동장이었다. 대부분이 농사짓고 살던 시절 광주천의 물줄기는 경양방죽으로 흘러 농민들의 생명

수가 되었고, 선풍기마저 없던 시절 강변의 거대한 버드나무 숲은 여름 더위를 식히는 최고의 피서지였다. 아낙네들에게도 광주천은 고마운 존재였다. 봄이 오면 겨우내 밀린 빨래를 하는 빨래터였고, 덤으로 강둑은 나물 캐는 장소였다. 1960년대까지도 아낙네들이 빨래하는 모습을 볼 수 있었다. 목욕탕 하나 없던 시절, 달 저문 그늘진 곳은 남자들 몰래 숨어 땀에 젖은 몸을 씻는 낭만도 있었다.

어르신들의 기억 속에 존재하는 광주천의 풍경 가운데 으뜸은 시장과 축제였다. 정월대보름에는 줄다리기가 벌어졌고, 추석에는 남사당패가 들어와 각종 놀이판을 벌였다. 해방 후에는 약장수들의 차지였다. 가설 무대를 차리고 가수까지 동원하여 만담과 노래로

1970년대의 광주천

인근의 주민들을 끌어모아 회충약을 비롯한 각종 약을 팔았다. 광주 시민들의 기억 저편에 남아 있는 나이롱 극장이 그것이다.

광주의 시장은 광주천이 중심이었다. 지금의 부동교 아래 넓은 백사장에는 작은 장이 섰고, 옛 현대극장 앞 백사장에는 큰 장이 섰다. 1928년 광주천 제방 사업으로 두 시장이 합쳐져 1932년에는 옛 태평극장 앞 광주천 건너편 사동의 매립지에 사정시장이 개설되면서 2일과 4

오늘의 광주천 전경

일, 7일, 9일에 장이 서기도 했다. 1940년 4월 사정시장 가까이의 광주 공원 신사가 국가 관장으로 격이 높아지면서 지금의 양동시장으로 옮겨 진다.

축제와 낭만의 풍경으로 남아 있는 광주천은 또한 아픈 역사의 현 장이기도 했다. 1919년 3월 10일(음력 2월 9일), 광주천의 작은 장터는 만 세 소리로 뒤덮인다. 그리고 3일 뒤인 13일은 큰 장터에서였다. 대한 독 립 만세의 함성이 가득 찼던 작은 장과 큰 장이 열렸던 광주천의 백사 장 풍경은 더 이상 없다. 1920년대 광주천의 물줄기가 직선으로 바뀌면 서 사라져버렸기 때문이다. 또한 불로동 앞의 작은 장터와 지금의 사동 을 이어주던 흙다리 서천교 밑 백사장은 1908년 2월 호남창의회맹소 대장 기삼연 의병장이 총살당한 현장이었다.

광주천이란 이름이 붙은 것은 1916년이었다. 광주천이라 불리기 이 전에는 어떤 이름이었을까?

1950년대의 광주천 풍경

　광주천을 일컫는 가장 오랜 이름은 건천이다. 건천은 중종 25년 (1530)에 편찬된 지리지인 『신증동국여지승람』에 처음 등장한다. 건천은 "본현의 남쪽 5리에 있다. 무등산 서쪽 산록에서 나와 서북으로 흘러 칠천으로 들어간다." 그러나 건천이란 이름은 이보다 훨씬 이전부터 불렸던 것 같다. 이성계의 조선 왕조 건국에 반대하여 남구 진월동에 숨어 살았던 두문동 72현 중 한 분인 정광의 호가 건천이었다. 이는 고려 말에 이미 광주천이 건천이란 이름으로 불리고 있었다는 증거다.

　동구 금동의 옛 이름은 금계리다. 옛 이름 금계리는 그 앞을 흐르는 내를 금계라 부른 데서 연유한 것이다. 무등산에서 발원하여 급하게 내달린 물길이 이곳쯤에서 고운 비단처럼 부드럽게 흘렀기 때문에 붙여진 이름일 게다. 금계는 그 멋진 이름답게 오랫동안 광주 시민들의 사랑을 받는다. 해방 직후인 1946년 금정의 이름이 금류동, 금계동으로 바뀌었고, 이어 금동으로 바뀌어 오늘까지 남아 있다.

금동 아래 불로동에 이르면 금계는 조탄이 된다. 글자대로 풀이하면 대추여울이란 뜻을 지닌 정말 멋스러운 이름이다. 왜 '조탄'이라 불렸는지는 알 수 없지만, 15세기에 편찬한『세종실록지리지』나 16세기에 증보한『신증동국여지승람』의「광산현조」에 대추가 토산물로 소개되고 있다. 조탄이란 이름도 토산물인 대추와 관련이 있어 보인다. 유래가 어떻든 조탄이란 이름이 굳어진 것은 지금의 서남대학교 병원(옛 적십자 병원) 앞에 조성된 조탄보(혹은 조참보) 때문이었다. 16세기 명종 대에 예조참판, 충청도관찰사 등을 지낸 양림동 출신 정만종의 호가 조계였다. 자신이 살던 집 앞을 흐르던 개울의 이름인 조탄을 호로 삼았는데, 조탄이라 하지 않고 조계라 했던 것은 문학적 운치를 더한 것으로 생각된다.

이 밖에도 광주천의 별칭은 또 있다. 그중 하나가 서천이다. 광주천이 서문(황금동 일대) 밖을 지나는 하천이었기 때문이다. 불로동 앞의 작은 장터와 지금의 사동을 이어주던 서천교란 다리 이름도 당시 광주천의 다른 이름인 서천에서 따온 것이었다.

1914년 조선총독부는 하천 이름을 정하기 곤란할 경우 그 발원지가 되는 산이나 하천이 지나가는 큰 고을의 이름을 따서 명칭을 정한다는 지침을 공표하였다. 그것이 바로 1916년 광주천이란 재미없는 이름이 붙게 된 연유다.

지금 건천, 금계, 조탄, 서천 등 옛사람들이 온갖 느낌을 담아 부르던 멋스러운 이름은 사라지고 없다. 구불구불하게 흘러내리던 광주천이 만든 넓은 백사장도, 그 백사장에 남은 아름다운 풍경도 직선화 공사에 밀려 사라져버린 지 오래다. 하지만 광주천변에 남은 역사마저 기억 속의 풍경마저 사라질 수는 없다.

광주천 꽃바심의 주인, 석서정

광주천변의 사라진 기억 속 풍경 중 정자가 없을 리 없다. 이전 광주방송 총국이 있던 사직공원에서 양림동으로 돌아가는 오른쪽 모퉁이에 깊게 패인 웅덩이가 있었는데, 이를 꽃바심이라 불렀다. 1914년 광주의 부호였던 참봉 정낙교가 이곳 꽃바심 벼랑 위에 정자를 세웠는데, 이것이 양파정이다. 그러나 꽃바심의 주인은 양파정 건립 당시에 이미 사라진 석서정이다. 석서정은 고려 우왕 때 광주목사 김상이 세운 조선시대 광주를 대표하는 정자였다. 그런데 석서정이란 정자의 이름이 참 재미있다. 석서란 '돌로 깎아 만든 물소'란 뜻을 지닌 말이기 때문이다. 왜 이곳에 정자를 세웠고, 정자의 이름을 석서정이라고 했는지는 고려 말 대학자 이색이 쓴 「석서정기」에 고스란히 사연이 담겨 있다.

무등산의 증심사 계곡과 용추 계곡에서 흘러내린 광주천이 합류하면서 자주 범람해 사람들의 근심이 끊이질 않았던 모양이다. 이에 근심을 없애기 위해 주술적인 방법이 동원된다. 조선 초 학동 삼거리 부근에 지은 여행자용 숙소 이름인 분수원(分水院)이 그것이다. 지금 분수원은 원지교라는 다리 이름에 그 흔적이 남아 전한다. 지형을 살펴보면 무등산 자락의 두 계곡물이 만나는 곳이므로 합수

광주대교 옆에 복원된 석서정

원이라고 해야 맞다. 그럼에도 분수원이라 부른 것은 거센 물살을 조금이라도 덜어보고자 했던 민중들의 염원 때문이었다.

분수원이라는 이름만으로는 자연재해를 막을 수는 없었다. 그래서 등장한 좀 더 합리적인 방법이 지금의 금교 근처에 인공 섬을 만들어 물길을 둘로 가르는 방법이었다. 이는 상당히 타당한 치수 방법이었다. 그리고 그 섬 위에 지은 정자가 석서정이었다. 석서는 중국 전국시대에 살았던 이빙의 고사에 나온 말로, 치수란 뜻을 지닌다. 그는 돌을 깎아 만든 물소 모양의 수위표를 만들어 치수에 성공했고, 이후 돌로 만든 물소는 치수를 뜻하는 말이 된다. 이처럼 석서정은 광주천이 지금처럼 반듯하게 정비되기 이전 옛 광주인들의 근심이 무엇이었는지를 가장 잘 보여준다.

2006년 광주공원 대교 옆에 석서정이 복원되었지만 당시의 근심을 담은 풍경은 아니다.

21

광주공원에 묻어 있는
일제의 흔적

광주의 옛 사람들이 광주를 지켜준다고 믿었던 진산은 무등산이다. 『신증동국여지승람』에도 그렇게 쓰여 있다. 그러나 심정적으로 광주인들은 또 다른 진산을 가슴에 품고 살았다. 광주공원이 있는 거북 형상의 성거산이 그것이다. 성거산은 거북처럼 생겼기 때문에 성구강이라고도 불렸다. 그래서 이곳의 마을 이름도 구동 또는 구강동으로 불린다. 전설에 의하면, 성거산이 거북 모양이므로 상서로운 거북의 기운이 광주를 떠나지 못하도록 거북의 목에 5층 탑을 세우고 등에 절을 세운다. 그렇게 세워진 절이 성거사다. 성거사 건립 전설은 거북이 광주를 떠나서는 안 된다는 광주인들의 염원을 잘 반영하고 있다. 광주 지킴이 거북 모습의 성거산이 광주인에게 또 다른 진산인 이유다.

광주인들의 사랑을 듬뿍 받았던 성거산은 대한제국의 운명과 함께 고난을 겪었다. 을사늑약이 체결되고 난 직후인 1906년, 일제는 사동 177번지 사직산과 구동 21번지 일대 성거산을 점령하고 포대를 설치했다. 사직산과 성거산은 광주 시내를 한눈에 굽어보는 곳이어서 언제든 마음만 먹으면 포격을 가할 수 있는 위치였다. 사직산과 성거산에

포대를 설치했음은 일종의 위협이었고 협박이었다. 1년 전 서울 남산에 대포를 걸어놓고 외교권을 내놓으라고 협박했던 일을, 일제는 광주에서 재현하였다. 그로부터 2년 뒤인 1908년 일제는 한말 호남 의병과의 전투 중에 죽은 일본 병사를 애도한다며 충혼탑을 세웠다. 그런데 그 장소가 광주인들이 진산으로 생각하고 있는 성거사지 5층 석탑 부근의 돌산이었다. 광주인들의 지킴이였던 거북, 그 머리에 일제에 저항했던 호남 의병들 대신 일본군을 위한 충혼탑을 건립하다니 만행이 아닐 수 없다. 해방 후 우리 손으로 그 장소에 해방 기념탑을 세우고 안중근 의사 동상을 세웠지만 안 의사 동상은 1987년 중외공원으로 옮겨졌다. 짓밟힌 자존심마저 일으켜 세울 수는 없었다. 당시 충혼탑은 석축을 쌓고 뾰족한 돌기둥 하나를 세운 것이었지만, 이 탑은 그 후 한 세대 넘게 광주공원이 겪게 될 운명의 예고편에 불과했다.

맨 먼저 일제는 광주~남평 간 신작로를 낸다며 성거산을 두 동강을 냈다. 그리고 1913년, 성거산 일대 1만여 평을 공원으로 만들기 위해 여기저기를 자르고 팠다. 일본 국화인 벚꽃을 심는 것도 잊지 않았다. 성거산이 당시의 지명을 따서 구강공원으로 불리게 된 연유다. 1924년 사직공원에 일본 왕태자 히로히토(뒤에 쇼와 천왕)의 결혼을 기념하기 위한 공원을 조성한 후 구강공원은 구공원, 사직공원은 신공원으로 불리기도 했다. 아무튼 성거산에 공원을 조성하면서 1914년 일제는 자신들의 개국 시조인 천조대신을 받드는 신사를 지었다. 광주공원 정상, 지금의 충혼탑 자리였다. 그 광주신사가 정식으로 신사로 불린 것은 1916년부터였다. 신사에 내걸린 '광주신사'란 현판 글씨는 조선주둔군 초대 사령관이자 2대 총독을 지낸 하세가와가 썼다. 그리고 1924년, 신사 입구에 5.5미터 높이의 거대한 조형물인 일본신사 앞에 세우는 'ㅠ' 자 형의

광주공원 정상 자리에 세워졌던 광주신사와 도리이

도리이를 세운다. 신사가 세워지자 당시 광주에 살던 일본인 거주자들은 매년 4월과 10월에 춘추대제를 지낸다고 야단이 났다. 원활한 식민 지배를 기원하는 종이 쪽지(오미구지)가 주렁주렁 내걸렸고, 공원 주변에서는 스모나 검도 시합을 여느라 연일 부산을 떨었다. 이렇게 광주공원은 30여 년 동안 생경한 일본 문화가 판치는 이역의 땅이 되었다.

1940년, 신사의 관리권이 전남도에서 총독부로 넘어가면서 광주신사는 총독부에서 신사 운영 비용을 부담하고 관할하는 이른바 국폐신사로 승격된다. 국폐신사로 격상되면서 광주신사는 올라가는 계단이 정비되고 광장이 확장되는 등 새정비된다.

신사로 인해 조선인이 겪었던 가장 큰 고역은 참배였다. 특히 기독교인들은 종교적인 이유 때문에 용납할 수 없는 의례였다. 많은 기독교

광주공원에 벚꽃놀이 나온 일본인들

인들이 종교적 이유로 이를 거부했고, 숭일·수피아 학교는 문을 닫는 수난도 겪었다. 1929년 11월 3일 광주학생독립운동이 일어났던 날도 일제는 조선 학생들의 신사 참배를 강요했다.

해방이 되자 광주 시민이 가장 먼저 했던 일은 30년 동안 성거산을 옥죄던 신사의 파괴였다. 이는 신사가 광주 사람들에게 얼마나 눈엣가시였는지를 단적으로 보여준다. 그리고 신사가 들어섰던 그 자리에는 한국전쟁 당시 순국한 경찰관을 기리는 '우리 위한 靈(영)의 塔(탑)'이란 글귀가 새겨진 충혼탑이 세워졌다(1961).

광주공원 광장에는 오쿠무라 이호코라는 일본 여인의 동상도 세워졌다. 오쿠무라 집안은 대대로 한국을 정탐하던 세작 집안이었다. 그녀의 7대조는 임진왜란 때 부산에 와서 일본 불교를 포교하며 조선을 정탐했던 오쿠무라 죠싱이었다. 300년이 지난 1897년, 본원사 승려였던 그녀의 오빠 오쿠무라 엔싱이 포교 활동을 명분으로 정보 수집을 위해 광주에 들어오자 그녀도 뒤따른다. 포교를 가장한 둘은 1898년, 불로동 1번지(옛 동명호텔 자리)에 오쿠무라 실업학교와 본원사라는 일본 절을 짓는다. 이호코는 친일 세력을 키우고 일본인의 광주 정착을 돕기 위해 금융조합을 세우고, 애국부인회를 조직하는 등 광주 침략의 선봉에 나선다. 1926년 식민지 조선이 영원하리라 생각했던 일본 애국부인회 전남지부는 재광 일본인들과 함께 이호코를 기리는 동상을 광주공원 광장에 세웠다. 일본 제국주의가 영원할 수 없듯, 이호코의 동상도 시련을 겪었다. 1940년 광주신사 개수 작업 때 구동실내체육관 자리로 옮겨진 후 태평양전쟁 말기 군수물자난이 가중되던 1944년 일제에 의해 징발되었다. 그리고 동상이 서 있던 자리에는 1962년 조지훈의 시를 새긴 광주 4·19혁명 당시 숨진 7인을 기리는 4·19의거 영령 추모비가 들어섰다.

향교에서 공원 광장으로 올라오는 길 오른편에 어린이헌장탑이 세워진 체육공원이 있다. 오래전 이곳은 과거에 1차 합격했던 생원과 진사들이 기숙하며 공부하던 향교의 사마재 터로, 이곳에서 근대 광주의 초등교육이 시작되었다. 지금의 서석초등학교의 전신인 관찰부 공립소학교가 1896년 이곳에서 문을 열었기 때문이다. 그러나 그 후 이 자리마저 일본인의 차지가 되었다. 농협의 출발점이 된 한국 최초의 지방금융조합이 이곳에 들어섰고, 1909년 이를 기념하는 조선금융조합 창립 기념탑이 세워졌다. 일제 제국주의의 힘을 상징한 로켓 모양을 닮은 이 비는 해방 이후까지 존재했지만 이후 일제 잔재물로 철거된다. 지금 그 자리에는 어린이헌장탑이 서 있다.

일본 병사를 위한 충혼탑, 신사와 도리이, 오쿠무라 이호코 동상, 조선금융조합 창립 기념탑 등은 일제가 30여 년간 광주공원에 남긴 지배와 복종을 강요한 흔적들이다. 지금 이 흔적들은 광주 시민들의 분노에 의해 사라지고 없다. 그러나 그들이 남긴 잔재가 완전히 사라졌는지는 확인해볼 일이다.

광주공원에 깃든 의로움

광주공원은 일제의 잔재만이 남아 있는 공간은 아니다. 그곳은 주권을 찾기 위한 몸부림의 현장이었고, 민주주의를 지켜내기 위한 포효의 현장이기도 했다.

1895년 일제에 의해 민비가 시해되자 장성 출신 기우만은 광주향교에 본영을 두고 의병을 모집한다. 고종의 해산 조칙에 의해 해산되고 말지만, 일제를 몰아내겠다는 의지는 의로움의 실천이었다.

광주공원에는 호남 제일 의병장이었던 함평 출신인 심남일 의병장을 기리는 의병장남일심공순절비도 서 있다. 1962년 심남일은 건국훈장 독립장을 수여받게 되고, 그 며느님은 꼬박꼬박 받은 연금을 한 푼도 쓰지 않고 모아 광주향교에 가져온다. 그 연금에 향교 유림들이 돈을 보탠다. 함평 출신인 심남일 의병장의 순절비가 광주공원에 세워진 연유가 감동이다.

광주는 서울·마산과 더불어 4·19혁명 전국 3대 발상지 중 하나다. 또한 광주는 4·19혁명의 단초가 된 3·15 부정 선거에 대한 전국 최초의 항쟁지이기도 했다. 광주고등학교 학생들이 중심이 된 혁명의 불길이 치솟았고, 금남로에 피를 흘리고 쓰러졌다. 오쿠무라 이호코의 동상이 있던 자리에 쓰러진 영령들을 기리는 4·19의거 영령 추모비도 세워졌다.

또한 광주공원은 5·18 민주화운동 당시 시민군의 훈련장이자 시민군 편성지였다. 5월 21일 전남도청 앞에서 자행된 계엄군의 집단 발포로 많은 사상자가 나오자 오후 4시경 자위 수단으로 인근 시군 지역에서 총과 탄약을 가져와 시민군을 편성하고 사격 훈련을 실시한다. 그리고 지도부가 결성되어 24일 도청으로 통합될 때까지 시민회관을 본부로 삼고, 시내를 순찰하고 시민군 차량에 번호를 써서 등록하는 등 치안 업무를 맡는다. 해태상을 지나면 당시의 모습을 기리는 5·18 표지석이 서 있다.

5·18 민주화운동 당시 시민군 편성지였음을 알려주는 표지석

5·18 민주화운동 당시 수많은 열사들이 민주주의의 제단에 몸을 바친다. 지금 어린이헌장탑이 서 있는 곳 아래에 있던 신광교회 목사의 아들 류동운(당시 20세)도 그중 한 분이다. 도청을 향하면서 "나는 이 병든 역사를 위해 갑니다."라는 일기를 남기고 5월 27일 도청에서 숨을 거둔다. 지금 그곳에는 그를 기억하는 작은 비 하나만 남아 있을 뿐이다.

예향의 혼이 깃든 명소, 춘설헌

무등산 자락의 춘설헌이 남종화의 거장 의재 허백련(1891~1977)의 창작 공간임은 알고 있지만, 그 이전 그곳이 석아정과 오방정이었음을 아는 사람은 많지 않다. 광주광역시 지정 기념물 제5호인 춘설헌은 원래 석아정이었다. '돌 벙어리'라는 뜻의 석아는 최원순(1891~1936)의 호이다. 그는 동경 유학 시절 광주인들이 주축이 된 조선청년독립단 결성과 2·8 독립선언 및 3·1운동을 이끈 후 『동아일보』 주필을 지낸 민족 지도자이다. 석아정은 최원순이 지친 심신을 달래기 위해 돌 벙어리가 되겠다고 작심하고 요양 목적으로 지은 조그마한 토굴이었다. 1936년, 석아는 서거 직전에 광주 최초의 목사이자 민족운동가인 오방 최흥종(1880~1966)에게 석아정을 물려준다. 그래서 석아정 다음으로 오방정(伍放亭)이 들어섰던 것이다. 명예욕, 물질욕, 성욕, 식욕, 종교적 독선 등 '다섯 가지를 놓아버렸다'는 이름 또한 재미있다. 오방정의 주인인 목사 최흥종은 원래 광주의 유명한 깡패였다. 깡패 시절 망치로 불렸던 그는 선교사의 나환자를 감싸는 진정한 사랑에 감동받고 기독교에 입문, 목사가 된다. 광주 3·1운동 주도, 광주 YMCA 창립, 광주 나병원 설립도 그

춘설헌(광주광역시 기념물 제5호)

의 뭇이었다. 해방 직후인 1946년, 시국 강연을 위해 광주에 온 김구는
오방정을 찾아 성자의 본색을 감추고 중생과 함께한다는 뜻의 '和光同
塵(화광동진)'이라는 휘호를 남기기도 한다. 의재보다 11년 연상인 최흥
종은 무등산에 낙향한 의재 허백련과 의기투합한다. 둘은 삼애다원을
일구고 농업학교를 세우는 등 함께 사회사업을 한다. 해방 이후 오방이
증심사 위쪽의 초막으로 거처를 옮기면서 의재가 오방정의 주인이 된다.
그리고 1956년, 의재는 종전의 낡은 집을 허물고 오늘 우리들이 보는 벽
돌집을 짓고 이름도 춘설헌으로 바꾼다. 이후 춘설헌은 허백련이 타계
하는 1977년까지 전통 남종화의 산실로 광주 예향의 혼이 서린 장소가
되었을 뿐 아니라 전국 각처에서 몰려든 문화계 인사들의 품격 높은 살
롱이 된다.

　춘설헌의 역사를 알려주는 것으로는 의재미술관에 보관 중인 석아
정, 오방정 현판(광주광역시 문화재자료 제22호)과 2010년 춘설헌 입구에 세

워진 오방정 기념비가 있다. 춘설헌의 산역사가 된 이 현판(94×46센티미터)의 한쪽 면은 '石啞亭 惺堂'이라는 글씨가, 다른 한쪽 면은 '伍放亭 毅齋道人'이라는 글씨가 돋을새김되어 있고, 글자 오방정 윗부분에는 매화가 그려져 있다. 성당(惺堂)은 당시 서예가로 이름을 날린 김돈희의 호로, 석아정이라는 현판은 당대 명필인 김돈희가 쓴 글씨임을 알게 해준다. 오방정 글씨와 매화를 그린 주인공은 오방과 의기투합했던 의재도인, 즉 허백련이었다. 현판 하나에 새겨진 석아정과 오방정에 춘설헌의 옛 주인의 역사가 묻어 있는 셈이다. 2010년, 창립 90주년을 맞아 광주 YMCA는 창립자인 오방 최흥종의 흔적이 묻어 있는 이곳 춘설헌 입구에 오방정 기념비를 세운다. 그 기념비에는 첫 출발이 된 석아정의 역사도 기록하고 있다.

1956년 오방정을 인수한 후 의재는 방 두 개에 마루가 있는 조그마한 집을 짓고 춘설헌(春雪軒)이라는 이름을 건다. 그 후 의재를 만나기 위해 전국에서 손님이 찾아오자 건너편에 방을 두 개 더 늘린다. 현재 본채는 방 두 개에 거실, 부엌, 화장실이 딸려 있다. 의재는 이 방에서 내방객들을 맞았고, 밤에는 그 좁디좁은 방에서 손님들과 같이 몸을 붙이고 잤다. 전북 부안 출신으로 고려공산당 창립 멤버인 지운 김철수와 토착 기독교 사상가인 다석 유영모, 여수에 살던 한량 시인 백민은 단골손님이었다. 우리나라 차계의 어른인 효당 스님도 놀러 오곤 했다.『씨알의 소리』편집인으로 유명한 함석헌도, 젊은 시절 시인 고은도 머리 아픈 일이 생길 때면 며칠씩 춘설헌을 찾아 쉬어 가곤 했다. 춘설헌은 의재의 수제자인 이범재, 구철우, 김옥진 등을 길러낸 산실이었을 뿐 아니라 그런 문화계 인사들의 감각을 기르는 산교육장이기도 했다. 춘설헌을 찾아오는 사람들은 국내 인사에만 한정되지 않았다. 1970년『25

지하 1층 지상 2층의 의재미술관

시』의 작가 게오르규는 춘설헌을 찾은 후 동양의 신선 같은 풍모와 식견을 지닌 의재에게 반했다. 그리고 몇 년 후 다시 무등산을 찾는다. 소설 『유리반지』를 쓴 독일 출신의 여류 작가 루이제 린저도 춘설헌 손님 중 한 분이었다.

춘설헌이 근대 호남 제일의 품격을 갖춘 살롱으로 많은 예인들이 찾았던 것은 의재의 풍모와 식견 때문만은 아니었다. 춘설헌이 명품 살롱이 될 수 있었던 것은 춘설차도 한몫을 거든다. 증심사 주차장 뒤편의 무등산 자락에는 일제강점기부터 차밭이 있었다. 해방 뒤 이 차밭을 인수한 의재는 춘실헌을 방문하는 손님들에게 무등산의 명차인 춘설차를 대접했다. 게오르규도, 루이제 린저도 이 춘설차를 맛본다. 차 이름 춘설로 인해 의재는 거처지 이름도 춘설헌이라 짓는다.

의재미술관 뒤편에 조성된 춘설차 밭 전경

명차 이름 춘설은 어디서 따온 것일까? 송나라 시인 나대경의 다시(茶詩)에 "한 사발의 춘설이 제호보다 더 낫다."는 구절이 있다. 제호는 중국 신화에 나오는 상상의 음료다. 즉 이 구절은 눈 속에서도 푸른 움이 올라오는 잎으로 만든 차(춘설)가 일품이라는 의미로 읽힌다. 그 춘설을 그는 무등산에서 재배한 차의 이름으로 삼았고, 자신이 거처했던 집의 이름으로 삼는다. 의재는 평생을 무등산에서 그림을 그리며 인간이 마시는 최고의 차인 춘설차를 벗하며 신선처럼 살다 간 셈이다.

그는 세상을 떴지만, 광주의 큰 어른인 의재를 광주 시민들은 쉬이 보내지 못한다. 증심사로 올라가는 학동 삼거리 입구에 그의 동상이 세워지고, 학동 삼거리에서 증심사까지 길 이름은 그의 호를 따서 의재로라고 부른다. 그가 광복 직후부터 작품 활동에 매진했고 교육사업을 전개했던 무등산 자락에는 제10회 한국건축문화대상을 받은 지하 지상 2층 규모의 의재미술관이 세워졌다. 2001년 개관한 미술관에는 의재의 각 시기별 대표 작품과 미공개작 60여 점을 비롯, 오방정 현판과 의재 사진, 편지 등 각종 유품이 전시되어 있다. 명품 춘설차를 생산해냈던 녹차 밭은 아직도 미술관 뒤편에 손길이 덜미친 모습으로 남아 있다. 농업기술학교 실습용 축사였던 건물은 춘설차 보급 장소인 문향정이라는 이름을 달고 있고, 의재가 지인들과 함께 차를 마시면서 시국을 논했던 관풍대는 지금 다례 실습장이 되어 그 뜻을 잇고 있다.

무등산 신선, 의재 허백련

인간이 마시는 최고의 음료인 춘설차를 벗하며 살았던, 당대 명사들이 꼭 한번 만나보고 싶어 했던 춘설헌의 주인 의재 허백련은 어떤 분일까?

1891년 전남 진도에서 태어난 그는 8세 때 진도에 유배 중이던 무정 정만조의 서당에서 글 공부를 시작한다. 의재란 호도 스승 정만조가 지어준다. 11살 때에 허련이 만든 운림산방에서 소치의 아들 허형에게 그림 공부를 시작한다. 의재에게 소치는 집안 할아버지뻘이었다. 1912년 법률 공부를 위해 일본 도쿄에 들어간 후 김성수, 송진우 등을 만나 친분 관계를 맺는다. 1915년 그는 법률 공부를 그만두고 일본 남종화의 대가인 고무로 스이운의 문하생이 되어 다시 그림 공부를 시작한다.

1918년 귀국한 후 1922년 제1회 조선미술전람회에 입상하면서 본격적으로 그림을 그린다. 그가 광주에 돌아와 정착한 것은 1927년이었다. 무등산 자락 춘설헌에 기거하면서 많은 명작을 완성하였을 뿐 아니라 시서화 동호인의 모임인 연진회를 조직하여 제자를 길러내는 등 광주가 예향으로 불리는 데 큰 역할을 한다. 그는 단순히 그림에만 몰두하는 화가가 아니었다. 피폐된 농촌을 일으키기 위해 광주농업기술학교를 세워 교장이 된다. 한편 그는 애천, 애토, 애인이라는 민족정신인 삼애 사상을 제창한 사상가요 지사였다. 광주농업고등기술학교의

의재 허백련 동상(학동 삼거리 입구)

첫 교명도 삼애학원이었고, 해방 직후 무등산 차밭을 사들여 다원을 만들고 붙인 이름도 삼애다원이었다. 그는 삼애다원에서 재배한 차를 춘설차라 이름 짓고 "우리 민족이 차를 마심으로서 정신을 맑게 하고, 맑은 정신으로 판단하여 실천하면 실수를 줄일 수 있다."며 차 문화 보급에도 앞장선다. 국전 심사위원, 대한민국예술원 종신회원으로 한국 예술계의 큰 인물이 된 그는 1977년 향년 87세로 사망한다. 대표작으로는 「계산청하」(1924), 「설경」(1965), 「추경산수」(1971) 등이 있다.

정부는 그의 공을 기려 국민훈장 무궁화장을 수여하였다.

제2부

무등산이
낳은
영웅들

1

무진군을 광주목으로,
필문 이선제

광주에 필문로라는 도로명이 있다. 남광주역에서 조선대학교 정문의 대로를 지나 서방 사거리까지 길을 가리킨다. 1988년 지정된 필문로는 필문 이선제(1390~1453)를 기리기 위한 도로명인데, 충장로나 금남로에 비해 생소하다. 생소하기는 필문로의 주인공인 이선제도 마찬가지다.

『광주읍지』의 성씨조를 보면 탁씨, 이씨, 김씨, 채씨, 노씨 등 13개 성씨가 광산(광주)을 본관으로 삼고 있다. 그중 가장 돋보이는 가문 중 하나가 필문 이선제부터 6대에 걸쳐 10여 명의 과거 합격자를 배출한 광주 이씨다. 그러나 지금 필문이 태어난 남구 원산동에는 더 이상 광주 이씨 가문의 영광은 남아 있지 않다. 필문의 5대손인 이발과 이길 형제가 정여립 모반 사건이라 불리는 기축옥사에 관련되어 죽임을 당하면서, 필문 가문이 멸문의 화를 당했기 때문이다. 30년이 넘게 중앙에서 주요 관직을 역임했던 인물임에도 불구하고, 필문은 최근까지 생몰 연대마저 알 수 없는 잊혀버린 인물이 된다. 그러다가 1998년 청자에 새겨진 필문의 묘지가 일본에 밀반출되기 직전 김해공항에서 문화재 감정관이던 양맹준에 의해 필사됨으로써, 극적으로 정확한 생몰 연대가 알려진다. 김

남구 원산동에 있는 필문 이선제 부조묘 전경

해공항 반출 시도가 불발된 필문의 일생을 담은 분청사기상감묘지명은 딱하게도 김포공항을 통해 끝내 일본 고미술상에게 팔려나가고 만다.

필문 이선제는 사복경을 지낸 일영을 아버지로, 개성윤 상호군을 지낸 홍길을 할아버지로 하여 1390년 남구 원산동에서 태어났다. 세종 원년(1419) 문과에 급제한 후 생을 마감한 1453년까지 30년이 넘는 기간 동안 경창부윤 등의 주요 관직을 역임했다. 특히 그는 급제 후 20년 이상을 집현전에서만 근무했다. 집현전 수찬, 집현전 부교리, 집현전 직제학 등의 집현전 관직은 필문에 대한 세종의 신임이 얼마나 두터웠는지를 단적으로 보여준다. 이 기간 동안 필문은 주로 사관이 되어 『태종실록』의 편찬이나 『고려사』 개찬에 참여한다. 『고려사』 개찬에 참여한 필문에게 문종은 안장을 갖춘 말 1필을 하사하기도 했다.

집현전 근무 이후 필문은 형조참의, 첨지중추원사, 병조참의, 강원도관찰사, 예조참의, 호조참판, 공조참판, 예문관 제학, 세자우부빈객, 동

원산동 마을 입구에 서 있는 수령 600년의 괘고정수

지춘추관사, 경창부윤 등을 제수받았다. 이 시기 필문은 관직생활에서 직접 체험한 경험과, 집현전 재직 당시 살펴본 옛 제도를 바탕으로 한 각종 정책 상소를 올린다. 당시 필문이 올렸던 정책 상소로는 세종 29년 (1447) 예조참의 시절 올린 이재소(理財疏)를 비롯하여 군재소(軍財疏), 단군신전건립소와 시의소(試醫疏) 등이 있다. 이재소를 제외하고, 군재소와 시의소 그리고 단군신전건립소 등은 모두 필문이 죽기 전 3년 이내, 즉 관직에 나아간 지 30년이 지난 이후에 올린 것들이다. 이는 필문이 죽을 때까지 얼마나 국가와 민생의 안정을 위해 골몰했는지를 잘 보여준다. 특히 예조참의 재직 시에 올린 이재소에는 그의 경제관이 잘 나타나 있다. 필문은 상소에서 중국 역대 제왕들의 국가 재정 확보책으로 네 가지를 들고 있다. 토지세인 전조와 술, 소금과 차의 전매가 그것이다. 그

중 술과 차의 전매는 선왕의 옛 제도가 아니므로 논할 필요가 없다면서, "소금이 토지세인 전조와 함께 국가 재정의 중심이 되어야 함"을 역설하고 있다. 필문은 그 근거로 "토지세인 전조는 반드시 그해의 풍흉에 따라 결정되는 것이므로 믿고서 만족하게 쓸 수 없으나, 소금의 수입은 홍수나 가뭄 그리고 흉년이 들 걱정이 없기 때문에 무한정 취하여 이용할 수가 있다."는 이점을 들었다. 더욱이 삼면이 바다로 둘러싸여 있는 우리나라로서는 보다 현실적인 정책이라는 것이다.

필문은 고향 광주와 관련된 활동에서도 두드러진다. 필문이 중앙에서 근무하던 당시 광주는 광주목에서 무진군으로 강등되어 있었다. 세종 12년(1430) 광주 사람 노흥준이 그의 애첩을 가로챈 목사 신보안을 구타한 사건 때문이었다. 변란을 일으키거나 강상윤리를 해친 고을의 강등은 당시 법이었다. 문종 원년(1451) 당시 예문관 제학이던 필문은 광주의 원로들과 함께 임금에게 상소하여 무진군을 광주목으로 복귀시킨다. 지금의 광주우체국 자리에 희경루를 짓는 데도 큰 역할을 하였으며, 광주의 젊은 선비 30인을 뽑아 강학의 학풍을 일으키기도 하였다. 칠석동의 김문발에 의해 시작된 광주향약을 계승, 본격적으로 시행한 이도 그였다. 이는 "태종 대에 김문발의 주도로 향약이 입조돼 시행되었으나 널리 퍼지지 못한 것을 뒤에 이선제가 다시 주도해 향적을 작성하고 향약을 시행하기 시작했다."는 그의 문집 『수암원지』의 기록을 통해서도 확인된다.

중앙에서 활발한 활동을 펼치던 필문 이선제의 죽음은 다소 갑작스럽다. 죽기 바로 전해까지 시의소 및 단군신전건립소를 올리고 있었고, 심지어는 중국 사신을 호송하는 관리인 반송사로 임명되었기 때문이다. 단종 즉위년(1452)에 올린 상소에 "천식으로 고생하고 있다."는 내용이 실려 있어, 지병이 있음을 알게 해준다. 그러나 그보다는 집현전 학자들의 정치 세력화로 인한 수양대군 측의 정치적 박해가 그의 죽음을 앞당긴 한 요인일 가능성이 높다. 그가 박해받았을 가능성은 30년 넘게 주요 관직에 종사했음에도 『왕조실록』에 「졸기」가 남아 있지 못함을 통해서도 확인된다. 필문은 단종 원년(1453) 겨울 서울에서 죽은 후 이듬해 봄 상여로 광주 만산동으로 옮겨져 그의 부조묘 뒤에 있는 할아버지 무덤 옆에 묻힌다.

집현전에서만 20년 넘게 근무한 필문 이선제, 그의 저술은 매우 많았다고 전해진다. 그러나 오늘 그에 관한 자료를 찾기는 결코 쉽지 않다. 후대에 만들어진 그의 문집인 『수암원지』와 『조선왕조실록』에 산견되는 자료만이 남아 있을 뿐이다. 필문은 죽은 지 360여 년이 지난 순조 20년(1820)에야 강진의 수암서원에 배향될 수 있었다. 이후 화순군 도곡면 죽청리의 죽산사와 화순읍 앵남리의 오현당에도 배향되었다. 기축옥사의 원통함이 그가 죽은 한참 후까지도 여전히 남아 있었던 셈이다.

광주의 도로명 필문로가 무진군을 광주목으로 복귀시킨 그에게 조금이라도 위안이 되었으면 싶다.

왕버들 나무, 괘고정수

임진왜란 의병장 고경명 장군을 모신 포충사 오른쪽의 논길을 따라 가면 나타나는 마을이 필문이 태어나고 자란 원산동이다. 이곳에는 그의 신주를 모신 부조묘가 있고, 뒷산 언덕에 그의 무덤이 있다. 부조묘란 불천위를 모시는 사당이고, 불천위는 나라에 큰 공훈을 세운 사람이 죽으면 그 신위를 사당에 영구히 모셔도 좋다고 임금이 허락한 신위를 말한다.

괘고정 재현 행사 모습

　마을 입구에는 필문이 가문의 번영을 희구하면서 심은 17미터나 되는 왕버들 나무가 있다. 필문은 왕버들 나무를 심으면서 "이 나무가 무성하면 가문이 왕성할 것이고 죽으면 가문이 쇠락할 것이니, 관리를 잘하라."고 특별히 당부했다고 한다. 이후 필문의 후손들은 과거에 급제를 하면, 이 나무에 급제자의 이름과 북을 걸어놓고 두드리면서 잔치를 벌였다. 그래서 이 왕버들 나무는 정자의 이름을 가진 괘고정(掛鼓亭)이라 불렸다.

　이선제를 필두로 그의 두 아들인 이시원과 이형원이 과거에 합격했고, 이형원의 아들 이달선, 이달선의 아들 이공인, 이공인의 아들 이중호, 이중호의 아들 이발과 이길이 대를 이어 합격하면서 가문의 영광을 알리는 북소리가 연이어 울리게 된다. "이 나무가 죽으면 가문이 쇠락할 것"이라는 필문의 예견대로 5대손인 이발이 정여립 모반 사건에 연루되어 멸문의 화를 당하자, 왕버들 나무도 말라죽기 시작한다. 그런데 200년이 지난 인조 20년(1642) 이발의 억울함이 밝혀지자 새 잎이 다시 돋아나 살아났다고 한다.

'괘고정'이라는 정자 명칭을 지닌 왕버들 나무는 광주광역시 기념물 제34호로 지정되면서 뒤에 나무 '수' 자를 넣어 괘고정이 정자가 아닌 나무임을 표시한다. 현재 괘고정수의 수명은 550~600년 정도로 추정된다. 필자가 최근 방문했을 때 광산 이씨의 자제분이 사법고시에 합격했다는 플래카드가 왕버들 나무에 걸려 있었다. 현대판 괘고정 잔치인 셈이다.

2

운리사와 회재로의 주인,
회재 박광옥

2009년, 광주에 회재로라는 도로 이름이 생겨난다. 남구 칠석동에서 시작하여 서부 농수산물도매시장과 풍암 저수지, 원광대 한방병원을 지나 남구 백운동 동아병원 앞에서 대남로와 연결되는 도로다. 넓이뿐 아니라 약 13킬로미터인 길이도 광주에서는 가장 길다. 그럼에도 도로명이 왜 회재로인지는 잘 알려져 있지 않다. 도로의 주인공이 된 회재 박광옥이 아직 일반인에게 낯선 인물이기 때문이다.

회재 박광옥(1526~1593)은 중종 21년 광주 선도면 개산리(현 서구 매월동 회산)에서 사예 곤의 아들로 출생했다. 7세에 아버지가 돌아가시자 삼년상을 치러 그 선행이 널리 알려진다. 10세 때 조광조의 제자였던 남원 출신인 정황의 문하에 들어가 본격적으로 학문을 시작한 후 21세인 명종 원년(1546)에 생원·진사시에 합격하여 이름을 떨친다. 그러나 그의 관직 진출은 매우 늦다. 명종 11년(1556)에 학문을 연구하기 위해 연 개산송당에 머물면서 제자를 기르고 성리학만을 탐구한 결과였다.

선조 3년(1570), 45세의 늦은 나이에 학행으로 천거된다. 그의 첫 발령지는 내시들의 교육을 담당하는 종9품직의 내시부교관이었다. 그 뒤

선소 /년에 종부시주부로 승진하고, 운봉현감에 빌령된다. 부임하기 직전 실시된 별시문과에 급제한다. 1577년에 운봉현감 시절 그는 그 유명한 황산대첩비를 오늘의 남원시 운봉읍 화수리에 세운다. 황산대첩비는 고려 우왕 6년(1380) 이성계가 운봉읍 화수리의 황산 일대에서 노략질을 일삼던 왜구를 완전히 섬멸한 대첩을 기린 비다. 그런데 400여 년을 버텨오던 이 비는 일제의 민족혼 말살 정책에 의해 1945년 폭파되어 산산조각이 나고 만다. 1957년, 파손된 비석들을 한데 모아 다시 비각을 세운 것이 지금 남아 있는 파비각이다. 회재의 왜구와의 인연은 이때 이미 운명되었는지도 모른다. 그는 말년인 임진년에 다시 쳐들어온 왜군과 직접 맞닥뜨린다.

이후 그는 전라도사, 충청도사, 영광군수, 밀양도호부사, 나주목사 등의 외직과 예조정랑, 사헌부 지평, 성균관 직강, 춘추관 기주관, 성균관 사예 지제교, 사첨시정 등의 내직을 거친다. 사헌부 지평 시절에는 성절사의 서장관으로 명나라 사행의 중책을 수행한다. 그가 외직인 수령으로 나갈 때 가장 신경 썼던 일 중 하나는 향교를 손질하여 그 고을 자제들에게 학문을 강독하는 일이었다. 운봉현감 시절에도 영광군수, 밀양부사가 되어서도 오로지 학교를 일으키는 데 온 힘을 기울인다. 그가 영광군수 시절에 성균관을 모델로 하여 세운 향교는 호남 최대 규모였다.

그의 선행은 가는 곳마다 백성들을 감동시켰다. 운봉의 현민들은 그를 잊지 못해 그의 치적을 돌에 새겼으며, 용암서원에 위패를 모시고 제향까지 지냈다. 영광과 밀양의 군민들도 그를 기리는 송덕비를 세웠다. 그의 강학열은 영광군수와 밀양도호부사를 역임한 후 광주향교의 교수로 부임하면서도 이어진다. 선영이 있는 풍암리 운리사에 강학당인 숭본당을 세운다. 숭본당의 건물은 바뀌었지만, 그가 직접 쓴 현판 글씨

회재 박광옥을 모신 운리사 전경

'숭본당(崇本堂)'은 지금도 운리사에 남아 있다.

그가 관직을 내려놓고 고향으로 낙향한 것은 정여립 모반 사건이 일어난 선조 22년(1589), 그의 나이 64세였다. 사헌부 지평 시절(1581), 정여립의 이조전랑직 진출을 막은 이경중을 탄핵한 사건 때문이었다. 그리고 3년 뒤 임진년(1592)에 왜란을 맞는다. 왜란이 일어나자 그는 김천일, 고경명 등과 더불어 의병을 일으켜 왜적을 토벌할 것을 약속하고 의병 모집 활동을 주도한다. 그러나 고령과 노환으로 출전할 수 없게 되자, 의병도청을 설치하고 의병의 무기와 군량을 모아 조달한다. 당시 의병들에게 그의 역할이 얼마나 큰 힘이 되있는지는 호남 최초로 의병장이 된 나주 출신 김천일의 편지글을 통해서도 알 수 있다.

"대군이 출전하여 근본이 견고하지 못하면 가히 믿을 바가 없는 것

운리사에 모셔진 회재 박광옥의 영정

인슥 의병이 살 싸우고 못 싸우는 것은 오로지 선생에게 달려 있다."

이후 그는 광주목사로 부임한 권율을 도와 국난 극복에 큰 공을 세운다. 그래서 회재로가 생겨나고 운리사가 건립되는 등 오늘 회재 박광옥이 우리에게 기억되는 것이다. 의병 활동의 공로를 인정한 의주 행재소는 그를 승정원 판교에 이어 나주목사에 제수하였다. 불편한 몸으로 고을 인심을 수습하다 이듬해인 1593년, 68세로 생을 마감하였다.

그는 당대를 함께 산 광주 출신의 고봉 기대승과는 소년 시절부터 절친했다. 고봉은 그의 1년 후배였지만 젊은 시절부터 도의지교로 함께 학문을 절차탁마했다. 영의정을 지낸 사암 박순과 제봉 고경명과도 우애가 깊었으며, 23살이나 차이가 난 풍영정의 주인 김언거와의 사이도 돈독했다. 극락강의 뱃길을 따라 풍영정을 자주 찾은 이유였다.

고봉과 회재가 당대 최고의 학자로 인정받았음은 광주향교의 흥학비를 통해서도 알 수 있다. 1560년 광주목사 유경심이 향교를 중수하여 학풍을 일으키자, 회재는 제도와 학규를 바로잡아 생도들이 공부할 수 있는 기틀을 마련한 다음, 사전과 노비를 향교의 비용에 보탠다. 향교의 중수를 기념하여 흥학비를 세울 때 고봉은 비문을 짓고, 회재는 비석의 뒷면에 문장을 새긴다. 이는 당시 고봉과 회재가 광주의 대표적인 학자였음을 알게 해준다.

회재는 당대 뭇사람들의 사랑을 받았다. 그가 뭇사람들의 사랑을 받을 수 있었던 이유는, 남인의 거두인 허목이 쓴 비문의 다음 글귀만으로도 충분하다.

"선생은 심덕이 매우 후하며 온화하고 근엄하여 세인들로 하여금 사랑을 느끼게 하였다."

1999년 운리사가 세워지자 '운리사묘정비'를 쓴 한국 고전번역원 원장인 박석무는 "학향이자 의향인 광주의 상징적 인물이던 선생은 살아계시던 당시에 옥 같은 마음과 옥 같은 용모, 이름까지 옥이어서 삼옥이라고 불렸다."라고 쓰고 있다. 옥 같은 마음은 운리사와 회재로의 주인공 박광옥이 당대에 어떤 인품의 소유자였는지를 짐작하게 해준다.

박광옥이 남긴 흔적

회재 박광옥, 그는 죽어서도 지역민들의 사랑을 듬뿍 받았다. 사후 10년 만인 선조 35년(1602) 그의 삶과 정신을 기리는 벽진사가 벽진 마을 뒤에 세워진다. 벽진사는 벽진서원으로 이름을 바꾼 뒤, 숙종 7년(1681)에 충장공 김덕령을 추가 배향하면서 의열사로 사액을 받는다. 의열사가 대원군의 서원철폐령에 의해 훼철되자, 1927년에 회재만을 기리는 운리영당이, 1999년에는 서구 풍암동에 운리사가 건립된다. 그의 사당이 이런저런 이유로 이곳저곳으로 옮겨지지만, 그에 대한 후손과 지역민들의 사랑만은 지극했다.

그가 태어난 매월동에는 회재가 40세 되던 1566년 매월과 벽진 지역 주민들의 물 걱정을 덜어주기 위해 쌓은 개산방죽이 남아 있다. 회재는 이 방죽 언저리에 조그마한 정자 하나를 짓고 수월당이란 현판을 단

개산방죽 주변에 복원된 수월당

다. 회재는 이 정자에서 고경명, 기대승 등과 함께 시회를 열기도 했고, 선도향약을 실시하여 고을의 풍속을 바로잡는다. 회재가 쌓았던 개산방죽은 지금 연꽃으로 가득 차 있고 인공 섬과 나무다리가 만들어져 시민들의 힐링처가 되어 있다. 나무다리 끝 무렵에 회재가 시회를 열고 향약을 실시했던 수월당이 복원되어 있다. 그리고 방죽 언저리에 그를 기리는 회재 선생 유허비가 두 개나 서 있다. 하나는 단기 4303년에, 또 하나는 최근에 세운 것이다.

『회재유집』과 유집의 목판(광주광역시 유형문화재 제23호)도 운리사 목판각에 남아 있다. 유집에는 회재의 시 299편과 잡저, 상소 등 총 6편과 부록인 연보와 행장, 상소문 등이 수록되어 있다. 1799년, 종 8대손인 박성일에 의해 서문 없이 첫 목판본 유집이 간행된 후, 1983년에 또 홍직필과 김호영의 서문과 강인환의 발문이 추가되어 유집이 발간되었다. 지금 현존하는 『회재유집』은 이것이다.

　그의 사위였던 예조정랑 유사경이 쓴 행장과 남인의 거두 허목이 쓴 묘비문, 한국고전번역원 원장인 박석무가 쓴 운리사 사당의 마당 한 가운데에 서 있는 '운리사묘정비'도 그가 누구인지를 알려주는 중요한 흔적이다. 이런 흔적과 기록들이 남아 전하고, 그의 학덕과 절의 정신이 추앙을 받으면서, 그는 광주에서 가장 길고 넓은 도로명인 회재로의 주인공이 된다.

3

두 아들과 함께 의병장이 된,
제봉 고경명

1592년 5월 29일 고경명과 두 아들인 종후·인후, 옥과의 유팽로, 남원의 안영·양대박, 광주의 김덕홍, 남평의 최후립·최홍립 형제 등 21개 읍 61명의 사림과 유생이 담양 추성관에서 회합하였다. 이 회합에서 고경명은 만장일치로 의병장에 추대되었다. 그는 단 위에 올라 늙고 병들었음에도 대장이 되는 것을 사양하지 않았다. 그의 나이 60세였다. 곧이어 추성관에 의병청이 설치되고 총대장 고경명, 좌부장 유팽로, 우부장 양대박, 종사관 안영을 지휘부로 하는 6,000여 명의 호남 의병이 결성되었다.

담양 회맹군이 결성된 추성관은 지금의 담양 동초등학교 자리다. 오늘 현장에는 호남 의병이 모여 왜적을 몰아낼 것을 맹세한 장소였음을 알리는 표석 하나 찾을 수 없다. 동초등학교의 체육관 이름이 추성관이어서 옛 이름만을 떠올릴 뿐이다.

6월 11일, 6,000의 고경명 부대는 담양을 출발하였다. 금구를 거쳐 전주에 이르렀을 때 임진강을 지키던 군사가 무너졌다는 소식이 들려와 잠시 동요하였다. 이에 우부장 양대박은 다시 군사를 모으기 위해 남원

으로 향하고, 본진은 전주에 머무르며
군사훈련을 쌓는다. 6월 22일, 전주의
고경명 부대는 북상하여 여산으로 진
영을 옮긴다. 그리고 6월 24일, 각 도
의 수령과 백성, 군인들에게 격문을
보낸다. 이것이 말 위에서 쓴 그 유명
한 「마상격문」이다. 이 격문은 당시 식
자층을 감동시켰고, 호남의 열혈남아
들을 고경명 휘하로 결집시킨다. 식자
들의 심금을 울린 이 격문을 후대의
사람들은 최치원의 「황소격문」이나
제갈량의 「출사표」에 비견할 만한 명
문으로 평가한다.

고경명 신도비(장성읍 영천리)

6월 27일, 고경명 부대는 충청도
은진까지 진군하였다. 이때 충청도 황
간에 주둔하고 있던 왜군이 금산을
넘어 전주로 쳐들어갈 것이라는 소식
을 접했다. 고경명은 전주가 무너지면
나라가 무너진다고 생각하고 7월 1일,
진산으로 진을 옮겼다. 고경명 부대가
진산에 이르렀을 때 왜군이 금산을 침범하여 군수 권종이 전사하였다
는 소식이 들려오자, 7월 8일 서둘러 금산성으로 진격했다. 그리고 운명
의 7월 10일, 그는 왜군과 싸우다 눈벌에서 전사했다. 그리하여 오늘날
그의 순절비가 이곳 금산 눈벌에 세워진 것이다. 그런데 그 순절비는 또

수난을 당한다. 1940년 일제는 비를 박살내는 만행을 저지른다. 그 후 1952년 후손들이 비문을 다시 새겨 복원하고 일제에 의해 파괴된 파편은 옆 비각 안에 다시 정리해놓는다.

그가 순국하자 그의 시신은 임시로 금산 산중에 매장했다가, 화순군 흑토평에 모셔진다. 그리고 1609년 장성읍 영천리 오동 마을 뒷산으로 이장하였다. 오동 마을에는 윤근수가 비문을 쓴 신도비와 제실이 있고, 제실 바로 뒤 제봉산 자락에 그의 무덤이 있다. 고경명은 사후 이곳 제봉산 자락 사방 10킬로미터의 땅을 하사받는다. 때문에 그의 무덤이 그가 태어난 광주광역시 남구 압촌동이 아닌 이곳에 있는 것이다. 그런데 그가 태어난 남구 압촌동 뒷산의 이름도, 그가 묻힌 장성읍 영천리 뒷산의 이름도 제봉산이다. 그의 호 제봉은 물론 그가 태어난 압촌동 뒷산에서 취한 것이다. 그가 태어난 남구 압촌동에는 고경명과 그의 가족 6명의 충·효·열을 기리기 위한 고씨삼강문이 있고, 생가터에는 100여 년 전에 지은 종택이 있는데, 그의 17대 후손인 고원희 가옥으로 되어 있다.

고종 8년(1871) 전국의 서원과 사우가 훼철될 때 남도에서 훼철되지 않은 두 곳이 장성 필암서원과 포충사다. 장성 필암서원은 하서 김인후 선생을, 포충사는 금산 전투에서 순절한 의병장 고경명을 모신 사당이다. 그러나 포충사에는 고경명뿐 아니라 두 아들인 종후·인후와 부장이었던 유팽로·안영도 함께 모셔져 있다. 고경명의 시신을 지킨 후 큰아들 종후와 함께 진주성 2차 전투에서 죽은 노비인 봉이와 귀인의 순절비도 세워져 있다.

고경명과 두 아들의 위패가 함께 모셔진 이유가 후인들을 숙연하게 만든다. 둘째 아들 인후는 아버지와 함께 금산 전투에서 전사했고,

고경명 3부자와 유팽로, 안영의 위패를 모신 포충사

큰아들 종후는 1년 뒤 2차 진주성 전투에서 숙부인 경형과 함께 전사
했다. 전사한 두 아들 모두 문과에 합격한 수재들이었다. 이순신 장군이
쓴 서신에 "임진왜란의 국난을 극복한 가장 큰 공은 남도 사람들"이라
는 글이 나온다. 회자되는 '약무호남 시무국가(若無湖南 是無國家)'가 그것
이다. 남도는 임진왜란 당시 최대의 의병 봉기지였고, 그 중심에 고경명
과 두 아들이 있었다.

　　고경명과 두 아들의 위패를 모신 포충사는 1601년에 세워지고
1603년 포충을 사액받는다. 그런데 포충사에는 어느 사당에나 있는 유
물관 대신 정기관에 그의 유물들이 전시되고 있다. 고경명은 말안장에
앉아 쓴 격문과 격전을 독려하는 글을 썼다. 그 격문들을 모아 만든 책
이 『정기록』이다. 그래서 고경명의 「마상격문」과 목판 493장이 유물관

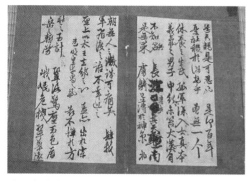

남도의 식자층을 감동시킨 고경명의 「마상격문」

이 아니라 정기관에 보존되어 있는 것이다. 정기관에는 「마상격문」외에도 그와 관련된 많은 유물을 전시하고 있다. 격문도, 교지도 만날 수 있다. 실제로 옮겨 오기 어려운 것들은 탁본을 만들어 전시했다. 장성읍 영천리에 있는 고경명 선생 신도비와 고경명 선생 묘비, 금산에 있는 고경명 선생 순절비는 탁본으로 찾아온 사람들을 반갑게 맞는다. 벼슬에서 잠시 떠나 있던 시기에 그는 글을 썼다. 『제봉집』과 『제봉전서』, 무등산에 오른 감회를 기록한 기행문인 『유서석록』도 그의 저서이다. 식영정 4선의 한 사람답게 현재까지 전하는 시문만 985수에 이른다. 그는 의병장이기 이전에 기록의 습성이 몸에 밴 선비요 시인이었다.

그러나 포충사에는 무언가 아쉬움이 남아 있다. 금산전투에서 순절한 이는 포충사에 모셔진 고경명, 유팽로, 안영, 고인후만은 아니었다. 정조 대에 쓰인 『호남절의록』에 보면 금산전투에서 순국한 김덕령의 형인 김덕홍과 최후립·최홍립 형제 등 20여 명의 명단이 더 있다. 물론 이름을 남기지 않은 의병들은 더 많았을 것이다. 그중 남평 출신의 최후립이 일곱 살 난 아들에게 남긴 유서는 또 가슴을 울린다.

"임금께서 피난하시었는데 나는 대대로 녹훈을 받은 신하의 후예로서 어찌 국난에 나서지 않을 것인가? 오직 한번 죽음이 있을 뿐이다."

모두들 그렇게 장렬하게 죽음을 맞는다.

금산의 종용사에는 금산전투에서 숨진 막좌와 사졸의 신위가 있다.

그러나 포충사 어디에도 이들을 기리는 신위도, 추모비도 없다. 오늘 고경명이 우리와 함께 영원히 장군으로 기억되는 것은 그와 함께 싸우다 죽은 부하들이 있었기 때문이다. 이제 그들의 이름도 불러주어야 한다. 막좌와 이름마저 남기지 못한 의병들을 기리는 추모비도 세워졌으면 하는 것은 필자만의 바람이 아닐 것이다.

고경명은 왜 장군으로 불릴까

광주광역시 남구 압촌동에서 태어난 고경명은 명종 13년(1558) 식년시 문과에 장원 급제했다. 장원 급제자 고경명을 배출한 압촌동 장흥 고씨 가문은 당대 광주 최고의 명문가였다. 할아버지인 운은 형조좌랑을, 아버지인 맹영은 집현전 부제학과 사간원 대사간을 지냈으며, 할아버지로부터 100여 년간 10명의 문과 급제자를 냈다. 그는 장원 급제 후 성균관 전적에 임명되고, 이어 공조좌랑, 사간원 헌납, 사헌부 지평, 홍문관 부수찬을 거쳐 1563년 홍문관 교리가 된다. 한때 아버지 고맹영의 죄에 연좌되어 파직되지만, 영암 군수로 재등용된 이후 여러 고을의 수령을 거쳐 선조 24년(1591)에 마지막 관직인 동래부사가 된다. 이듬해 서인이 물러나고 동인이 집권하자, 고경명은 동래부사에서 물러나 낙향하여 은거 중에 왜군의 침략 소식을 듣는다. 그가 만약 왜란 당시 동래 부사였다면 그는 동래에서 왜군과 만났을 것이다. 왜군과의 만남, 그것은 고경명에게

포충사에 모셔진 고경명 영정

피할 수 없는 운명처럼 보인다.

광주의 제봉로와 포충사, 장성의 신도비와 무덤, 금산의 종용사 등은 고경명이 오늘 우리와 함께 살아가고 있음의 증거다. 그는 장군이라 불리는데, 장군이었던 기간은 딱 한 달로서, 1592년 6월 11일 대장으로 추대된 고경명은 6,000여 의병을 이끌고 북상 도중 7월 10일 충청도 금산전투에서 순절하였다. 큰아들 종후가 군사들 속에서 나와 아버지 고경명의 시신을 거두자, 무너진 군사들은 모두 부르짖어 울었다.

그는 누구도 따를 수 없는 시인이고 학자였으며, 40년 가까이를 정치가로 살았다. 그러나 오늘 그는 시인도, 정치가도 아닌 단 한 달 동안의 호칭이었던 장군으로 불린다. 고경명 장군, 그 호칭은 오늘 그의 삶이 어떻게 평가받고 있는지를 극명하게 보여준다.

4

비운의 임진 의병장,
충장공 김덕령

식영정 앞을 흐르는 창계천은 자미탄이라고도 불린다. 자미는 배롱나무의 한자 이름이다. 이는 창계천 주변에 배롱나무가 줄지어 피어 있는 하천이었음을 알려준다. 이 물줄기 바로 건너 환벽당 앞에 서 있는 정자가 술에 취해서 부르는 노래인 「취시가(醉時歌)」에서 따와 이름 지은 취가정이다. 취가정은 임진왜란 당시 의병장인 김덕령 장군을 추모하기 위해 고종 27년(1889)에 후손인 김만식 등이 세웠는데, 6·25전쟁 때 불타버린 것을 1955년 다시 세운 것이다. 술에 취해서 부르는 노래에서 따온 취가정의 이름이 어쩐지 서럽다. 취가정의 이름이 된 「취시가」가 권필의 저서 『석주집』 권7에 나온다. 그 내용은 다음과 같다.

권필은 꿈에 작은 책자 한 권을 얻었는데, 김덕령의 시집이었다. 시집 첫머리에 실린 시 한 편을 세 번 되풀이해 읽었는데, 그 시 제목이 「취시가」였다.

"술에 취해 부르는 노래/ 듣는 이 아무도 없구나/ 꽃과 달에 취한들 무엇하리/ 공훈을 세운들 무엇하리/ 공훈을 세우는 것도 뜬구름이요/ 꽃과 달에 취하는 것도 뜬구름이라/ 술에 취해 노래해도 내 마음

술에 취해서 부르는 노래에서 따 붙인 정자, 취가정

알아주는 이 없구나/ 다만 긴 칼 잡고 임금께 보은할 수 있기만을 원하노라."

꿈에서 깨어난 권필은 너무도 서글퍼 장군을 위로하기 위해 시 한 편을 짓는다.

"장군께서 예전에 칼을 잡으셨으나/ 장한 뜻이 중도에 꺾이니/ 이 또한 운명이로고/ 지하에 계신 영령의 한없는 원한이여/ 분명 이 노래는 취시가로다."

이 시의 기본 소재는 김덕령의 원통한 죽음이다. 권필 스스로 꿈에서 얻은 것을 쓰고 답한 것이지만, 그가 김덕령의 죽음에 얼마나 안타까워하고 분노하고 있는지를 잘 보여준다. 김덕령, 그는 왜 권필의 꿈속에 나타나 「취시가」를 부를 수밖에 없었을까?

김덕령(1567~1596)은 명종 22년(1567) 광주 석저촌(지금의 충효동)에서 태어났다. 환벽당의 주인공인 사촌 김윤제의 종손자로 형 덕홍과 함께 성혼의 문하에서 수학한다. 임진왜란이 일어나자 형과 함께 의병을 일으켜 고경명의 막하에서 전라도로 침입하는 왜적을 물리치기 위해 전주에 이른다. 그러나 형 덕홍으로부터 돌아가 어머니를 봉양하라는 권고를 받고 귀향한다. 형 덕홍이 참가한 고경명 군은 7월 금산전투에서 패배하고, 김천일 등 호남 의병장들이 이끈 2차 진주성 전투(1593년 6월)마저 패배로 끝나고 만다.

호남 의병이 큰 곤경에 처한 1593년 8월, 김덕령은 어머니 상중임에도 담양부사 이경린, 장성현감 이귀 등의 권유로 담양에서 삼천의 의병을 일으킨다. 김덕령이 의병을 일으키자 선조는 형조좌랑의 직함과 함께 충용장의 군호를, 세자인 광해군은 익호장군의 칭호를 내리고 각처의 의병을 통합 충용군에 속하도록 하여, 권율의 막하에서 영남 서부 지역의 방어 임무를 맡긴다.

김덕령은 뛰어난 용맹과 기개로 사기가 충천했지만, 당시 일본군의 위세가 위축된 데다 강화회담이 진행 중이어서 전면전은 없었다. 다만 1594년 10월 거제도에 있는 일군을 수륙 양면으로 공격할 때 선봉장이 되어 큰 공을 세웠으며, 이듬해인 1595년에는 고성에 상륙하려는 일본군을 곽재우와 합동 작전으로 격퇴하는 등 소규모 전과를 올렸다. 명과 일본 사이에 강화회담이 진행되면서 전황이 소강상태에 접어들자, 김덕령은 조정에 여러 차례 적극적인 공세를 펼 것을 주장하지만, 받아들여지지 않았다. 이로 인해 울화가 생긴 그는 과음을 하고 군법을 엄하게 해 막료와 군졸의 원성을 사기도 했다. 이를 빌미로 장군을 시기하던 무리들은 충청도 홍산에서 일어난 이몽학의 난(1596)에 가담했다는 누명을 씌워 김덕령을 체포하였고, 선조가 친히 국문하였다. 정탁, 김응남 등이 그의 무고함을 힘써 변론하였으나 20일 동안 여섯 차례의 혹독한 고문을 견디지 못하고 29세의 젊은 나이에 옥사하였다. 김덕령이 권필의 꿈에 나타나 「취시가」를 부른 이유다. 사직공원에 세워진 그의 시비에 새겨진 시는 그러한 심정을 잘 보여준다.

"춘산에 불이 나니 못다 핀 꽃 다 붙는다/ 저 산 저 불은 끌 물이나 있거니와/ 이 몸의 연기 없는 불이 나니 끌 물 없어 하노라."

취가정 아래 마을이 그가 태어난 석저촌이다. 그의 생가터에는 생가임을 알리는 비가 서 있고, 그를 기리는 불천위 사당이 있다. 그가 태어난 석저촌은 우리 고장에서 꽤 유서 깊은 마을이다. 충효동과 가까운

김덕령 시비(사직공원)

남양군 남면 학선리의 개신사 절터에는 9세기에 세워진 석등이 있다. 화사석에 새겨진 명문으로 유명한 석등에 석보평이란 들 이름이 나온다. 석저촌이란 지명의 연원인 석보란 말은 600~700년 경부터 이미 사용되었던 것으로 추정된다. 석저촌에서 태어났기 때문에 김덕령은 석저 장군이라고도 불렸다. 그런데 왜군들은 이 별칭이 그의 고향 이름을 딴 것인지 모르고, 돌 밑에서 태어난 사람인 줄 알았다는 재미난 이야기가 조선 후기 실학자 이긍익의 『연려실기술』에 전한다.

마을 앞에는 수령 400년 정도로 추정되는 왕버들 세 그루가 있고, 그 옆에는 김덕령과 그의 부인의 충절을 기리는 비가 서 있다. 동네 사람들은 이 일대를 비각거리라 부른다. 비각은 '조선국 증 좌찬성 충장공 김덕령 증 정경부인 흥양이씨 충효지리(朝鮮國 贈 左贊成 忠壯公 金德齡 贈 貞敬夫人 興陽李氏 忠孝之里)'라는 긴 이름을 가진 비석, 간단히 충효동 정려비라 부르는 비석을 보호하기 위해 세운 것이다. 너무 길어 세 줄로 나눠 쓴 비석의 긴 이름만큼이나 비는 많은 사연을 담고 있다.

비에 새겨진 내용은 다음과 같다.

"충용장군 김덕령은 의병을 일으켜 위엄과 명성이 일본에까지 알려졌으나, 모함으로 죽게 되었다. 그의 형 덕홍도 금산전투에서 먼저 죽었고, 부인 이씨도 왜적을 만나 절개를 지키며 죽었다. ……현종은 김덕령의 원통함을 씻어주고 병조참의를 추증하였으며, 숙종은 병조판서로 다시 올리고 의열이라는 이름을 내렸다. 정조는 1788년에 좌찬성으로 다시 올리고 충장이라는 시호를 내려주었으며, 이씨에게는 정경부인을 추증하고 덕홍에게도 지평을 추증하였다. 아울러 김덕령의 고향 마을을 충효리라 이름 지어주고, 비석을 세워 이를 기렸다. ……마을 이름을 충렬이라 하지 않고 충효라 한 것은 충렬의 마음이 효에서 나왔기 때문이다."

1788년 정조는 김덕령에게 충장이란 시호를 내리면서 왕명으로 그의 고향 석저촌을 충효리로 이름을 바꾸도록 했다. 지금 이 동네가 충효동으로 불리게 된 연유다. 그리고 그의 시호인 충장은 광주의 최대 번화가가 된 충장로의 도로명이 된다.

민중의 영웅으로 되살아나다

충효동 정려비에서 무등산 쪽으로 조금 올라가다 원효사로 꺾어지는 부근에 김덕령 장군을 기리는 사당, 충장사가 있다. 1975년 건립된 충장사 경내에는 그와 그의 가족묘, 광주목사 조철영이 세운 은륜비가 있고, 추증교지를 비롯한 각종 유물이 보관되어 있다. 사당에 모셔진 영정은 처음엔 군복 차림이었는데, 1978년 현재와 같은 관복 차림으로 바뀌었다.

충장사에 보관 중인 다수의 유물은 1974년 충장사 건립을 앞두고 배재(이치) 마을의 산기슭에 있던 그의 묘를 충장사 경내로 이장하던 중에 나온 것들이다. 당시 김덕령의 목관과 의복 등 다수가 수습되었고, 출토된 11점의 의복은 중요민속자료 제111호로 지정되었다. 충장사 현판 글씨는 박정희 대통령이 직접 썼고, 내삼문은 광해군이 내린 익호장군을 따서 익호문으로, 외삼문은 선조가 내린 충용장의 군호를 따서 충용문이라 했다.

김덕령 장군 무덤 전경

　　역사의 승자는 기록을 남기고 패자는 전설이 되어 민중 사이에 전
승되지만, 진실은 언젠가는 밝혀지는 법이다. 김덕령의 억울한 누명이 벗
겨진 것은 그가 죽은 후 72년이 지난 현종 대다. 현종 9년(1668)에 병조
참의의 벼슬이 내려지고, 숙종 4년(1678)에는 벽진서원에 배향된다. 원래
벽진서원은 임진왜란 초기 의병 활동을 적극 지원했던 박광옥을 배향하
던 곳이었다. 숙종 6년(1680)에는 병조판서에 가증되고, 벽진서원을 의열
이라 사액하여 관리를 보내 제사를 모시라는 조치가 내려진다. 그리고
영조 4년(1728)부터는 그의 형제인 덕홍과 덕보도 이곳에 합사된다.

　　김덕령이 벽진서원에 배향되고 병조판서에 가증되기까지는 당시 광
주목사였던 이민서의 역할이 컸다. 그는 스승인 송시열에게 장군의 배
향에 관한 자문을 구하였고, 장군을 연구하여 『충용김장군전』을 쓴다.

그리고 의열사 배향 축문과 춘·추향 축문, 상량문을 쓰고 벽진서원을 중수까지 한다.

김덕령의 현창에 남다른 열정을 보인 또 다른 이는 조철영이다. 그는 1840년 담양부사로 있을 때 김덕령의 이씨 부인 순절 장소(추월산 보리암 부근)를 찾아내고, 바위에 "충장공 김덕령의 부인 흥양 이씨가 만력 정유년에 왜적을 꾸짖고 순절한 곳(金忠將公德齡夫人興陽李氏 萬曆丁酉罵倭賊殉節處)"이란 글을 새겼고, 이씨가 숨진 자리에 석각을 세워 기린다. 만력은 명나라 신종이 사용한 연호이고, 정유는 1597년이다. 1842년 광주목사로 부임해서는 이런 정황을 비석에 세워 기록했는데, 그 비가 바로 충장사에 세워진 은륜비다.

무등산 곳곳에 김덕령은 민중들의 영웅으로 남아 있다. 국난을 대비하여 창과 칼을 쳤다는 무등산 자락의 주검동도 그중 한 곳이다. 무등산 원효계곡 상류 삼전동(삼밭실)으로 올라가는 길 왼쪽에 있는데, 일명 쇳골이라고도 불린다. 현재 이곳 큰 바위에는 누군가 '만력계사 의병대장 김충장공 주검동(萬曆癸巳 義兵大將 金忠壯公 鑄劍洞)'이라 새긴 글귀가 있다. 만력 계사년은 김덕령이 의병을 일으킨 1593년도. 지금도 주변에서는 쇳덩이가 발견된다. 1992년 국립광주박물관에서 발굴 조사를 했는데, 실제로 건물터와 도자기 파편 그리고 제철 유적이 확인됐고, 철제 화살촉 등의 무기도 발견되었다. 1926년 발간된 『광주읍지』「고적조」에는 주검동을 김덕령과 연결하여 다음과 같이 서술하고 있다.

"무등산 입석 아래에 있다. 김덕령이 의병을 일으킬 때 칼을 만들었는데, 칼이 완성되자 며칠 동안 산이 우레 같은 소리를 내고 흰 기운이 골짜기에서 하늘로 뻗쳐 사람들이 모두 기이하게 여겼다."

김덕령이 유년 시절 공부했던 무등산 자락의 서봉사(담양군 남면 정곡리)의 설화도 그 한 예다. 칠흑같이 어두운 밤 용변을 보기 위해 밖을 나왔다가 자신에게 덮친 짐승을 주먹으로 내리쳐 잠시 후 대청 기둥에 묶어놓고 곁에서 잠이 든다. 다음 날 글동무들이 그곳에 가보니 기둥에 는 죽은 호랑이가 묶여 있고, 곁에 잠든 덕령의 몸에는 할퀸 자국이 남아 있었다고 한다. 김덕령의 담력과 관련해서 만들어진 설화이다.

무등산의 문바위 설화에는 김덕령이 말, 화살보다도 더 빠른 영웅으로 등장한다. 무등산 지공터널에서 규봉으로 가는 도중에 있는 문바위에서 20리 떨어진 화순 살바위로 화살을 쏘고는 자신과 말, 화살 중 누가 먼저 도착하는지를 시합하였는데, 도착 순서는 김덕령, 말, 화살 순이었다. 그런데 말이 화살보다 늦게 도착한 것으로 오인한 덕령은 칼을 뽑아 말의 목을 쳤다. 순간, 뒤에서 윙 하는 소리가 나더니 그제야 화살이 날아와 바위에 맞고 말 머리와 함께 땅에 뚝 떨어졌다. 덕령은 자신의 경망과 조급함을 후회하며 말의 무덤을 만들어주었다. 이때부터 화살이 날아와 떨어진 바위를 살바위라 불렀다고 한다. 마을 이름 또한 말이 죽었다고 해 마살리가 되었는데, 훗날 사람들은 마을 이름의 살자가 흉하다고 해서 말 무덤이 있는 마을이란 뜻의 마산리로 바꾸었다고 한다. 김덕령과 말, 화살의 시합 이야기는 북구 서방에서 담양 쪽으로 가는 동문 대로변에 있는 말바우 시장에도 그 이름이 남아 있다. 두 설화는 말이 화살보다 늦은 것으로 착각하여 말을 죽이는 것으로 되어 있지만, 핵심은 김덕령이 말이나 화살보다도 빠른 슈퍼맨, 즉 영웅이라는 것이다.

이러한 설화는 역모의 누명을 쓰고 죽은 김덕령이 오히려 민중들의 영웅이 되어 후대인들의 가슴에 남아 함께하고 있음을 보여준다. 오늘 김덕령은 화려하게 부활하여 광주 제일 번화가인 충장로의 주인공이 되

어 있다. 광주인에게 가장 사랑받는 광주의
상징 인물이 된 것이다.

김덕보의 은둔처, 풍암정

충효동 분청사기 전시관 앞을 지나 단풍나
무 가로수가 길게 늘어 서 있는 오솔길을
한없이 따라가다 보면 풍암저수지가 나오
고, 저수지 조금 지난 계곡 언덕배기에 정
말 운치 있는 정자 하나가 서 있다. 단풍나
무 '풍' 자와 바위 '암' 자를 딴 김덕보의 정
자, 풍암정이 그것이다. 풍암정은 지금 모습
만으로도 무등산 자락의 정자들 중 가장
아름답다. 그런데 1614년 송강 정철의 넷째
아들인 정홍명은 「풍암기」에서 "헤아릴 수

충장사에 모셔진 김덕령 영정

없는 수많은 기암괴석 사이에 100여 그루의 단풍나무가 끼어 있어 흐
르는 시냇물조차 붉었다. 수석의 뛰어난 경관을 비교하여 볼 때 모두 오
늘의 이곳을 따를 수 없다."고 묘사하고 있다. 100그루의 단풍나무가 정
자를 에워싸고, 냇물까지 붉게 만들었다는 당시의 정자 풍경이 눈앞에
그려진다.

풍암정의 주인공 김덕보가 이곳 원효계곡에 정자를 짓고 은거한 이
유가 가슴을 후려친다. 정홍명은 「풍암기」에서 김덕보에 대해 "소싯적부
터 속세의 일을 버리고 때때로 이곳(풍암정)을 찾아 모든 근심을 씻어 없
애는 은둔생활을 즐겨 했다."고 썼다. 그러나 덕보는 자신의 의지로 속세
를 버린 게 아니라 세상을 버릴 수밖에 없었다.

김덕보의 은둔지 원효사 계곡의 풍암정

　김덕보는 자가 자룡, 호는 풍암으로 의병장 김덕령의 아우다. 임진
왜란 당시 큰형 덕홍은 고경명과 함께 거병하여 금산전투에서 순절하였
다. 그리고 그가 가장 따랐던 둘째 형 덕령은 충청도 홍산에서 일어난
이몽학의 난에 가담했다는 누명을 받고 여섯 차례의 혹독한 고문을 견
디지 못한 채 옥사하였다. 덕령의 시신을 거두어 장례를 치렀지만, 두 형
을 삼켜버린 세상이 너무도 싫고 무서웠다. 그가 몸을 숨긴 이유였다.
화순과 지리산 자락을 거쳐 고향으로 돌아온 것은 임진왜란이 끝나고
한참 지난 1602년이었다. 원효계곡의 풍암정은 김덕보의 마지막 은신처
였다.

5

한센병의 아버지,
오방 최흥종

국립소록도 나환자 병원에서 생을 마감한 한국의 슈바이처로 불렸던 고 신정식 박사의 책상에는 포사이드(Wiley H. Forsythe) 선교사, 최흥종 목사 그리고 예수의 사진이 있었다. 1966년 광주 시민장으로 치러진 최흥종 목사 장례식에는 광주 인근 걸인들과 무등산에서 온 결핵 환자, 여수와 나주에서 올라온 한센병 환자들이 몰려와 "아버지, 아버지"라 부르며 오열했다. 신정식 박사의 책상 사진과 장례식 모습은 오방 최흥종이 어떤 삶을 살았는지를 단적으로 보여준다.

오방 최흥종(1880~1966)의 본명은 최영종으로, 1880년 광주 불로동에서 태어났다. 젊은 시절 그는 망치란 이름으로 장터와 뒷골목을 주름잡던 주먹이었다. 그런 그가 예수를 가슴에 품고 한센병·결핵 환자들과 걸인의 아버지가 된 사연은 이렇다.

그는 1904년 미국 남장로교 선교사로 광주 양림동에서 선교활동을 펼치던 유진 벨(Eugene Bell, 배유지)과 오웬(Clement C. Owen, 오기원) 선교사의 감화를 받아 기독교에 입교한다. 그의 나이 24세였다.

1909년 목포에서 활동하던 포사이드 선교사가 급성 폐렴으로 죽어가는 오웬 신교사를 치료하기 위해 광주를 찾아오자, 최흥종은 유진 벨의 부탁으로 효천까지 마중을 나갔다. 효천에서 포사이드를 만나 광주로 돌아오는 도중 피와 고름으로 얼룩진 누더기 옷을 입고 추위에 떨고 있는 한센병 환자(문둥병자, 나병 환자)를 만났다. 포사이드 선교사는 아무렇지도 않은 듯 환자를 자기 대신 말에 태우고 자신의 털외투마저 벗어 입힌 채 광주까지 왔다. 이 사건은 젊은 최흥종에게 큰 충격이었고, 그 일생의 나침반이 된다.

생업을 위해 잠깐 전남 경무청에 순검으로 취직했다 그만둔 뒤, 1905년 창설된 제중원(지금의 광주기독병원)에서 나환자 돕는 일에 매진했다. 포사이드는 오웬 선교사의 장례식을 보고 다시 목포로 돌아가고, 한센병 여인도 얼마 살지 못하고 죽었다. 그러나 "양림동 선교사가 문둥병자를 데려다 치료했다."는 소문이 퍼지면서 양림동은 밀려드는 환자를 감당할 수 없었다. 이에 최흥종은 봉선동에 있는 자신의 땅 1,000평을 기증하여 나환자 진료소를 설립한다. 1912년, 봉선동에 한국 최초의 한센병 전문 병원인 광주나병원이 개원하게 된 것이다. 포사이드와의 숙명적 만남을 통해 가슴이 뜨거운 교인이 된 최흥종은 1912년 광주 북문 안교회(현 광주제일교회) 초대 장로가 되고, 1917년에는 평양신학교에 입학하면서 북문밖교회(현 광주중앙교회) 전도사로 부임하여 목회자가 되지만, 광주나병원 일에 더욱 열심이었다. 광주나병원을 방문했던 『기독신보』 기자는, "병원을 주관하는 의사는 윌슨(Robert M. Wilson) 씨요, 조선 형제로 이 병원에 다니며 치료를 시키는 이는 최장로 흥종 씨다."라고 쓸 정도였다. 광주나병원은 이후 환자가 늘어나면서 "봉선리 채소밭에서 난 채소에 문둥이 균이 붙어 있다."는 소문이 돌게 되고, 거센 항의를 받았다. 이로 인해 1926년 여수 애양원으로 병원이 옮겨지게 된다.

1932년, 오방 최흥종은 김병로, 송진우, 조만식 등과 함께 조선나환자근절협회를 창설한 후 거리에서 유리걸식하다 죽어가는 나환자들의 치료와 생계 문제를 위한 대책을 조선총독부에 요청한다. 조선총독부가 관심을 보이지 않자, 그는 직접 행동에 나선다. 처음 광주를 출발할 때 10여 명 정도였던 것이 소문을 듣고 전국 환자들이 따라나서면서 열하루 만에 서울에 도착할 때에는 200여 명에 이른다. 환자들과 함께 총독부까지 쳐들어간 최흥종

오방 최흥종 초상화

목사는 우가키 총독과 면담하여 소록도 나병환자 수용시설을 대폭 확대하고, 치료를 받은 환자들이 갱생의 길을 걸을 수 있도록 지원한다는 약속을 받아냈다. 이것이 그 유명한 나환자 행진이다.

나환자들의 삶이 어느 정도 정착되자 그는 1935년 서울 세브란스 병원의 친구에게 부탁해 거세한다. 그러고는 아호를 오방(五放)이라 정하고, 주위 지인에게 자신의 사망통지서를 돌린다. 오방이란 '다섯 가지를 놓아버린다'는 의미로 집착을 떨어버린다는 뜻을 담고 있다. 그가 놓아버린 다섯 가지란 집안의 일, 사회적 체면, 경제적 이익, 정치적 활동, 종파적 활동을 말한다. 그리고 무등산 증심사 골짜기에 들어가 오방정에 은거한다. 그가 거처하던 오방정은 이후 1946년, 의재의 작업 공간인 춘

전국 최초의 한센병 전문 병원인 봉선리 광주나병원

설헌으로 이름이 바뀐다. 오방정은 1930년대 「2·8독립선언서」의 핵심 인물인 언론인 최원순이 일제의 탄압을 피해 은거한 석아정이었음도 잊어서는 안 된다. 해방 직후인 1946년 시국 강연을 위해 광주에 온 김구는 오방정을 찾는다. 그리고 남기고 간 휘호가 성자의 본색을 감추고 중생과 함께한다는 뜻의 '화광동진(和光同塵)'이었다. 무등산 중봉으로 올라가는 중턱의 샘터 초막에 은거하던 최흥종 목사를 찾은 함석헌도 그를 무등산의 은자라 불렀다.

해방 이후 오방은 다시 불려 나와 전남 건국준비위원회 위원장, 미군정 도정 고문 등을 잠시 맡기도 했지만, 그의 관심은 여전히 걸인과 환자들에 있었다. 증심사 계곡에 빈민 자활촌인 삼애원, 나주 산포에 음성 나환자 자활촌인 호혜원을 만든 것도 그였다. 당시는 한센병과 마찬가지로 결핵도 사회의 기피 대상이었다. 그는 병원에서마저 포기한 결핵 환자들을 위해 무등산 골짜기(지금의 신양파크 밑)에 송등원과, 원효사 아래 공터에 무등원이라는 움막 요양소를 마련해준다. 최흥종 자신도 무등원 안에 복음당이란 토담집을 짓고 결핵 환자들과 함께한다. 무등산 성자로 불린 최흥종 목사의 장례식에 광주 인근 걸인들과 무등산에서 온 결핵 환자, 여수와 나주에서 올라온 한센병 환자들이 몰려와 "아버지, 아버지"라 부르며 오열한 이유다.

그의 감동적인 삶은 이후 뮤지컬과 연극으로 만들어지고, 소설가 문순태는 『성자의 지팡이』라는 소설을 써 그를 우리 시대 마지막 성자로 기렸다. 최근에는 「오방 최흥종」이라는 만화가 만들어지기도 했고, 2009년 광주광역시는 방림1동 주민센터에서 봉선2동 무등아파트 단지 입구의 도로를 오방로로 지정하여 그를 기리고 있다.

독립운동가 오방 최흥종

광주 최초의 교인, 장로, 목사 타이틀을 지닌 오방 최흥종의 무덤은 종교인들의 묘역이 아닌 대전 국립현충원 애국지사 묘역에 있다. 이는 그가 독립운동을 한 목사였다는 뜻이다.

1919년 최흥종은 광주 3·1운동의 총책임자였다. 광주 3·1운동을 논의하기 위해 서울로 올라간 그는 김범수 등을 만나 광주의 3·1운동을 어떻게 성사시킬 것인가를 협의한 후, 광주 거사일을 큰 장날인 3월 8일 오후 2시로 잡는다. 그러나 서울에 올라갔던 최흥종은 3·1운동이 일어나자 감격을 이기지 못하고 인력거 안에서 만세를 부르다 종로경찰서에 연행되고, 1년 4개월의 옥살이를 했다. 감옥에서 나오자마자, 1920년에는 광주청년회와 광주기독교청년회(YMCA) 창설을 주도했다. 그리고 해방 직후에는 재건된 광주 YMCA의 회장을 맡기도 했다. 1923년에는 광주노동공제회 회장에, 1927년에는 신간회 전남지회장에 선출되었다.

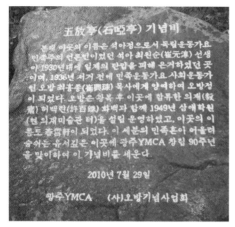

五放亭(石啞亭) 기념비

본래 이곳의 이름은 석아정으로서 독립운동가요
민족주의 언론인이었던 석아 최원순(崔元淳) 선생
아 1930년대에 일제의 탄압을 피해 은거하였던 곳
이며, 1936년 서거 전에 민족운동가요 사회운동가
인 오방 최흥종(崔興琮) 목사에게 양여하여 오방정
이 되었다. 오방은 광복 후 이곳에 합류한 의재(毅
齋) 허백련(許百鍊) 화백과 함께 1949년 삼애학원
(현 의재미술관 터)을 설립 운영하였고, 이곳의 이
른토 증류하였다. 이 세분의 민족혼이 어울려
숨쉬는 유서깊은 이곳에 광주YMCA 창립 90주년
을 맞이하여 이 기념비를 세운다.

2010년 7월 29일

광주YMCA   (사)오방기념사업회

무등산 춘설헌에 세워진 오방정 기념비

1935년, 일제에 의해 경양방죽이 매립될 운명에 처하자 경양방죽 매립 반대투쟁위원회를 구성하고 그 회장을 맡는다.

해방 직후 "혼란스러운 광주를 조용하게 만들 인물은 최흥종밖에 없다."는 광주 사람들에게 불려 내려가 전남 건국준비위원회 위원장, 미군정 도정 고문직을 잠시 맡기도 한다. 이는 그가 당시 지역의 가장 신망받는 인사였음을 말해준다.

그는 오늘 한·중 사이에 소통의 아이콘으로 부상하고 있는 중국 인민군 군가 「팔로군행진곡」과 「연안송」을 작곡한 신중국 100대 영웅 중 한 사람으로 선정된 정율성의 외삼촌이기도 하다. 그의 민족운동, 독립운동이 노블레스 오블리주를 실천한 이회영 6형제에 버금가는 활동을 펼친 정율성 5형제의 항일운동에도 큰 영향을 미쳤음은 물론이다.

6

도로명이 되어 만난 의병장,
양진여와 양상기

광주의 도로명 가운데 서암로와 설죽로가 있다. 서암로는 서방 사거리에서 동운고가까지를, 설죽로는 일곡 동아아파트에서 신안 제1교까지를 가리킨다. 서암 양진여(1860~1910)와 설죽 양상기(1883~1910) 의병장을 기리기 위해 붙여졌다. 서암로와 설죽로는 충장로나 금남로처럼 광주시민에게 낯익은 도로명은 아니다. 양진여와 양상기 의병장의 이름 또한 낯설다.

남도는 의로움의 고장, 의향이라 불린다. 이는 한말 최대 의병 항쟁지였음과 관련이 있다. 1909년 전라도 의병의 교전 횟수는 전국 총 1,738회 중 820회를 차지하고 있고, 교전 의병 수는 전국 총 3만 8,593명 중 2만 3,155명을 차지하고 있다. 즉 교전 횟수의 47.3%가, 그리고 교전 의병 수의 60.1%가 전라도 지역에서 일어나고 있다. 그러다 보니 광주를 비롯한 남도는 한말 의병의 격전지 아닌 곳이 없다. 광주향교는 1896년 기우만 의병부대의 집결지이며, 광주천 서천교 밑은 호남창의회맹소 대장 기삼연 의병장이 처형된 장소이다. 어등산은 나주 출신 김태원 의병장과 광주 출신 조경환 의병장의 순국지이고, 김원국 의병장이 체포된 곳이다. 31사단 뒷산인 삼각산은 양진여 의병부대의 거병지다.

남도는 한말 최대 의병 격전지였던 만큼 가슴 아픈 수많은 사연을 안고 있다. 특히 형을 따라 동생이, 아버지를 따라 아들이 의병으로 나서는 모습은 코끝을 시리게 만든다. 일제에 의해 수괴로 꼽힌 나주 출신의 김태원과 김율, 광주 출신인 김원국과 김원범, 화순 출신으로 쌍산의소를 주도한 양회일과 양회룡은 형제 의병장이었다. 호남창의회맹소의 후군장이었던 이남규와 이정섭, 안규홍 부대에서 활약한 임창모와 임학순, 독립의병부대를 이끌었던 양진여와 양상기는 아버지와 아들 사이였다. 특히 양진여와 양상기는 두 달 간격으로 교수형을 당한 전국 유일의 부자 의병장이다. 양진여는 1910년 5월 30일, 아들 양상기는 동년 8월 1일에 처형당했다.

양진여 집안의 의병 활동은 양진여와 양상기만이 아니었다. 양진여의 동생 양동골도 양진여 부대에서 활동하다 체포되어 3년의 유배형을 선고받았다. 양진여 부대의 군자금 확보를 위해 주막을 경영했던 양진여의 부인 박순덕도 일제의 고문에 의해 평생 두 눈이 새빨간 고막처럼 충혈된 채 고통을 겪다가 사망하였다. 서암 양진여 집안은 전국 최고의 의병 가문 중 하나다.

두 의병장은 광주군 서양면 니동(현 광주광역시 북구 중흥동 498-1)에서 태어났다. 그들이 순국한 지 100년이 지난 후 그들을 기리는 도로명인 서암로와 설죽로가 광주 북구에 있게 된 연유다. 이 두 도로는 신안교에서 만난다. 아버지와 아들이 교수형에 처해진 후 도로명이 되어 다시 만나는 모습이 어쩐지 찡하고 눈물겹다.

양진여는 융희 2년(1908년) 7월 16일경 의병을 모집하는 광고 5매를 작성해서 광주부 각처에 붙인다. 그리고 1908년 7월 20일, 삼각산 죽청

남한 폭도 대토벌작전 당시 체포된 남도 의병장들(뒷줄 왼쪽에서 세 번째가 양진여)

봉에서 30명으로 거병하고 대장으로 추대된다. 의병 규모가 100여 명으로 커지자, 양진여는 친일파와 일본인을 몰아내기 위해 광주를 비롯한 담양, 장성, 창평 등지에서 일군과 치열한 전투를 전개한다. 우편체송인이었던 일본인 에토오의 처단은 그 출발이었다.

양진여 부대는 1908년 10월 26일 광산군 신촌에서 일본의 정규군과 처음 맞섰다. 나카고지군조의 토벌대와 치열한 전투 결과 의병 5명이 전사하고, 화승총 4정을 빼앗겼다. 그러나 양진여 부대는 일본군에게는 커다란 위협이었다. 일본군은 양진여를 체포하기 위해 신촌 전투 이후 조(趙), 마(馬) 양 경시가 이끄는 제2특설순사대를 편성하여 광주, 장성, 영광, 나주 지역을 일주일간이나 추적할 정도였다. 양진여 부대만을 찾기 위해 제2특설순사대가 추적했다는 것은, 양진여 부대가 당시 일군에게 가장 큰 위협을 준 의병부대 중 하나였음을 보여준다.

양진여 부대는 일본군의 토벌대를 끝까지 피해 다닐 수만은 없었다.

양진여 묘소

일제의 추격이 심해지자, 전해산 부대와 연합 의병을 구성하여 일본군과 치열한 전투를 벌이게 된다. 1908년 11월 23일 오후 5시, 300여 연합 의병이 광주군 대치(현 담양군 대전면 속리)에 집합, 광주수비대 우다 특무조장이 이끌었던 수비대와 벌인 치열한 전투가 그것이다. 이 대치 추월산 전투는 하루를 넘긴 24일 오후 5시 무렵까지 쌍방이 일진일퇴를 거듭하다 연합 의병이 북쪽으로 퇴각하면서 일단락되었다.

대치 추월산 전투 이후 양진여 부대는 점차 쇠락하였다. 1909년 4월 이후 양진여와 양진여 부대는 사료에서 사라지고, 1909년 8월 26일 담양군 대전면 갑향리에 피신 중인 양진여 체포 기사가 나온다.

양진여는 체포되어 9월 1일 광주지방재판소로 송치된 후 12월 13일 광주지방재판소에서 교수형을 선고받았다. 대구공소원에 항소했지만, 1910년 3월 5일 대구공소원 형사부는 다시 양진여에게 내란죄를 적용하여 교수형을 판결하였다. 그리고 아들 양상기보다 두 달 앞선 1910년 5월 30일, 대구감옥에서 교수형이 집행되었다.

그의 시신은 대구까지 달려간 사위 정병모에 의해 대구에서 부산, 부산에서 목포로 옮겨진 후 광주로 이송된다. 광주 서구 매월동 백마산 기슭의 양진여 무덤 앞에는 "내 한 목숨은 아깝지 않으나 뜻을 이루지 못하고 치욕을 당해 형을 받고 죽음은 유감이다."라고 새겨진 비가 서 있다. 그 무덤 아래에 아들 양상기의 무덤도 함께 있다. 그러나 양상기의 무덤은 시신 없는 가묘다. 여름철이라 빨리 부패한 시신 대신 주변의 흙 한 줌만을 떠 와서 만들었기 때문이다.

뜻을 이루지 못하고 교수형으로 순절한 양진여에게 정부는 1977년 건국훈장 국민장을, 아들 양상기에게는 건국포장을 수여하였다.

설죽로의 주인공, 양상기

양상기는 1883년 광주군 서양면 니동에서 태어나 20대 초반 광주경찰서 순사가 되었다. 부친인 양진여가 거병을 준비 중인 시점에서 순사로의 취업은, 일제의 정보를 캐내기 위한 위장이었다. 따라서 그의 광주경찰서 순사직은 오래갈 수 없었다. 1908년 4월 23일 그는

양상기(가운데)와 부하들

순사직에서 면직되었다. 그리고 곧바로 1908년 5월, 40명으로 거병하여 의병장에 추대된 후 다음 해인 1909년 6월까지 일제와 치열한 전투를 전개하였다. 그중 1909년 4월의 동복 서촌 전투에서 10명이 전사하고, 1909년 5월의 담양 덕곡리 전투에서는 23명이 전사하는 큰 패배를 당했다. 양상기 부대가 대패한 것은 무기의 열세도 있었지만 친일파의 밀고로 인한 기습 때문이었다. 담양 덕곡리 전투 이후 양상기는 1909년 6

서암로와 설죽로가 만나는 지점, 신안교

월 부대를 해산하고 잠복 중 12월 20일 전북 남원에서 체포되었다.

양상기는 1910년 3월 29일 광주지방재판소에서 내란·강도·방화 및 살인 사건의 죄목으로 교수형을 선고받고 대구공소원에 항소했지만, 1910년 5월 17일 대구공소원은 다시 동일의 죄를 적용하여 교수형을 선고했다. 그리고 1910년 8월 1일 부친인 양진여보다 두 달 후 대구감옥에서 교수형이 집행되었다. 그의 나이 27세였다.

양상기는 남구 매월동 백마산 기슭에 부친 양진여와 함께 누워 있다. 앞서 말했듯이 그의 무덤은 시신 없는 가묘다. 대구형무소에서 교수형에 처해진 후 시신마저 수습하지 못했기 때문이다.

일경에게 체포된 후 양상기는 "벌써 운명이 여기에 이르렀으니 죽을 수밖에 없다. 만약 생명에 이상이 없다면 다시 무리를 모아 폭거에 나갈 결심이다."라는 말을 남긴다. 그는 목숨을 걸고 의병을 일으켰고, 목숨을 걸고 의병 활동을 전개했다. 그가 목표로 삼았던 한국의 독립은 이루어지지 않았지만 부친과 함께한 의병 활동은 서암로와 설죽로의 이름으로 광주 시민들에게 영원히 기억될 것이다.

7

안주성에서 후금과 맞선
어모장군 전상의

무등산 자락에는 충장사만큼 큰 규모의 사당인 충민사가 있다. 그리고 광주고등학교 앞에서 시작하여 광주대교를 경유, 월산동 로타리에 이르는 구성로라는 도로명도 있다. 충민사 앞을 지나는 사람들마다 누구의 사당인지를 몰라 고개를 갸우뚱거리는 것처럼, 구성로의 주인공이 누구인지를 아는 사람도 별로 없다. 정묘호란 당시 구성도호부사였던 전상의 장군을 아는 사람이 많지 않기 때문이다. 구성로는 인조 5년(1627), 후금의 3만 대군을 안주성에서 막다가 장렬히 순절한 광주 출신 전상의 장군의 충절을 기리기 위해 이름 붙여진 도로명이고, 충민사는 그를 기리는 사당이다.

『광주읍지』의 「충신전」에는 총 14분의 충절이 기록되어 있다. 그중 임진왜란 당시 의병을 일으켰던 고경명과 김덕령, 그리고 정묘호란 때 안주성에서 순절한 전상의 장군만이 나라로부터 충신의 정려를 받고 있다. 이 세 사람만이 충신의 정려를 받았기 때문에 광주의 3충신으로 불린다.

전상의(1575~1627)는 고경명, 김덕령에 비해 너무도 생소한 인물이다. 그는 선조 8년(1575), 광주군 도천면(현 광주광역시 구동)에서 태어났다. 한때 그의 집안은 명문이었다. 5대조인 구생은 광주목사를, 7대조인 영좌는 전라도관찰사를 그리고 8대조인 익은 홍문관 대제학을 역임한 인물이었다. 그러나 아버지와 증조할아버지는 관직에 나아가지 못했으며, 할아버지만이 기자전 참봉을 역임했다.

29세 되던 선조 36년(1603), 무과에 급제한 후 훈련원 주부를 거쳐 변방의 만호와 첨사 등 수군의 장수로 관직의 길을 걸었다. 그리고 광해군 10년(1618) 내금위 어모장군에 발탁되면서 광해군의 최측근이 되었다. 정3품의 무관직인 어모장군은 임금의 호위와 대궐의 경비를 맡아보는 내금위의 최고 책임자로 오늘날 청와대 경호실장에 해당하는 직책이다. 그러나 인조반정은 그의 운명을 송두리째 바꿔놓았다. 반정을 일으킨 서인 편에 서지 않았다는 이유로 평안도 개천군수(종4품)로 좌천되었기 때문이다. 정치 보복이었다.

1616년 만주에서 건국된 후금과 조선은 광해군의 중립 외교로 큰 마찰 없이 지냈다. 그러나 인조반정으로 서인이 집권하면서 친명배금 정책으로 바뀌고, 요동을 수복하려는 모문룡 휘하의 명나라 군대를 도왔다는 이유로 두 나라 사이가 갑자기 멀어졌다. 명나라를 치기 위해 기회를 엿보던 후금은 배후를 위협하는 조선을 정벌하여 후환을 없앨 필요가 있었다. 이에 반란을 일으켰다가 후금으로 달아난 이괄의 잔당이, 광해군은 부당하게 폐위되었음을 주장하면서 군세가 약한 조선을 침략할 것을 종용하였다.

드디어 인조 5년 1월 13일, 아민이 이끄는 후금의 군대 3만이 압록강을 건너 의주를 기습 공략한 후 곽산의 능한산성을 무너뜨리고 청천강을 넘어 안주성에 도착한 것은 20일이었다.

전상의의 순절지, 안주성 백상루(평안남도)

평안병사 남이홍과 안주목사 김준에게는 중영을, 구성도호부사 전상의에게는 남영을 수성하라는 임무가 내려졌다. 그는 남영인 백상루에 진을 치고 전투를 서둘렀지만, 당시 안주성은 고립무원이었다. 전상의 장군 실기는 "적 군대의 기세가 매우 드높지만 밖으로부터 개미 새끼 하나 구원해주는 자 없다."고 당시를 기록하고 있다. 어려운 상황이었지만 첫날의 1차전은 조선군의 승리였다. 그러나 승리는 이틀을 채 버티지 못했다.

이튿날(21일), 적들이 대오를 정비하여 안주성을 향해 진격해 오자 남이홍은 병졸을 시켜 화약고에 불을 질러 김준 부자와 함께 불속에 뛰어들었다. 전상의는 최후 명령을 내리고 홀로 백상루에 올라 적을 향해 활을 당겼다. 그러나 중과부적, 적의 화살이 날아와 그의 왼쪽 다리에

충민사 사당

꽂혔다.

전상의 장군 실기에 "장군은 세가 이미 기울어 어쩔 수 없음을 알고 임금이 계시는 한양을 향해 갑옷을 단정히 고쳐 입고 4배를 올린 후 드디어 칼을 뽑아 목을 찔러 백상루 아래로 떨어졌다. 오랑캐 사람들도 서로 쳐다보고 놀라 말하기를 충신 열사의 시체는 일반 병사와 함께 둘 수 없다 하고 이내 백상루 앞에 묻어두고 표를 해두었다."라고 기록되어 있다. 전상의 장군의 최후 모습은 우리를 숙연하게 만든다. 1627년 1월 21일, 그의 나이 52세였다.

그는 정치적 박해로 좌천되었지만 후금의 군대와 끝까지 맞서 싸웠다. 그가 순국하자 인조 5년(1627년) 2월 4일, 비변사는 증직 구휼하는 은전을 내려 격려 권장하라는 주청을 올렸다. 곧바로 2월 7일, 그에게 자헌대부 병조판서가 추증되었다. 그리고 그해 7월 26일, 그의 시신을 모셔다가 무등산 아래 평두산에 장지를 정했다. 국왕은 예조정랑 임

련을 파견하여 예장으로 장례 지낸 후 사
패지 30리를 하사하여 그 충절을 기렸
다. 그 후 숙종 8년(1682)에 안주 충민사
에 배향되고, 숙종 10년에 충신정려가 내
려졌다. 그러나 그에 대한 사후 추증 및
사당에 배향은 당시 안주성 전투에 참여
했던 남이흥과 김준 등과 비교해보면 확
연히 차이가 난다. 같은 서인인 남이흥과
김준은 곧바로 안주 충민사에 주벽으로
모셔졌지만, 인조반정의 반대편에 섰던
그는 주벽에서마저 밀려나고 있고, 시호

충민사 사당의 전상의 영정

조차 내려지지 않았다. 정충사와 포충사
에 합사하라는 명이 내렸지만, 주벽의 후손들이 거부해오다 헌종 15년
(1849)이 되어서야 광주 경렬사로 옮겨 배향되었다. 그리고 우여곡절 끝
에 1985년 광주 무등산 자락에 충민사가 준공되어 단독 배향되었다. 그
가 순절한 지 358년이 지난 후였다.

충민사는 준공 이후에도 전두환과 관련된 오해에 시달렸다. 전상의
장군과 광주 5·18 학살의 주범 전두환과는 전씨라는 성만 같을 뿐 본
관이 달랐고, 아무 관련이 없었지만 건립 시점이 문제였다.

지금 충민사에는 앞면 4칸 옆면 2칸의 영정과 위패를 모신 사당, 활
과 칼 등 장군의 유물을 전시하고 있는 유물관 그리고 충신정려를 명한
현판을 보관하고 있는 정려각 등이 있다.

전경환의 이름이 들어간 공적비가 세워졌던 자리(왼쪽)

충민사에 얽힌 오해

1985년 무등산 자락에 전상의 장군을 기리는 충민사가 건립되었다. 당시 5·18 민주화운동이 전두환 정권의 무자비한 탄압으로 진압당한 뒤 전두환과 같은 성씨인 전상의를 기리는 사당 건립은 광주 시민들의 미움을 받았다. 특히 전두환의 동생 전경환의 이름이 들어간 공적비 건립은 광주 시민들의 분노를 사 공적비가 박살 나는 상황에 이르렀다.

전경환의 이름이 들어간 공적비가 박살이 난 사연은 이랬다. 전두환 정권 시절 서울 인사동에 전상의 장군의 유품이 나오자, 담당자는 그 유품을 당시 실세 행세를 하던 전경환에게 보낸다. 유품을 확인해본 결과 완산 전씨였던 전경환은 천안 전씨인 전상의의 유품을 국립민속박물관에 기증하게 된다. 그리고 전상의를 기리는 충민사 안에 유물관이 만들어지자 기증자 전경환의 이름으로 유품의 일부가 충민사에 보내진다. 그래서 수많은 사람 명단 가운데 유품을 기증한 전경환의 이름이

들어간 공적비가 충민사에 세워지고, 파괴되는 해프닝이 일어난 것이다.

전상의 장군을 기리는 충민사는 전두환과는 관계없이 사당 건립이 계획되었지만, 민심을 읽지 못했던 결과 건립 시점과 공적비 등이 문제가 되어 오해를 받았던 것이다.

전상의 장군, 인조반정으로 고난의 길을 걸었지만 조국을 위해 목숨을 바친 그는 이젠 광주의 자랑이어야 한다. 사당의 주벽으로 모셔지고 후인들에게 배향받을 충분한 자격도 있다. 정치적 입장 차이로 핍박받고 전두환과 성이 같다는 이유만으로 오해받아서는 안 된다.

8

노비에서 부원수에 오른
금남군 정충신

광주를 대표하는 두 도로는 충장로와 금남로다. 남도인 대부분은 충장
로가 임진왜란 의병장인 충효동 출신의 충장공 김덕령을 기리는 도로
이름임을 안다. 그런데 금남로의 주인공이 누구인지는 고개를 갸우뚱거
린다. 금남군 정충신(1576~1636)이 우리에게 낯선 인물이기 때문이다. 한
국 민주화의 성지로 우뚝 선 금남로, 그 금남로의 주인공 정충신이 우리
에게 낯선 이유는 무엇일까?

　그 단서의 하나가 『조선왕조실록』의 「졸기」에 보이는 그의 신분이다.

　"충신은 광주의 아전이었다. 젊어서부터 민첩하고 총기가 있었다.
임진왜란으로 선조가 용만(의주)으로 피난하였을 적에 본도 병사가 사람
을 뽑아 행재소에 일을 아뢰고자 했으나 응모하는 사람이 없었는데, 충
신이 솔선하여 용만으로 달려가자 선조께서 불러보았다. 백사 이항복이
이끌어 휘하에 두었는데 매우 친애를 받았다. 갑자년에 별장으로 원수
장만을 따라 남이흥과 더불어 역적 이괄을 토벌하여 죽임으로 해서 일
등 공신에 책훈되었다."

　「졸기」에 정충신의 신분은 광주의 아전으로 나온다. 그런데 광해

군 원년(1609)의 실록에는 천출로, 인조 2년 (1624)의 실록에는 공생으로 나온다. 공생이란 관아 등에서 심부름을 하는 사람을 가리킨다. 아전, 천출, 공생 등 실록의 기록은 그가 양반이 아닌 낮은 신분이었음을 보여준다.

『계서야담』에는 정충신의 출생과 관련된 다음의 설화가 나온다.

"정충신의 아버지는 광주 향청의 좌수였는데, 어느 날 밤 무등산이 갈라지며 청룡이 뛰어나와 자기에게 달려드는 꿈을 꾼다. 괴이하게 여기고 다시 잠이 들자, 또 백호가 달려 나와 품에 안긴다. 깜짝 놀란 그가 일어나 뜰을 배회하다가 부엌에서 잠든 노비를 보고 마음이 동하여 합환한다. 노비가 잉태하여 아들을 낳았는데, 이 아이가 바로 정충신이다."

금남로의 주인공 금남군 정충신 영정

야담에는 아버지가 양반인 향청의 좌수로 나오지만 다른 사서에는 관아의 하급관리인 아전으로 나온다. 아버지가 좌수이든 아전이든 간에 그의 어머니는 밥 짓는 노비였다. 조선 전기의 신분을 규정하는 일천즉천에 의하면, 정충신의 신분은 용이나 호랑이 태몽을 꾸고 태어났다 할지라도 노비일 수밖에 없다.

노비 신분인 그가 사후 300년이 훨씬 지나 광주의 중심 도로명의 주인공이 된 것은 부원수로의 벼락출세 때문이었다. 그의 벼락출세는 임

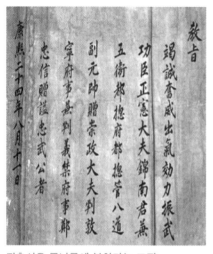
정충신을 금남군에 봉한다는 교지

진왜란과 인조반정 직후에 일어난 이괄의 난 등 전시 상황의 결과물이었지만, 신분을 뛰어넘을 수 있었던 그만의 매력 때문에 가능했다. 그만이 지닌 매력은 그의 「졸기」에서 볼 수 있었던 것처럼 민첩함과 총명함이었다. 만포첨사 시절인 광해 13년(1621), 그가 후금의 내부 사정을 정탐하기 위한 파견관으로 선발될 수 있었던 것도 같은 이유였다. 압록강을 건넌 후 후금의 건주위 추장 등을 만나 담판을 벌인 모습은 지략과 당당함이었다. 그의 지략과 당당함은 후금을 세운 누르하치와 만나 나눈 다음의 설화로 발전한다.

"누르하치는 충신의 명성을 일찍이 듣고 회담 장소에 충신의 기세를 꺾기 위해 좌우에 창검을 든 군사를 배치하고 장소를 호화롭게 꾸민다. 그리고 충신에게 '조선에는 어찌 인물이 없어 너 같은 소소인(小小人)을 보내서 국사를 논하게 하느냐.'며 버럭 소리를 지른다. 그러자 충신은 껄껄 웃으며 '우리나라는 예의 도덕을 잘 지키는 나라에는 대대인(大大人)을 보내지만 포악하고 힘만 주장하는 나라에는 소소인을 보낸다.'라고 맞장구를 친다. 후금 태조 누르하치가 그제야 충신이 범상치 않은 인물임을 알고 환대했다."

물론 이 설화는 사실이 아니다. 그러나 이 설화 또한 충신이 몸집은 왜소했지만, 기상이 늠름하고 총명한 인물이었음을 알게 해준다.

다산 정약용도 1779년 무렵 화순현감이던 부친을 만나기 위해 광주를 지나다 정충신을 떠올리며 다음의 시를 남긴다.

"언제나 광산부를 지나갈 적에는/ 가슴속에 정금남이 생각난다네/ 신분은 종직처럼 미천했으나/ 재주는 이순신과 견줄 만했었지/ 옛 사당에는 풍운의 기운 서렸고/ 남은 터에는 부로들의 전설이 전하네/ 웅장하여라, 서석의 드높은 진산/ 그 정기 모아 기남자를 배출했구나."

젊은 정약용이 정충신을 떠올릴 수 있었던 것은 시에 등장하는 옛 사당, 즉 정지와 정충신을 모신 사당인 편방사(지금의 경렬사로 당시는 동명동에 있었다)가 길가에 있었기 때문이다. 그리고 정충신의 재능을 이순신과 연결 지은 것은 두 사람 모두 충무라는 시호를 받은 것에 착안했을 것이다. 그러나 정약용에게도, 정충신 하면 가장 먼저 떠오르는 것은 신분을 극복하고 성공한 입지전적인 인물이라는 점이었다.

정충신이 지은 책 중에 당시 인기리에 읽힌 『백사북천일록』이 있다. 백사 이항복이 광해군의 인목대비 폐모 사건을 반대하다 함경도 북천으로 귀양 가는 과정을 기록한 일기다. 이후 유배지에서 유명을 달리한 이항복의 유해를 수습해 경기도 포천에 안장하는 과정도 상세히 서술하고 있다. 정충신은 백사 이항복의 유배에 동행했고, 그의 시신을 거둘 정도로 특별한 관계였다. 이항복이 정충신을 얼마나 아꼈는지는 「졸기」의 "이항복이 이끌어 휘하에 두었는데 매우 친애했다."는 표현을 통해서도 확인된다.

이항복에게 글과 무술을 배운 정충신은 이듬해 무과에 합격했다. 그리고 무장이 되어 명이 쇠퇴하고 후금이 흥기하던 17세기 초반, 국경을 지키는 장수가 된다. 그런 그에게 인생 역전의 기회는 이괄의 난이었다. 이괄의 난(1624)은, 인조반정 때 2등 공신에 책봉된 이괄이 불만을 품고 일으킨 난이었다. 이괄이 한양을 점령하자 인조는 공주로 피난을 간다. 이때 정충신은 도원수 장만의 전부대장이 되어 반란군을 진압한다. 그 공으로 그는 도원수 장만과 함께 진무공신 1등에 책정되고 금남군에 봉해진다. 그리고 충남 서산군 지곡면 대요리 일대 이괄 소유의 땅 45만여 평을 사패지로 받는다.

지금 충남 서산군 지곡면에는 그를 기리는 사당인 진충사가 있고, 국사봉 아래에는 그의 묘가 있다. 광주에서 태어났음에도 사당과 무덤이 광주와 멀리 떨어져 있음은 진무공신 1등인 정충신을 충장로의 주인공인 김덕령보다 더 생소한 인물로 만든 또 다른 이유다.

한국 민주주의의 성지, 금남로

인조 2년(1624), 광주 출신 정충신이 이괄의 난을 진압한 공으로 진무공신 1등에 책록되고 금남군에 봉해졌다. 금남군, 이는 인조가 정충신에게 내린 군호(적출이 아닌 왕자나 종친, 훈신에게 임금이 군을 봉할 때 주는 이름)다. 그 금남군의 금남이 오늘 광주의 중심 도로인 금남로의 이름이 된다. 그런데 정충신을 기리는 그 금남로는 지금 한국 민주주의의 성지로 불린다.

1960년, 3·15 정·부통령 선거가 부정으로 얼룩지자 '곡(哭) 민주주의'라는 현수막을 들고 장송 시위(데모)를 벌인다. 금남로 카톨릭센터 앞에서 일어난 민주주의 장송 시위는 전국 최초의 3·15 부정 선거 규탄 대회였고, 4·19혁명의 출발이 된다. 고등학생이 중심이 된 광주 4·19는 경찰의 무차별 총격으로 7명이 사망한다. 그 사망지의 중심 장소 또한 금남로다.

한국 민주주의 초석이 된 5·18 민주화운동의 중심지가 금남로임은 누구나 다 안다. 5·18 당시 금남로의 상징이 된 전남도청 앞 광장은 민

한국 민주주의의 성지가 된 금남로

주주의를 쟁취하기 위한 수십만의 함성으로 가득 찬 집회 장소였고, 5월 21일 계엄군의 집단 발포로 50명 이상이 사망하고 500명 이상이 총상을 입었던 피의 현장이기도 했다. 이후 도청 앞 광장은 5·18 민주광장으로 불린다.

5·18 민주화운동 이후 민주주의를 시민의 손으로 직접 쟁취한 1987년 6월 민주항쟁 당시 시민들의 최종 집결 장소도 금남로 옛 도청 앞 광장이었고, 전두환 등 신군부의 군부독재 체제에 반대하다 희생당한 연세대생 이한열, 명지대생 강경대, 전남대생 박승희 등 수많은 민주 열사들의 노제가 열렸던 곳도 금남로 옛 도청 앞 광장이었다.

민주주의의 역사 속에서 금남로는 4·19혁명에서 그 중요성이 자리매김된 후, 1980년 5·18 민주화운동과 1987년 6월 민주항쟁으로 그 정신이 계승된 대한민국 민주주의의 성지가 된다.

9

퇴계 이황과 맞선 고봉 기대승

과거에 갓 합격한 고봉 기대승은 명종 13년(1558), 조선 성리학의 대가인 퇴계 이황을 만나 이황의 사단칠정론에 의문을 제기한다. 당시 이황은 기대승보다 26세 많은 58세였고, 지금의 국립대학 총장에 해당하는 성균관 대사성이었다. 몇 달을 고민하던 퇴계는 고봉의 의문 제기에 자신의 학설을 수정하는 편지를 보냈다.

"선비들 사이에서 그대가 논한 사단칠정설을 전해 들었습니다. 나의 생각에도 스스로 전에 한 말이 온당하지 못함을 병통으로 여겼습니다만, 그대의 논박을 듣고 더욱 잘못되었음을 알았습니다. 그래서 이것을 사단이 발하는 것은 순리이기 때문에 언제나 선하고 칠정이 발하는 것은 겸기이기 때문에 선악이 있다고 고쳤는데, 이렇게 하면 괜찮을지 모르겠습니다."

사단과 칠정의 관계 설정은 당시 성리학자들의 주된 관심사였다. 퇴계의 편지를 받은 고봉은 "사단과 칠정은 모두 정인데 사단은 이로, 칠정은 기로 분리한다는 것은 맞지 않다."는 편지를 퇴계에게 보냈다. 그는 이와 기는 분리할 수 없으며 사단과 칠정은 섞여 있다는 것이다. 그의 이론은 가치 지향적이며 이기이원론적인 입장의 이황과는 달리, 논리 지향적이며 이기일원론적인 입장이다. 이후 퇴계와 고봉은 120여 통의 편지를 주고받으며 8년에 걸쳐 사단칠정 논쟁을 치열하게 전개한

빙월당 현판

다. 당시 고봉과 퇴계의 논쟁은 선비들의 지대한 관심사였다. 두 사람 사이에 주고받았던 편지는 더 이상 둘만의 것은 아니었다. 많은 사람들이 오고 가는 편지를 전달하며 베끼고 돌려 본다. 그리고 "두 사람의 견해는 무엇이 같고 무엇이 다른지, 그리고 왜 다른지"를 두고 토론한다. 이러한 과정에서 우주와 자연, 인간을 바라보는 인식의 틀이 확장된다. 그리고 윤원형, 이량 등 외척의 전횡에 새로운 출구를 찾고 있던 사림에게 학술과 공론의 장을 제공하는 청량제가 된다. 아홉 번이나 장원 급제한 당대의 천재 이이도 명종 19년(1564), 『논심성정』을 짓는데, 그 동기가 왕복 서간에 있었다고 고백할 정도였다. 8년간의 논쟁은 30대의 기대승을 일약 성리학의 스타로 만들었다. 당시 권력을 장악하고 있던 외척 이량은 품계도 높지 않고 세력도 없는 기대승을 신진의 영수로 지목하고 견제할 정도였다.

고봉 기대승(1527~1572), 그는 이황, 이이 등과 어깨를 나란히 한 광주가 낳은 세계적인 성리학자다. 21세기 기철학자인 도올 김용옥은 퇴계와 고봉의 사단칠정 논쟁의 승자는 단연 고봉이라고 말한다. 그럼에도 오늘 한국사 교과서에 고봉은 없다. 이황을 모시는 안동의 도산서원은

월봉서원의 중심 건물인 빙월당

알지만 고봉을 모시는 광주 광산동의 월봉서원은 알지 못한다. 왜 퇴계
는 있고 고봉은 잊힌 존재가 되었을까? 이는 너무 빠른 고봉의 죽음 때
문은 아닐까 싶다. 퇴계 이황(1501~1570)은 70세까지 살면서 유성룡·김
성일 등 기라성 같은 제자를 길러내지만, 46세에 요절한 고봉은 제자들
을 길러낼 여유가 없었다. 고봉의 꿈도 제자를 기르는 것이었다. 그도 선
조 3년(1570), 잠시 고향에 내려와 고마산 남쪽에 낙암이라는 정자를 짓
고 후학을 양성할 꿈을 꾸지만 곧바로 선조의 부름을 받아 다시 한양
길에 오른다. 그러나 병을 얻어 낙향 도중 고부의 사돈집에서 숨을 거두
고 만다. 그는 명나라 사서에 잘못 기재된 이성계의 세계를 시정해달라
는 종계변무의 주문을 쓴 공으로 광국공신 3등에 오르고 덕원군·이조
판서에 추증된다. 인조 24년(1646)에 문헌이라는 시호가 내려지고, 효종
5년(1654)에는 그를 배향한 월봉서원이 사액을 받는다. 그럼에도 그는 역
사에서 잊힌다.

고봉 기대승은 중종 22년(1527) 광주 신룡동에서 태어났다. 원래 고

봉 집안은 대대로 경기도 고양시에 살았다. 그의 호 고봉은 고양시의 주산인 고봉산에서 따온 것이다. 고봉의 작은 아버지 기준이 기묘사화로 죽임을 당하자, 그의 부친인 기진이 가문을 보존하기 위해 처가의 별업(휴양을 위해 마련한 집)이 있는 광주로 이사를 온다. 그리고 5년 후에 기대승이 태어났다.

기대승은 명종 13년(1558) 식년 문과에 급제한 후 승문원 정자를 시작으로 사헌부 지평, 홍문관 응교를 거쳐 사헌부 대사헌, 이조참의, 성균관 대사성, 사간원 대사간 등을 지냈다. 관직에 나아간 14년 동안 그는 늘 대신과 외척의 경계와 주목의 대상이었다.

그의 주요 저서로는 『고봉집』과 간추린 주자대전이라 불린 『주자문록』, 경연에서 그가 말한 것만 뽑은 조선 임금들의 제왕학 교과서인 『논사록』 등이 있다. 그 책들은 당대 큰 사랑을 받았다. 그러나 그는 오늘도 여전히 뭇 독자들의 큰 사랑을 받고 있다. 『성리학의 이론가 기대승』, 『성리학자 기대승 프로이트를 만나다』, 『기대승이 들려주는 사단칠정 이야기』 등이 책으로 나와 읽히고 있기 때문이다. 2010년에는 「고봉과 퇴계의 아름다운 만남」이 창작극 무대에 오르기도 했다.

그를 배향한 월봉서원은 선조 11년(1578) 신룡동 고마산 남쪽의 낙암터에 망천사라는 이름으로 처음 세워졌다. 임진왜란 후 동천(산월동)으로 옮긴 뒤인 효종 5년(1654) 사액을 받지만 흥선대원군 때 훼철되고 만다. 1941년 복원이 추진되면서 그의 무덤이 있는 광산동 너브실(광곡 마을)에 빙월당을 비롯하여 사당과 장판각, 내·외삼문 등이 차례로 완성되어 오늘의 모습을 갖추었다. 고봉의 인품이 묻어 있는 빙월당 현판만은 동천에서 가져온다. 월봉서원의 중심 건물인 빙월당, 그 빙월당이라는 이름은 효종이 내린 제문 '정금윤옥 수월빙호(精金潤玉 水月氷壺)'의 구절

고봉 기대승과 부인의 묘소

에서 따온다. 이는 "잘 단련된 금과 윤택한 옥과 같으며, 물속의 달처럼 투명한 얼음병과 같다."로 해석된다. 즉 정금윤옥에는 고봉의 높은 정신 세계가, 수월빙호에는 고봉의 고결한 인품이 잘 묻어 있다.

월봉서원에서 그의 무덤을 지나 백우산 정상으로 오르면 그가 공부했던 귀전암이 있다. 최근 만들어놓은 철학의 길, 사색의 길을 따라가면 된다. 사색의 길을 걸으며 고봉의 치열한 시대정신을 오늘 다시 되씹어보는 것도 의미 있어 보인다. 그는 여전히 새로운 시대정신을 꿈꾸는 21세기인들의 멘토다.

이이와 이황의 고봉 평가

당시 고봉이 어느 정도의 인물인지는 이이와 이황의 다음 평가만으로도 충분하다.

"기대승은 젊어서부터 문학으로 세상에 이름이 났다. 넓게 보고 강하게 기억했으며, 기품이 호걸스러워 담론하는 데 있어 좌중 사람들을 능히 복종하게 하였다. 이미 과거에 합격한 뒤로는 청렴한 이름이 났으므로 선비들이 추대하여 영수로 삼았고, 대승도 또한 한 시대를 경륜하는 것으로 자임하였다."

율곡 이이가 쓴 『석담일기』의 내용이다.

선조 3년(1569), 낙향하는 이황에게 선조가 학문에 조예 깊은 선비를 추천해달라고 조른다. 그러자 이황은 "학문에 뜻을 둔 선비는 지금도 없지는 않습니다. 그중에도 기대승은 학문을 널리 알고 성리학에 조예가 깊어 그와 같은

2010년 공연된 「고봉과 퇴계의 아름다운 만남」 창작극 포스터

사람을 보기가 드무니 가히 세상사에 통달하고 실행력이 있는 유학자라 할 수 있을 것입니다."라며 주저 없이 김성일·유성룡 등 널리 알려진 영남의 수제자들을 제쳐두고 기대승을 추천한다.

그에 대한 또 다른 평가는 당시를 살았던 사관의 몫이다. 사관은 『선조실록』에 그의 「졸기」를 쓴다.

"이 사람은 뜻이 높고 일에 과감하였으며 선악의 호오를 분명히 하였고 널리 배우되 옛것을 좋아했으며, 문장도 뛰어나서 가히 보배로운 그릇이요 세상에 드문 인재라 할 만하였다. 그러나 너무 강직하고 과대하여 말을 쉽게 해서 기로들을 악평하여 구신과 대신들에게 큰 미움을 사서 훌륭한 기개를 펴지도 못하였다."

학문이 뛰어난 세상에 드문 인재 고봉 기대승, 그는 당대의 시대정신인 도학의 구현을 위해 싸우다 구신과 대신들에게 큰 미움을 받고 있음을 알 수 있다. 그의 삶이 얼마나 치열하고 고단했는지가 행간에서 읽힌다.

10

서창 나루 마지막 뱃사공,
박호련

1879년 간행된 『광주읍지』를 보면 세곡을 보관하던 창고가 있던 서구 서창동의 서창은 원래 극락원 자리였다. 고려시대부터 등장한 원은 하급관리나 여행자를 위한 여관으로, 초기에는 절에서 사회사업의 일환으로 운영하기도 했다. 조선시대 역원의 운영이 활발하던 시절, 광주에는 2개의 역(경양역, 선암역)과 함께 10여 개의 원이 있었다. 극락원도 그 중 하나였다. 함평의 고막원처럼 큰 강을 마주한 나루터에 숙박업소인 여관이 있는 건 자연스러운 일이었다. 그런데 극락원이라는 불교식 이름이 재미있다. 이는 장성 진원면의 선원, 석불로 유명한 장성 북이면 원덕리의 미륵원, 다산 정약용과 둘째 형 정약전이 함께 유배를 떠나다가 헤어졌다는 나주 대호동 율정 마을의 연화원의 예에서도 확인된다. 이처럼 당시 고려시대 여관들이 불교식 이름을 갖게 된 것은 본디 불교 순례자들에게 숙식을 제공하기 위해 세워진 것과 관련이 있다. 조선시대 모든 것이 유교적인 것으로 바뀌지만 한번 붙어버린 이름은 종교적 의미를 넘어 일상적인 지명이 된다.

서창도 한때는 극락창으로 불렸다. 아무튼 서창 창고자리에 위치했

신서창교 너머에서 본 서창과 서창 나루터

던 여관 극락원은 그 앞을 흐르는 강 이름마저 극락강으로 바꾸어버린
다. 그리고 그 강을 건너는 나루는 극락진(서창 나루)이 된다.

　　지금 극락원과 극락진은 어디일까? 광·송 간 도로가 지나는 곳에
놓인 다리가 극락교다. 그러나 극락진이 있었던 곳은 그 한참 아래쪽, 지
금의 신서창교 일대다. 신서창교 입구 부분(서창동 594번지)이 서창 나루
터 자리로 극락진이 있었던 곳이고, 그 뒤 야트막한 언덕자리(서창동 산4
번지)에 극락원이 있었다.

　　극락원은 어느 시점엔가 세곡을 보관했던 극락창(후에 서창으로 바뀜)
으로 바뀐다. 극락창에 보관된 세곡은 첨단지구 무양공원 근처의 동창
의 세곡과 함께 영산강을 이용하여 영산포의 영산창으로 옮겨지고, 서
울서 내려온 대형 세곡선에 의해 서울 경창으로 올라간다.

서창 나루를 드나들었던 거룻배

　세곡 창고가 극락원 자리를 대신할 수 있었던 것은 나루터도 한몫을 했다. 조선 초기부터 극락진 일대는 광주읍내와 송정리를 잇는 길목으로 각광을 받았다. 실제로 극락진은 남쪽이나 서쪽 지역에서 광주에 들어오려면 반드시 거쳐야 하는 길목이었다.

　16세기까지는 극락진 일대의 영산강 수심이 제법 깊었다. 1555년 왜가 해남에 상륙하여 영암, 강진, 진도 일대를 약탈하자(을묘왜변) 당시 진도에 유배 중이던 당대의 학자 노수신이 나주로 피신한 후 영산포에서 배를 타고 극락진까지 올라왔다는 기록도 보인다. 16세기의 기록을 보면, 소금 실은 배가 풍영정까지 다다르고 있음도 확인할 수 있다. 그러나 멀리서 배를 타고 극락진까지 올라왔다는 조선 후기의 기록은 없다. 영산강의 수심이 얕아진 결과로 보인다. 그래서 극락진을 오가는 배는 대개 근해에서 배에 물건을 싣거나 내리는 데 사용되는, 보통 바닥이 평평하고 흘수가 얕은 보트나 바지선 수준의 거룻배였다. 그러나 시간이 흐를수록 거룻배는 연중 운행되지 못했다. 수심이 더욱 얕아지는 겨울철에는 거룻배 대신 다리를 놓았고, 다시 강물이 불었던 여름철에는 다

박호련 시혜불망비(서창치안센터 앞)

리를 걷어내고 거룻배를 띄웠다. 이런 극락진의 모습은 신작로가 뚫리고 철도가 놓이던 20세기 초까지 지속되었다.

세곡을 모은 창고가 있었던 서창에서 덕을 본 사람은 창고지기인 서창색이었다. 주변의 주민들은 가뭄과 홍수, 고리대로 늘 배를 주렸다. 그중 한 사람이 서창 나루터의 마지막 뱃사공 박호련이었다.

박호련, 그는 일찍이 부모를 여의고 악착같이 조르는 빚쟁이에게 시달리다 못해 야반도주했다. 그리고 몇 해 동안 타향을 전전하다 다시 고향으로 되돌아왔다. 논 한 뙈기 없는 그가 할 수 있는 일은 많지 않다. 당시 천한 일이었던 나루터 뱃사공이 그의 몫이 된다. 1920년대 중반, 그는 제법 큰 재산을 모은다. 뱃삯으로 받은 돈을 반은 농사로, 반은 상업으로 불린다. 흔히 젊어 고생하면 나이 들어 인색해진다고 하지만, 그는 그렇지 않았다. 뱃사공 박호련은 보릿고개 때마다 곡식을 풀어 배를 곯는 이웃을 구제한다. 그의 대가 없는 선행은 『중외일보』 1930

신서창교 앞에 세워진 서창 포구 안내 표지판

년 1월 22일자에 실린다. 서창면 민들도 그의 고마움을 잊지 않았다. 1925년에 이어 1929년, 서창면 주민들은 그의 두 번째 불망비를 세운다. 서창파출소 건너편에 박호련 시혜불망비 두 개가 서 있게 된 이유다. 처음 불망비는 그가 나룻배를 운영하던 나루터 근처에 있었다.

박호련의 시혜불망비는 감동이다. 세상에는 수많은 시혜불망비가 있다. 광주향교 뒤편에 모아둔 관찰사, 목사, 군수, 찰방 등을 기리는 시혜불망비들, 아마 다수는 억지 춘향 격으로 세워졌을 것이다. 그러나 박호련을 기리는 시혜불망비에는 고마움을 전하는 이웃사촌의 따뜻함이 진하게 묻어 있다. 관찰사, 목사의 업적을 기린 비보다 작고 볼품없었지만, 필자가 만난 가장 아름다운 비였다.

이제 서창 나루터는 우리에게 잊힌 이름이다. 박호련의 시혜불망비나 지명으로 남은 서창만이 남아 옛 서창 나루터의 모습을 떠올리게 할 뿐이다. 그러나 세곡을 보관하던 창고가 있었고, 5일장이 섰으며, 나루터가 있어 북적대던 수백 년의 역사를 품은 서창의 모든 기억마저 사라질 수는 없다.

수많은 시인 묵객이 이곳 나루터를 이용했고, 더러는 기록을 남기기도 했다. 1629년 나주목사로 좌천되어 내려가던 조선 인조 대의 문장

가인 장유도 그중 한 사람이었다. 그는 해당화 향기가 진동하던 초여름, 이곳을 지나면서 시를 쓴다. 그의 문집『계곡집』에 남겨진「극락원」이라는 시를 통해 500여 년 전, 옛 나루터의 풍경을 그려본다.

"드넓은 들녘이 한눈에 들어오고/ 가로질러 흐르는 두 물줄기는 유장하기만 하여라/ 금방이라도 눈앞으로 달려들 것 같은 구름 덮인 산/ 짙푸른 안개에 휘감긴 나무들/ 경치는 마냥 좋고 바다같이 너른 강이 넉넉하기만 하네/ 이곳이 바로 광주와 나주의 접경/ 가던 가마 잠시 역참에 멈춰 서니/ 길가엔 찔레꽃 향기가 만발하여라."

광주 세곡의 출발지, 서창

어물과 소금은 물론 세곡을 실어 날랐던 강과 바다는 육로 교통이 불편하던 시절 물류의 대동맥이었다.

조선 초 광주는 세곡의 중간 집하장인 나주 영산포의 영산창까지 세곡을 운송했는데, 그 출항지가 된 광주 관아의 세곡 창고가 둘 있었다. 하나는 북구 일원의 세곡을 모아두었던 지금의 첨단지구 산월초등학교 옆 무양공원 근처의 동창이고, 또 하나는 동구·서구·남구 및 광산구에서 거둔 세곡을 보관하던 서창이었다. 16세기에 중간 집하장이 영산창에서 영광의 법성창으로 바뀌지만, 서창은 세곡을 갈무리하는 포구로서 여전히 중요했다. 서창의 본디 이름이 창촌인 것도 이 때문이다. 지금도 마을 뒤편의 언덕, 이곳 사람들이 창고등이라 부르는 옛 터에는 과거 세곡 창고의 주춧돌로 썼음직한 호박돌들이 여기저기 흩어져 있다.

서창에 모인 곡식들은 대부분 서울로 운송되었지만, 일부는 춘궁기를 대비해 비축해두었다. 이렇게 비축된 세곡미를 처음에는 낮은 이자로 서민들을 구휼하는 데 사용했지만, 시간이 흐르면서 본래의 취지와는 달리 무지무지한 고리대로 변질되었다. 세곡미가 고리대로 변질되면서 배를 불린 건 창고지기였던 서창색뿐이었다. 당시 가욋돈을 벌 수 있는 서창색은 목 좋은 자리로 통했다. 고종 11년(1874) 광주를 다녀간 암행어사 여규익이 올린 서계(조선시대 임금의 명을 받아 일을 처리한 신하가 결과를 보고하여 올리던 문서)를 보면 서창색의 자릿값이 200냥이었다. 서창의 창고지기는 200냥의 거금을 내고서라도 욕심을 냈던 꽤 쏠쏠한 자리였던 셈인데, 그만큼 서창이 번창했음을 알 수 있다.

필자가 현장을 답사하던 중 50년 넘게 서창 나루터 자리에 살고 있는 유길남(74세) 씨를 만났다. 신서창교 입구에서 50여 미터 아래쪽이 서창 나루터였으며, 그 뒤로 보이는 조그마한 언덕에 창고가 있었다고 했다. 나루터 자리는 극락강이 곡선을 그리면서 흐를 때 소가 생겼던 자리였고, 그 근처에 처음 박호련 시혜불망비가 세워졌다는 이야기도 전해 주었다.

11

노블레스 오블리주,
정율성의 형제들

중국 인민군 군가가 된 「팔로군행진곡」과 중국인들의 애창곡인 「연안송」을 작곡한 정율성은 항일 음악가로 널리 알려져 있다. 그러나 그는 항일 음악가 이전에 치열한 항일 전사였다. 정율성만이 아닌 그의 부친과 5남매 등 가족 모두가 항일 독립운동에 참여한다. 부친을 포함한 정율성가의 항일 독립운동은, 나라가 망하자 전 재산을 처분하여 6형제가 대가족을 이끌고 만주로 망명하여 독립운동을 펼친 이회영 형제들을 떠올리게 한다.

정율성(1914~1976)이 형 의은을 따라 중국에 건너간 것은 음악 활동을 위한 것이 아닌 조선혁명군사정치간부학교에 입학하기 위해서였다. 1933년 중국 난징(南京)에 도착한 율성은 김원봉이 만든 조선혁명군사정치간부학교 2기생으로 입학한다. 1934년 간부학교를 졸업한 후 난징의 고루 전화국에 취업, 일본영사관이 본국과 통화하는 정보를 캐내는 첩보 활동을 한다. 상하이로 건너가 5월 문예사 등에서 활동하던 중, 1937년 매형 박건웅이 중심이 된 조선민족해방동맹(해맹)의 특사 자격으로 시안(西安)의 팔로군 판사처를 거쳐 옌안(延安)에 들어간다. 그는 옌

항일 독립투사 정율성(중국 작가 루홍 작)

안의 섬북공학·노신예술 학교를 다니면서 불멸의 곡인 「연안송」, 「팔로군행진곡」, 「연수요」 등을 창작한다. 1940년대, 그는 옌안에서 조직된 조선독립동맹 연안 분맹에 참여하였고, 군사 조직인 조선의용군에 소속되어 타이항산(태항산) 전투에서 일본군과 치열하게 싸운다. 그리고 옌안에 되돌아온 후 조선혁명군정학교 교육장이 되어 조선의용군의 교육 훈련을 담당한다.

정율성을 비롯한 5남매 항일운동의 선봉에는 그의 부친 정해업이 있다. 정해업은 당시 광주의 명망가였던 최학신의 사위로 깨어 있는 지식인이었다. 전라남도관찰부 공방서기로 근무하던 어느 날, 일본 수비대에 의해 상투를 희롱당하자 큰 충격을 받고 국력 배양과 국민 의식 고취를 목적으로 한 대한협회 광주지회에 가입해 활동한다. 그 뒤 수피아 여학교 교사로 취직하지만, 조선총독부가 정한 검정고시를 통과한 사람이어야 한다는 규정 때문에 교사직을 박탈당한다. 광주의 가산을 정리한 1919년, 상하이를 다녀온 후 광주의 3·10 만세 시위의 주동자로 일제의 추격을 받고 있던 큰아들 효룡과 둘째 충룡을 대한민국 임시정부로 보낸다. 이때 효룡은 품속에 당시 쌀 350가마의 가치에 해당되는

1,052원이라는 거금을 지니고 있었다. 현재로서는 이 돈의 정확한 출처를 확인할 수 없지만 부친 해업과 연결된 임시정부의 군자금일 가능성이 높다. 해업은 1927년 딸 봉은을 데리고 다시 중국 한커우(漢口)로 건너가 북벌군에 근무하는 둘째 충룡을 만났다. 다시 국내로 돌아온 해업은 1927년 설립된 신간회 광주지회의 조직 및 선전부 상무감사를 맡아 직접 반일 활동에 뛰어들었다. 이처럼 정율성 5남매가 직접 항일 독립운동에 뛰어들 수 있었던 것은 부친의 영향이 컸다.

정효룡(1894~1934)은 정율성의 맏형이다. 1919년 광주 3·10 만세 시위를 주도한 후 일제의 체포령을 피해 12월 중국 상하이로 건너갔다. 당시 효룡은 이미 언급한 것처럼 1,052원의 군자금을 지니고 있었다. 당시 효룡은 임시정부 기관지 『독립신문』의 직원으로 근무하다 1920년 4월 국내외 독립 단체와의 연락 및 군자금 모금을 위한 교통국 서기에 임명되었다. 이어 임명된 직책은 임시공채관리국 전라남도 광주군 공채모집위원, 지방 선전부 선전원이었다. 1920년 9월, 그는 임시정부 선전원으로 여비 60원과 사령서, 공채증권 만 원(당시 쌀 한 가마 가격이 3원), 용어 암호표 등을 발급받고 국내에 잠입하여 활동하던 중에 일제에 검거되어 정치범죄 처벌령 위반으로 징역 1년을 선고받는다. 감옥 출소 이후 노동운동에 뛰어들어 1924년 4월 광주 본촌면 소작인회의 대표로 서울에서 개최된 조선노농총동맹 발기대회에서 전형위원에 당선된다. 그리고 1924년 12월 노동운동과 관련된 선전물을 만들어 배포하다 체포된다. 일제가 그에게 덧씌운 죄목은 출판법 위반 공갈죄였다. 1심에서 징역 1년 6개월을 선고받았으나 구속 6개월 만에 열린 2심에서 공소 취하 판결을 받고 풀려나온다. 1924년부터 그가 세상을 뜬 1934년까지 10여 년간 그의 행적은 아직 확인되지 않고 있다. 다만 정율성이 "나의 큰형 효룡이 일본군에 체포되어 8~9년 동안 감옥에 수감되었으며, 1934년 병사했다."는 기록을 「나의 정치 경력」에 남긴 것을 보면, 3번째 체포되어 옥사했을 가능성이 높다. 정율성이 형 의은을 따라 1933년 중국 난징으로 떠날 때 효룡의 큰아들 국훈도 있었다. 그런데 그는 율성과는 달리 이내 돌아온다. 율성의 증언대로 효룡이 8, 9년의 긴 감옥살이 후유증으로 병사했다면 이 무렵 출옥한 아버지를 위해 되돌아간 것은 아닌지 추정해볼 수 있다.

둘째 형 충룡(1901~1927)은 큰형 효룡과 함께 광주 3·10 만세 시위 운동을 주도하다 상하이로 망명한 후 임시정부의 도움을 받아 운남 강무당(학교)에 들어갔다. 그리고 1923년, 호남 조선청년독립단 대표 자격으로 대한민국 임시정부의 진로를 모색했던 국민대표회의에 참가했다. 의열단 단원이던 그는 국민대표회의가 성과 없이 끝나자, 1924년 사천중경육군 30사 사령부에서 중좌로 근무한다. 사천중경육군 30사는 북벌전쟁 시기에 국민혁명군 제28군에 편입된다. 그 얼마 뒤 그는 북벌 과정에서 치열하게 싸우다 사망한다. 급성뇌막염으로 사망했다는 설도 있다.

누나 봉은(1908~1977)은 1927년 부친 해업과 함께 중국 한커우에 들어가 후일 반려자가 될 대한민국 임시정부 선전부 부주임을 지낸 독립운동가 박건웅을 만난다. 한커우에서 이탈리아 수녀가 창립한 한구성요셉여자중학교 3학년에 들어간 후 오빠 충룡의 죽음으로 한 학기 만에 유학을 끝내고, 1929년 광주수피아학교 고등과 2학년에 편입한다. 광주로 돌아온 후 양림교회에서 교육활동을 하다, 1933년 봄 의은과 함께 다시 중국으로 건너가 당시 조선혁명군사정치간부학교 교관이던 박건웅과 결혼한 후 독립운동가의 아내로서 치열한 인생 역정을 시작한다.

셋째 형 의은(1912~1980)은 김원봉이 결성한 의열단의 단원으로 활

정율성이 옌안으로 들어가기 전 머물렀던 시안의 팔로군 판사처

동 중 의열단이 세운 난징의 조선혁명군사정치간부학교 전남 모집책 임무를 띠고 국내에 침투한다. 당시 경상도 모집책은 시인 이육사였다. 이육사가 간부학교 1기생이었음을 고려해보면 정의은도 간부학교 1기생이었을 것으로 추정된다. 그는 담양 출신의 김승곤과 김일곤, 나주 출신의 김재호 등 9명의 생도를 모집한다. 9명 중에는 그의 동생 율성과 조카인 국훈(율성의 큰형 정효룡의 아들)도 포함되어 있었다. 1933년 5월 의은은 헤이안마루호를 타고 나가사키를 경유한 후 상하이를 거쳐 난징으로 이들을 안내한다. 상하이에서 대성이란 가명으로 활동 중이던 1934년, 그는 일제에 의해 군관학교(조선혁명군사정치간부학교) 연락 용의자로 체포되어 3년간 중국 체류 불가 조치를 받고 광주지방법원 검사국으로

옌안 시절 찍은 정율성(왼쪽)과 조선의용군
총사령 무정(오른쪽)

송국된다. 외삼촌 최영욱의 담보로
풀려난 후, 광주에서 일경의 끊임없
는 감시 속에 은거하였다가, 1980년
에 생을 마친다.

정율성의 외가 또한 정율성 가
족의 항일 독립운동에 큰 영향을
끼쳤다. 큰외삼촌 오방 최흥종은 광
주 최초의 목사로 광주 3·1운동을
주도했으며, 광주 YMCA 창립, 신간
회 전남지회장, 전남 건준위원장 등
을 지낸 광주의 명망가였다. 작은외
삼촌 최영욱은 숭일학교 기독교 청년회 창설의 핵심 멤버였고, 후일 제
중원 원장을 지냈다. 정율성이 신간회 광주지회 상무간사가 된 것도, 율
성의 형 효룡과 충룡이 3·10 광주천 만세 운동에 주도적으로 참여한
것도, 효룡이 노동운동에 뛰어들어 조선노농총동맹의 전형위원에 당선
된 것도 다 최흥종의 영향 때문이었다. 정율성이 중국 혁명 음악의 대부
로 성장할 수 있는 계기를 마련해준 분도 큰외삼촌 최흥종이었다. 율성
은 최흥종의 축음기를 들으며 새로운 음악 세계와 만나게 되고, "너는
음악가가 됐으면 좋겠다."는 격려를 받고 꿈을 키운다. 큰외삼촌 최흥종
이 정율성을 독립운동의 길로 이끌었다면, 작은외삼촌 최영욱은 이들의
든든한 뒷배경이 되어준다. 최영욱은 정율성이 중국으로 떠날 때 여비
를 주어 격려했고, 의은이 1차 광주에서 체포될 때 구해준다. 그리고 의
은이 상하이에서 2차로 체포되어 광주로 송국되자 담보를 서 풀려나오
게 한다.

이처럼 정율성가는 부친을 비롯한 5남매가 항일 독립운동에 나선 호남 최고의 명문가다. 효룡, 충룡과 매형 박건웅, 의은은 모두 상하이 임시정부에 몸담았거나 가까웠던 민족주의 계열의 인물들이다. 그럼에도 정율성 형제의 항일 독립운동은 정율성의 옌안 활동으로 인해 모두 좌파로 매도되어왔다. 정율성의 매형인 박건웅과 정효룡을 제외하고는 독립유공자 표창을 받지 못하고 있다. 이제, 조국의 독립을 위해 헌신한 정율성가의 항일 독립운동은 재평가되어야 한다. 정율성가의 명예 회복을 위해서도, 올바른 항일 독립운동사의 재정립을 위해서도 필요하다.

12

「쑥대머리」 명창,
임방울

스물다섯의 시골뜨기 총각이 매일신보사가 주최한 조선 명창 연주회에서 「쑥대머리」 한 대목을 부른다.

"쑥대머리 귀신 형용 적막옥방 찬 자리에 생각나는 것은 임뿐이라. 보고지고 보고지고 한양낭군 보고지고……."

이것은 변 사또의 수청을 거절하다 곤장을 맞고 옥에 갇힌 춘향이가 한양으로 떠난 이몽룡을 그리워하며 부르는 노래다. 목에 칼을 쓰고 산발한 머리가 마치 쑥대처럼 생겼고, 얼굴은 창백하게 귀신처럼 생겼다고 해서 '쑥대머리 귀신 형용'이란 충격적인 가사로 시작된다.

뱃속에서 바로 소리를 뽑아서 내뿜는 통성에 쉰 듯 칼칼하게 터져 나오는 수리성(쉰 목소리처럼 껄껄하게 내는 목소리)을 섞어 춘향이의 비통하고 처절한 심정을 애절하게 토해내는 임방울의 소리는 단박에 청중을 사로잡는다. 독특한 더늠에 전라도 사투리를 마음대로 구사하는 그 구수함이며, 애간장을 녹이는 듯 끈질기면서도 애절한 목소리에 모두 도취한 것이다. 무대로 방석과 모자, 버선짝이 날아오면서 청중들은 앙코르를 외친다. 그는 삼창까지 한 후에야 겨우 무대에서 내려올 수 있었다.

「쑥대머리」는 시골뜨기를 일약 민중들의 아이돌, 즉 스타로 만든다. 그 공연 이후 임방울은 하루아침에 명창의 반열에 오르고, 이후 콜럼비아 레코드사가 제작한 「쑥대머리」와 「호남가」 음반은 120만 장이나 팔린다. 당시로서는 믿을 수 없는 대단한 기록이었다.

「쑥대머리」를 불러 일약 국민적 스타가 된 시골뜨기, 그가 서편제의 최고봉, 국악계의 큰 별로 불린 광주 출신의 임방울(1904~1961)이다. 그는 1904년 전남 광주군 송정면 수성 마을(현 광주광역시 광산구 도산동)에서 빈농이던 경학의 8남매 중 여섯째로 태어났다. 그의 집안은 세습 소리꾼 집안이었다. 본명은 승근인데, 예명인 방울은 어려서 울지 않고 방울방울 잘 논다고 해서 붙여졌다고도 하고, 젊은 날 어느 선생이 승근의 소리를 듣고 "너야말로 은방울이다."라고 했던 말에서 유래했다고도 한다.

「쑥대머리」 명창, 임방울

어릴 때 외삼촌 국창 김창환에게서 기초를 닦았고, 14살이던 1916년 박재실 명창에게 「홍보가」와 「춘향가」를 배운다. 소리꾼으로서 어느 정도 실력을 쌓은 다음 동편제의 명창 유성준을 찾아 「수궁가」, 「적벽가」를 배운다.

그가 당대 명창으로 우뚝 설 수 있었던 것은 끊임없는 그의 노력도 한몫했지만, 천부적으로 명창의 피를 이어받아서이기도 했다. 당시 명창으로 이름을 날린 김창환은 그의 외삼촌이었고, 대원군의 총애를 받은 이날치는 이종사촌이었다.

임방울이 명성을 얻기 시작할 무렵 송학원이란 요릿집에서 운명의 여인, 김산호주를 만난다. 송학원의 주인 김산호주는, 임방울이 소년 시절 고용살이했던 부잣집 딸이었다. 동갑내기 소녀와 소년은 철부지 뜨거운 사랑을 했지만, 부모의 반대로 뜻을 이룰 수 없었다. 그 후 소녀는 부잣집에 시집갔고 결혼 생활이 실패로 끝나자, 광주에 송학원이란 요릿집을 차린다. 이름마저 김산호주로 바꾼 그녀는 광주 유지들의 인기를 한 몸에 받는 여주인이 된다. 10여 년 만에 다시 만난 둘은, 2년간 송학원에 숨어 불같은 사랑을 나눈다.

2년간의 밀월은 임방울에게 대가를 요구했다. 소리가 제맛을 잃어버린 것이다. 크게 놀란 임방울은 산호주 몰래 집을 나와 지리산 토굴에 들어가 소리 공부에 매진한다. 수소문 끝에 행방을 알아낸 산호주는 그를 찾아와 다시 만나줄 것을 간청했지만, 끝내 허락하지 않았다. 깊은 절망에 빠진 산호주는 그리움에 병이 깊어 30세도 안 된 꽃다운 나이에 세상을 뜬다. 산호주의 소식을 듣고 한걸음에 달려온 임방울은 죽어가는 연인을 가슴에 껴안고 슬피 울며 즉석에서 자신의 비통한 마음을 가감 없이 표현한다. 그렇게 「추억」(죽은 처를 생각함)이 탄생한다.

"앞산도 첩첩하고 뒷산도 첩첩한디 혼은 어디로 향하신가. 황천이 어디라고 그리 쉽게 가랴든가. …… 무정하고 야속한 사람아 어디를 가고서 못 오는가. 보고지고 보고지고 임의 얼굴을 보고지고."

이 노래에 얽힌 비극적인 사랑은 오히려 감동적이다. 이 둘의 사랑

은 판소리계 최고의 로맨틱 사건이
된다. 노무현 전 대통령의 서울광장
노제 때 안숙선 명창이 「추억」을 또
불러 많은 사람을 울렸다.

임방울은 잦은 공연으로 급속하
게 몸이 쇠약해지지만 공연을 그치지
않았다. 1959년 7월 조선일보사 후원
으로 임방울 국창 독창회가 추진되었
다. 이에 동료와 후배들이 좀 쉬면서
건강을 회복하라고 충고하자, 임방울
은 "소리하는 사람이 소리를 안 하면
죽은 목숨인 거여! 그래 나보고 산송
장이 되란 말여! 소리를 하다가 콱 쓰
러지는 한이 있어도 소리를 계속헐
테여!"라며 되레 나무랐다고 한다.

임방울 기념비(송정공원)

결국 쉼 없는 공연으로 전북 김제 장터에서 소리를 하다 피를 흘리
고 쓰러진다. 그길로 서울 초동집으로 옮겼으나 6개월 후인 1961년 3월,
56세로 세상을 떴다. 뇌졸중이었다. 그의 장례는 한국 국악사상 최초로
국악예술인장으로 치러졌다. 그의 장례식 날 이백여 명의 여류 명창과
기생들이 소복을 입고 상여를 멨다. 명창 김소희의 목멘 조가 속에 망
우리 공동묘지에 묻힐 때, 그가 가지고 간 것은 어린 딸이 관 속에 넣어
준 음반 한 장이 전부였다.

그가 죽자 미국인 알란 헤이만 씨는 '국보를 잃은 큰 손실'이라는 제
목 하에 "임방울의 죽음은 한국에게만 슬픈 손실이 아닌 전 세계의 크

국창 임방울을 기리는 '임방울 국악제'

나큰 손실이며, 그와 더불어 한국 문화의 위대한 일부도 갔다."라고 썼다.

그의 고향 송정공원에는 그를 기리는 기념비가, 광주문화예술회관 국악당 앞에는 그의 흉상이 서 있다. 그는 갔지만 민중의 심금을 울렸던 광대 임방울의 소리는 해마다 열리는 '임방울 국악제'와 함께 우리 곁에 함께하고 있다.

근대 판소리 5명창 김창환

국창 김창환(1865~1939)은 송만갑·이동백 등과 더불어 근대 판소리 5명창으로 불리는데, 항상 그가 먼저 불린다. 이는 그가 5명창 가운데 가장 연장자로 먼저 활동을 시작했으며, 원각사 공연단의 수장으로 활동했기 때문이다.

김창환이 어떤 분인지는 판소리 공부의 필독서인『조선창극사』를 쓴 정노식의 다음 평가만으로도 충분하다.

"조선시대 고종·순종 연간에 있어 이날치 이후로 서파(서편제) 법통을 독봉하다시피 일세를 진동한 명창이다. 제작도 능하거니와 제스처가

창보다 더욱 능하다. 잘난 풍채로 우왕좌래
일거수일투족이 모두 미묘치 아니한 것이
없다. 미인의 일빈일소(一嚬一笑)가 사람의 정
신을 황홀케 함과 흡사하여 창과 극이 맞아
떨어지는 데에는 감탄하지 않을 수 없다. 각
종 고전가에 정통한 것과 전인(前人)의 법제
에 견문이 많은 것은 또한 드물게 보는 바이
다. 근대 사계(斯界)에 일대가로 허함이 넉넉
하다."

임방울의 외숙, 국창 김창환

정노식의 평가대로 국창 김창환은 당대
서편제의 계보를 이은 최고의 국창이었다.
그 김창환이 광산구 도산동 출생으로 임방울의 외삼촌임을 아는 사람
은 많지 않다. 어린 시절 임방울은 국창 김창환에게 기초를 닦았고, 상
경하여 「쑥대머리」를 불러 일약 스타덤에 오르게 된다. 오늘 임방울이
있을 수 있었던 것은 국창 김창환이 있었기 때문이다.

그러나 오늘 김창환은 송만갑·이동백 등 당대의 5명창에 비해 제대
로 평가받지 못하고 있다. 서편제의 퇴조와 더불어 그의 소리가 제자들
에게 제대로 전승되지 못했기 때문이다. 그가 취입한 음반 가운데 「흥보
가」 중 '중타령'과 '제비노정기'만이 남아 그를 떠올리게 할 뿐이다.

광산구 삼도동 대야 마을 입구의 도로변에 세워진 이끼 낀 국창 김
창환 기념비가 더 쓸쓸하게 보이는 이유다.

13

기인으로 불린 참교육자, 춘담 최병채

송나라 때 신 유학자이자 명재상으로 이름을 떨친 범중엄이라는 자가 있다. 그는 어린 시절 천하의 재상이 못 될 바에는 명의가 되리라 맹세한다. 재상이 되어 백성을 어루만지는 것도 중요하지만, 명의가 되어 병자를 치료하는 것도 재상의 정치만큼 중요하다는 뜻일 게다. 하지만 훗날 그는 재상 자리에 올라 천하의 존경을 받는 인물이 된다. 재상의 자리에는 오르지 못했지만 천하의 명의로 이름을 떨쳐 범중엄에 버금가는 인물로 평가받는 인물이 광주에도 있었다. 한의사 춘담 최병채(1907~1987)가 그다.

춘담 최병채, 그는 범중엄에 버금가는 인물로 평가받았지만 아직 일반인에게는 낯선 인물이다. 그의 생애를 먼저 더듬어보는 이유다.

1907년, 춘담은 전라남도 곡성군 석곡면 운룡리에서 부친 경환과 모친 김해 김씨 사이에 장남으로 태어났다. 조선 중엽 중종 대에 의정부 사인을 지낸 최산두의 16대 손이다. 춘담은 어려서부터 매우 총명했다. 유교적 가풍을 이은 조부와 부친으로부터 6세에 『추구』를 배웠고, 12세에 『대학』과 『논어』, 『주역』을 읽는다. 15세 때 순천의 조정림에게 한의

학을, 화순 동복의 이진규에게 침구학을 배운 후 1928년 한약업사 면허증과 침구사 자격증을 취득했다. 1937년 부족한 공부를 위해 일본 오사카 사카이시에 있는 하마대라 침구학교에 유학한다. 광주로 이사한 후, 43세 때인 1949년 양림동에 인과원을 개업한 뒤 38년간 침과 뜸의 명의로 이름을 날린다. 그러나 춘담을 더 유명하게 만든 것은 침구술만이 아닌, 가난한 환자를 무료로 치료해주었던 사랑의 의술 때문이었다. 그래서 인과원은 늘 가난한 환자로 가득 차곤 했다. 그가 어떤 분인지를 알려주는 것 중의 하나가 1958년 세워진 춘담 기인 최병채 기적비다.

전남여자상업고등학교 교정에 세워진 춘담 최병채 동상

"참으로 장하다. 기인은 평생에 돈을 분토같이 쓰면서 남의 질병을 고쳐주고, 궁핍한 사람을 구해주고, 거지들을 불쌍하게 여겨주고, 학교를 세우고, 회사를 도와주고, 궁실을 많이 지어 귀신을 제사 지내주고, 노소를 편케 하였으니 그 광업숭덕이 어떠한가? 이런 착한 마음으로 몸소 실천을 하고, 자신은 검소하게 생활을 하여 남에게 이로움을 베풀어 그 공덕이 멀고 가까운 데에 두루 드러나 착하다는 이름이 한없이 나고 있으니, 참으로 범문정공(범중엄)의 재상되옴과 서로 백중이 된다고 하리라."

기적비에 새겨진 것처럼, 그는 궁핍한 사람을 구해주고 거지들을 도와주며 민족교육을 위해 돈을 분토처럼 쓴 인물이었다. 그래서 당대 사람들은 그를 기인이라 불렀다. 기인은 전 재산을 털어 민족교육과 사회사업에 헌신한 그의 삶에 붙여진 또 다른 애칭이었다. 이것이 송나라 명재상이던 범중엄과 백중하는 인물로 평가받는 이유이기도 했다.

춘담 최병채의 진면목은 사랑의 의술을 실천한 한의사에 한정되지 않는다. 특히 그의 육영사업은 지역민들의 존경과 사랑을 받는다. 그는 운룡초등학교(곡성 석곡, 1947)를 시작으로 춘태여자고등공민학교(1960), 신농농업기술학교(화순 이서, 1965), 춘태여자중학교(1966), 신농중학교(1967), 전남여자상업고등학교(1967), 국제고등학교(1984)를 설립한다. 운룡초등학교는 20리를 걸어 다녀야 했던 고향 아이들에 대한 배려였고, 춘태여자고등공민학교와 농업기술학교는 돈이 없어 배움의 기회를 놓쳐 중학교에 진학하지 못한 자들에 대한 배려였다. 지역민들이 그를 참교육자라 부른 이유다. 그는 참교육을 실천한 공로 등으로 1963년 전라남도 도지사가 주는 전라남도 문화상을, 1967년 경향신문사가 제정한 제2회 '국민이 주는 희망의 상'을 수상한다. '국민이 주는 희망의 상'을 수상하자, 1967년 『경향신문』은 다음과 같은 기사를 싣는다.

"한의사 최병채(61)는 인과원의 개업에서 벌어 저축한 돈으로 세 학교를 세웠으며, 요즘도 얻어지는 매월 30만여 원의 한의원 수입을 털어 교육, 문화 사업을 펴고 있다. 최씨는 춘태여자중학교와 고향인 화순에 신농농업기술학교를 각각 세웠다. 또 그는 매일 20리를 걸어 학교를 다

녀야 하는 시골 어린이들을 위해 부락
에 사립 국민학교를 세우기까지 했다.
……독실한 불교 신자인 최씨는 사재
를 털어 고향에 재천사란 사찰을 세
웠으며, 순천 송광사의 대웅전 등이
6·25전쟁으로 불에 탄 채 버려진 것
을 보고는 대웅전 중수에 앞장섰다.
또한 6·25전쟁 때 훼손된 광주의 증
심사를 다시 일으키고자 삼존불을 기
증하여 중수를 돕고 있다. 그의 사생
활은 매우 검소하여 45평 대지의 낡
은 한옥에서 여섯 식구가 비좁게 살고
있다. 가난한 환자들에게는 약값도 받
지 않는다……."

양림동 인과원 자리에 세워진 인과원비

　명의로 이름을 날리면서 큰돈을 벌었지만, 그의 삶은 매우 검소했
다. 45평의 낡은 한옥에서 여섯 식구가 살았다. 그러면서도 춘담은 모
든 사재를 털어 교육사업과 사회사업에 정성을 쏟았고, 민족정신을 고취
시키기 위해 이순신 장군을 제사 지내는 무광사와 같은 사당을 지었다.
가난한 환자들에게는 약값을 받지 않을 정도로 가슴이 따뜻했다.

　가정 형편이 곤란한 학생들에게 춘담은 아낌없이 장학금을 주어 사
회의 동량으로 키웠다. 캐나다 몬트리올 시립 식물원에 근무하던 순천
농고 출신의 양재홍도 그중 한 분이다. 그는 춘담의 장학금을 잊지 못
해 몬트리올 시립 식물원에 근무하면서 라살대학과 춘담이 세운 국제고
등학교와 교류협력협정서를 체결하는 데 큰 힘을 보탠다. 그의 도움으로

국제고등학교 출신 13명의 학생이 라살대학에 진학하게 된다. 춘담의 장학금을 받았던 스위스 대사와 유엔 대사를 지낸 박원화도, 노동부장관과 국회의원을 지낸 이상수 변호사도 국제고등학교를 찾아 특강을 통해 학생들에게 큰 꿈을 심어준다. 50년 전에 받은 춘담의 사랑을 다시 춘담의 제자들에게 돌려준 아름다운 보은이 아닐 수 없다.

춘담 최병채의 청빈하고 맑은 삶은 오늘 우리에게 감동이다. 수십 개가 넘는 감사패, 표창장, 각종 상장은 춘담이 어떤 삶을 살았는지를 잘 보여준다. 그런 춘담에게 1982년 정부는 국민훈장 석류장을 수여한다. 평생 남을 위해 헌신하며 살아온 삶에 대한 포상이었다.

그가 세운 전남여자상업고등학교 교정에 동상이 서 있다. 기인으로 불린 참교육자 춘담 최병채, 그는 오늘도 교정에 앉아 우주동인(宇宙同人) 시대의 인재들이 국제인으로 커가는 모습을 조용히 지켜보고 있다.

광주에 건립된 충무공 사당, 무광사

한국인들이 가장 존경하는 인물 중 한 분이 임진왜란 극복에 공을 세운 충무공 이순신 장군이다. 가장 존경받는 인물답게 그를 기리는 사당이 전국 곳곳에 21개소나 세워진다. 광주광역시 학동에도 한의사인 춘담 최병채에 의해 그를 기리는 사당이 건립되었다. 조선대학교 부속병원 언덕에 세워진 무광사가 그것이다. 무광사는 이순신을 주벽으로 임진왜란 당시 구국의 횃불을 높이 든 문열공 김천일, 충장공 김덕령, 충장공 정운, 금계 노인, 수은 강항, 수사 송희립을 모시고 있다.

무광사는 이순신 장군을 기리는 전국 21개소의 사당과는 건립 주체나 건립 장소가 다소 특이하다. 대부분의 사당이 지역 유림이나 국가에서 고향이나 전적지에 건립한 것들임에 반해 개인이 전적지와 전혀

이순신 장군을 모신 사당, 무광사

관련이 없는 곳에 사재를 털어 민족정신을 길러내기 위해 건립했기 때문이다.

전국 21개소 사당은 고향인 충남 아산의 현충사를 제외하고는 대부분 전적지가 있는 전라도와 경상도에 집중되어 있다. 이 중 무광사를 비롯하여 여수 충민사, 해남·완도·고흥·순천의 충무사 등 광주·전남에 절반이 훨씬 넘는 13개소가 건립되어 있다. 이는 광주·전남이 이순신 장군의 중심 활동지였음을 알게 해준다.

이순신을 모신 사당 중 1601년에 건립되어 사적 제381호로 지정된 여수 충민사는 전국 최초로 세워진 사당으로, 1607년에 건립된 통영의 충렬사는 대원군 서원 훼철 때에도 존속한 사당으로 유명하다.

무광사에서는 충무공 탄신일인 4월 28일 춘향제를, 그리고 기일인 12월 16일 추향제를 지낸다. 이 제향에 상무대 교육사령부 군악대가 제례악을 울리고 시장과 도지사, 시민들이 참여하기도 했다. 도민이 함께

하는 축제였던 셈이다. 지금 관이 참여하는 제향은 더 이상 치러지지 않고 있지만, 그가 설립한 춘태학원 학생들이 참여하여 충무공의 애국애족 정신을 기리고 있다.

1966년 무광사는 특별한 임무 하나를 더 수행한다. 광주 공설운동장이 준공되고, 전국체육대회가 개최되었다. 그때 무광사는 성화의 점화처였다. 마니산 참성단 같은 민족정신의 발상지였던 셈이다.

14

청년의 영원한 벗,
소민 박준

지난 2013년 5월, 안창호 선생이 조직한 흥사단이 창립 100주년을 맞았다. 이날 100주년을 맞아 거행된 기념식에 흥사단 단우는 물론 국무총리를 비롯한 여야 대표 등 각계각층의 인사들이 직접 참여하여 자리를 빛냈다. 전·현직 대통령의 축하 메시지도 낭독되었다.

이처럼 전·현직 대통령을 비롯한 각계각층의 인사들이 흥사단 행사에 깊은 관심을 보인 것은 흥사단이라는 시민 단체가 100주년을 이어 왔다는 역사도 대단해서였지만, 지난 100년 동안 보여준 한국 사회에서의 역할 때문이었다. 흥사단이 배출한 독립유공자 112명은 단적인 예다. 또한 창립 50주년을 맞아 시작한 학생 아카데미 운동을 통해 배출된 10만의 인재들은 사회 각계각층에서 민주화와 산업화, 성숙한 시민사회를 이루는 데 큰 기여를 한다. 국무총리를 비롯한 각계각층의 인사들이 '민족을 위한 100년'을 정리하고 '세계를 위한 100년'을 준비하는 행사에 참석하여 축하한 이유다.

흥사단 100년의 역사에서 가장 획기적인 사건은 1963년에 시작된 아카데미 운동이었다. 당시 흥사단의 핵심 멤버였던 주요한은 앞으로

청년의 영원한 벗이 된 소민 박준(서중 시절)

홍사단이 더 발전하기 위해서는 청소년에게 도산 사상을 전파하여 젊은 단우를 규합해야 한다고 역설한다. 그리고 그 중책이 숭실대학교 안병욱 교수에게 맡겨진다.

홍사단 광주학생아카데미는 첫 행사로 안병욱 교수 초청 학생·시민 교양 강좌를 개최했다. 안병욱은 1965년 11월 어느 날 밤 광주행 야간열차를 탔다. 다음 날 새벽 4시, 광주역 플랫폼에서 홍사단 깃발을 들고 서 있던 27세의 젊은 청년 박준을 만났다. 그날 안병욱은 광주일고 운동장에서 혼신의 힘을 다해 맑고 뜨거운 젊은 혼들에게 도산의 애국정신과 주인정신을 외친다. 안병욱의 외침은 도산 정신이 남도 땅에 뿌려진 또 하나의 씨앗이 된다. 그리고 이 강연이 계기가 되어 광주 홍사단 아카데미 운동은 힘찬 첫 출발을 내디딘다. 다음은 청년 박준의 몫이었다. 1965년 서석기러기회가 창립되고 그가 사망한 2001년까지, 그는 36년의 삶을 광주·전남 홍사단과 함께한다. 동성고 교사 시절에도, 교장이 되어서도 그의 하루 일과는 변함이 없었다. 오후 6시 출근, 10시 퇴근은 홍사단 사무실(단소)의 출퇴근 시간이었다.

그가 홍사단을 처음 알게 된 것은 군 시절(1961~1963) 같은 내무반에 근무하던 오정수 동지로부터였다. 그는 도산의 무실역행을 몸소 실천하던 오정수의 생활 태도에 큰 감동을 받는다. 그리고 『안도산전서』를 읽고 또 읽으며, 지역사회에서 한 알의 씨앗이기를 자처한다. 군 제대 후 주요한 등 기라성 같은 흥사단 단우들의 격려를 받는다.

흥사단에 입단한 그는 광주일고 태권도 사범이 된 후 본격적으로 후배, 제자들을 동지로 규합한다. 그렇게 동지를 모은 후 1965년 9월 19일, 전남대학교 농과대학에서 서석기러기회를 창립한다. 그리고 한 달 뒤인 10월 17일, 광주일고 강당에서 17명의 회원으로 광주학생아카데미 창립총회를 갖는다. 그 자리에서 그는 다음과 같이 힘차게 외친다.

"우리나라에는 많은 단체가 있습니다. 그러나 올바른 질서 속에 구성원 한 사람 한 사람이 살아 움직이는 실천하는 단체는 찾아보기 어렵습니다. 우리는 나무를 말할 때 줄기와 가지와 잎을 봅니다. 그러나 우리는 줄기와 가지와 잎은 아니요 분명히 뿌리입니다. 살아 움직이는 뿌리, 힘 있는 뿌리, 제 구실을 다하는 뿌리가 됩시다. 저는 도산의 사상과 흥사단의 이념에 전적으로 공감하며 이를 실천궁행하는 것이 곧 민족 부흥의 가장 확실한 방법이라고 믿고 광주학생아카데미를 창립하는 것입니다."

박준은 광주에 흥사단 깃발을 꽂으면서 세 가지 목표를 세운다. 첫째는, 흥사단 학생아카데미를 광주 지역 학생운동의 지휘본부로 만들겠다는 것이었고, 둘째는 1만의 인재를 배출하여 지역사회는 물론 온 나라의 큰 일꾼으로 키우겠다는 것이었다. 그리고 마지막 하나는 흥민신협을 통한 사회운동이었다. 이 목표를 위해 박준은 선 삶을 광주·전남의 흥사단에 바친다. 박준 자신이 1번이 되어 시작된 광주 흥사단 아카데미 회원은 5,000여 명의 인재가 되었고, 그의 지도하에 만들어진 학

아카데미 회원과 함께한 박준(맨 오른쪽)

생 조직은 40개가 넘었다. 5,000여 명의 인재는 이후 사회 곳곳에서 나라의 큰 동량이 된다.

그가 회갑을 맞자 제자들은 600쪽 가까운 회갑 기념문집 『청년의 영원한 벗』을 헌정한다. 광주·전남 흥사단에 바친 정열, 흥사단을 거쳐 간 5,000여 제자들에게 쏟은 관심과 사랑에 대한 감사의 보은이었다.

전남대학교 아카데미 지도 교수로 평생을 함께한 김용선 교수는 회갑 기념문집을 "이 세상에서 가장 크고 고운 꽃다발"로 표현하면서, "우리 고장뿐 아닌 한국을 대표할 만한 지도자"로 그를 평가했다.

광주 흥사단 아카데미와 깊은 인연을 맺은 안병욱은 박준과의 만남을 "깊은 만남, 행복한 만남, 창조적인 만남"으로 규정했다. 두 분의 평가만으로는 그가 어떤 인물인지를 알기에 부족하다. 그를 존경하고 따랐던 수많은 제자들은 그를 큰 바위 얼굴로, 제2의 안창호로, 가장 행복한 남자로 규정한다.

전 생애를 광주·전남 홍사단에 바친 소민 박준(1938~2001), 그의 이름처럼 가파르게 산 그의 생애가 궁금하다. 그는 1938년 전남 곡성군 오산면에서 부친 박하연과 모친 정수남 사이의 4남 3녀 중 막내로 태어났다. 그가 태어난 1938년은 그의 평생 멘토였던 도산 안창호 선생의 서거년이기도 했다. 따라서 소민의 나이는 곧 도산의 서거 몇 주년이 된다.

아카데미 제자들이 만들어 헌정한 회갑 기념문집

오산초등학교 재학 시절 6·25전쟁으로 학업을 중단한 후 중앙초등학교, 서중·일고를 거쳐 전남대학교 문리과대학 국어국문학과를 졸업했다(1965). 광주제일고등학교 태권도 사범(1963), 서석기러기회 창립(1965), 광주상고 교사(1966, 현 동성고), 홍사단 광주분회 창립(1969), 홍사단 광주학생아카데미 전라남도 연맹 창립(1971), 홍민회 창립(1976, 회장), 홍민신용협동조합 창립(1976, 이사장), 홍사단 전라남도 지부 창립(1980, 지부장), 광주 홍사단 창립(1987, 이사장), 광주 홍사단 아카데미 지도위원장(1993), 광주 홍사단 신용협동조합 이사장(1994), 동성중학교 교장(1999) 등은 그가 어떤 삶을 살았는지를 압축 설명해준다.

그러나 그는 1만의 인재를 양성하겠다는 평생의 목표를 달성하지 못한 채 2001년 지병으로 세상을 떴다. 그의 나이 63세였다. 우리 사회의 씨앗이고자 자처했던 제2의 안창호로 불린 소민 박준, 그는 청년의 큰 스승, 청년의 영원한 벗이었다.

100년 전통의 흥사단

1913년 5월 13일, 미국 샌프란시스코에서 안창호의 주도로 흥사단이 창립되었다. 1919년 3·1운동으로 중국 상하이에 대한민국 임시정부가 수립되자, 상하이에 흥사단 원동위원부를 조직하고 서울에는 수양동맹회(1922), 평양에는 동우구락부(1923)를 결성하여 국내외에서 민족운동을 전개하였다. 국내의 두 단체는 수양동우회(1925)로 통합되고, 그 뒤 동우회로 개칭하였다가 이른바 동우회사건(1937)으로 안창호를 비롯한 200여 명의 회원이 검거, 투옥된 후 강제로 해산되었다. 광복 이후 1946년에 국내위원부를 조직하고, 1948년 8월 15일 본부를 국내로 이전하였다.

흥사단은 무실·역행·충의·용감의 4대 정신을 지도 이념으로 하여 건전한 민주시민이 갖추어야 할 덕·체·지를 기본 덕목으로 하는 인격·단결·공민의 3대 훈련을 실시한다.

흥사단은 민족 화해 협력을 위한 6·15공동선언실천 남측위원회 참여 등 민족통일운동, 흥사단 투명상 시상 등 투명사회운동, 교육운동, 독립유공자 후손 돕기, 공명선거운동, 우리 땅 독도 지키기 운동 등 시민사회운동, 청소년운동에 앞장서고 있다.

2010년 현재 국내에는 광주지부 등 25개 지부가 있으며, 미주위원부 산하에 LA지부 등 총 8개 지부가 있다. 부설 조직으로는 3개 운동본부(민족통일운동본부, 투명사회운동본부, 교육운동본부), 6개 부설 기관(중앙수

흥사단 창립 100주년 기념식 모습

련원, 청소년연구원, 평생교육센터, 사회봉사단, 도산아카데미, 도산청소년재단), 강서 청소년회관 등 총 14개 수탁 시설을 운영하고 있다.

흥사단은 창립 100주년을 계기로 정의롭고 행복한 공동체 실현을 목표로 설정하고, 그 실천 과제로 정직, 신뢰, 소통, 나눔, 배려, 절제의 6대 가치를 선정한다. 이러한 실천 과제를 하나로 묶어 범국민적인 애기애타(愛己愛他) 운동과 전 인류의 완전한 행복 실현을 꿈꾸었던 도산 안창호 선생의 뜻을 받들어 글로벌 운동을 전개할 계획이다. 흥사단의 지난 100년이 민족을 위한 100년이었다면, 앞으로 100년은 세계를 향한 100년으로서의 활동을 선포한 셈이다.

15

양림산 묘역에 묻힌
작은 예수들

1904년 12월, 광주 양림동에 서양 선교사들이 처음 들어왔다. 그들이
터를 잡은 광주 선교부는 허허벌판이던 양림산 자락이었다. 이곳에 교
회를 짓고, 학교를 세우고 병원을 짓는다. 북문안교회, 숭일·수피아학교,
제중병원 등이 그것이다. 그리고 선교사들이 거처하는 사택도 들어섰다.
그래서 광주 기독교의 출발지가 된 양림동은 광주의 예루살렘 또는 서
양촌으로 불리기도 했다.

해발 108미터의 양림산은 원래 전죽(箭竹)이 많이 나는 대숲으로 유
명했던 조그마한 야산으로, 돌림병에 걸린 어린아이들을 묻던 풍장터였
다. 가여운 아이들이 바람과 함께 이승을 떠난 자리는 지금 선교사들과
그 가족 22명이 누워 있는 묘역이 되면서 기독인들의 성지가 되었다.

양림산 묘역에 묻힌 선교사들의 흔적은 윌슨 선교사 사택, 배유지 기
념 예배당, 오웬기념관, 광주기독병원(옛 제중병원), 수피아 홀 등 오늘 양림
동 곳곳에 남아 있다. 그러나 그들이 남긴 흔적은 100년 이상을 견딘 건
축물 등 유형의 자산만은 아니다. 교육과 의료, 고아와 거지, 한센병·결핵
환자들에게 보여준 헌신과 사랑도 함께 남아 있다. 양림동 선교사 묘역에

양림산 선교사 묘역

문헌 몇 분의 헌신과 사랑의 감동적인 삶을 더듬어보는 이유다.

유진 벨(Eugene Bell, 1868~1925)은 이름 자체가 광주 기독교의 산 역사다. 미국 남장로교 소속이던 유진 벨이 선교사로 오웬과 함께 한국 땅에 도착한 것은 그의 나이 27세인 1895년이었다. 그는 배유지라는 한국인 이름을 짓고 전남 지역의 선교를 개척하는 임무를 부여받고, 1898년 목포선교부를 설립하였다. 이때 목포에 전남 최초의 기독교 학교인 정명학교와 영흥학교가 설립된다. 갑작스러운 심장마비로 아내를 잃은 시련을 딛고 1904년 12월 19일, 오웬과 함께 광주 선교를 위해 양림동에 첫발을 내딛는다. 그리고 그해 12월 25일, 그의 자택에서 성탄절 첫 예배를 드린다. 이것이 광주 기독교의 출발이 된다. 지금 그 자리에는 선교기념비가 서 있다.

유진 벨

광주 최초의 선교사 유진 벨, 그는 한국인보다 한국을 더 사랑하다 1925년에 생을 마감했다. 한국에 온 지 30년 만이었다. 그는 사후 교통사고로 사망한 두 번째 부인 마가렛 선교사와 함께 양림동 묘역에 안장되었다. 그러나 그는 자신이 설립한 20여 개의 교회와 목포의 정명여학교·영흥학교, 광주의 숭일·수피아여학교 등과 함께 살아가고 있다.

1909년 양림동 선교사 묘역에 가장 먼저 묻힌 이는 클레멘트 오웬(Clement Carrington Owen, 1867~1909)이다. 신학과 의학을 전공한 오웬은 1898년 한국에 입국, 1904년 12월에 유진 벨과 함께 광주에 첫 기독교를 전파한다. 그가 얼마나 선교에 열정적이었는지는 동료 선교사인 니스벳(Nisbet, Anabel M.)의 "그는 의사이면서 목사로 지칠 줄 모르는 순회 설교자였다."라는 말 속에 잘 녹아 있다. 그의 선교 지역은 화순, 보성, 장흥, 순천 등 전남의 13개 군이었다. 1909년 3월 22일, 오웬은 선교를 위해 광주에서 280리나 떨어진 장흥에 도착하였다. 3월 28일 아침부터 격렬한 오한으로 급히 광주로 되돌아와 제중원 원장이던 윌슨의 치료를 받지만 회복하지 못한 채, 목포에서 출발한 포사이드 의사가 도착하기 전인 4월 3일 숨을 거두었다. 병명은 과로로 인한 급성 폐렴이었다.

4월 8일 광주 북문안교회 교인들과 120리 넘게 걸어서 문상 온 지

방 교회의 교인들, 동료 선교사들이 지
켜보는 가운데 그가 살던 집과 그가 사
랑한 광주가 내려다보이는 선교부 동산
위에 안장되었다. 선교부 동산 위, 그곳
이 오늘 22명의 선교사와 그 가족들이
잠들고 있는 양림동 선교사 묘역이다.

오웬

양림동 67-1번지인 양림교회 옆에
오웬기념각이 있다. 오웬이 생전에 할
아버지 윌리엄 오웬을 추모하는 병원이
나 기념관을 지으려 했던 자리였다. 오
웬이 급작스럽게 죽자, 1914년 가족과
선교회는 그곳에 오웬기념각을 세운다.
기념각 입구 문지방에 '윌리엄 오웬과
클레멘트 오웬을 기념하여'라는 표찰이 붙어 있다.

독일에서 태어난 엘리자베스 쉐핑(한국명 서서평)은 9살에 미국으로
건너가 간호학교를 졸업하고, 1912년 3월 미국 남장로교 간호선교사로
광주 제중원에 파견된다. 1살 때부터 할머니의 손에 자라 평생 어머니
의 사랑에 굶주렸음에도 13명을 수양딸로 삼았고, 과부 38명이 자립하
도록 도와준다. 그리고 한센병 환자였던 아들 요셉을 포함하여 14명을
입양한다. 요셉은 태어나면서 어머니가 죽었고, 한센병 환자인 아버지가
개천에 버리려 한 아이였다. 그녀는 특히 천대받던 한센병 환자나 거지
들에게 모든 사랑을 쏟는다.

1932년 쉐핑은 총독부의 한센병 환자 정관 수술 정책을 반대하기
위해 최흥종 목사와 200여 명의 한센병 환자들과 함께 서울로 행진하

한센병 아들 요셉을 업은 쉐핑

기도 했다. 쉐핑의 행진으로 일제의 정관 수술 정책은 폐기되고, 소록도에는 한센병 환자 갱생원이 세워진다. 한센병 환자들의 어머니란 별명도 이때 생겼다.

1934년 6월 쉐핑은 54세로 생을 마쳤다. 그녀가 죽을 때 남긴 전 재산은 담요 반 장과 쌀 두 홉, 현금 27전이 전부였다. 담요가 반 장이었던 것은 양림다리 밑에 살던 걸인 최씨 아저씨에게 추운 겨울을 나도록 담요 반 장을 내주었기 때문이다. 그녀는 시신마저도 의학 해부용으로 사용하라는 유언을 남긴다. 해부 결과 그녀의 병명은 영양실조였다. 그녀가 죽자 당시 『동아일보』는 '자선과 교육 사업에 일생을 바친 빈민의 어머니 서서평 양 서거'라는 제목과 함께 '재생한 예수'라는 부제를 달아 그의 죽음을 대서특필했다. 그리고 며칠 뒤 사설로 그녀의 삶을 조명했다. 그녀의 장례는 광주 최초의 시민장으로 치러졌다. 수백의 걸인 한센병 환자들이 상여를 메고 뒤따르며 오열했다.

쉐핑이 서거하자 동료들은 그녀를 '한국의 메리 슬레서'라고 추모했다. 메리 슬레서는 아프리카 나이지리아에서 버려진 아이들을 돌보다 숨진, 아프리카 아이들의 어머니로 추앙받는 인물이다. 또 미국 장로회는 한국 파견 선교사로는 유일하게 가장 위대한 선교사 7인 중 하나로 그녀를 선정한다.

국립 소록도 나환자 병원에서 생을 마감한 한국의 슈바이처로 불린 신정식 원장의 책상에는 포사이드(Wiley H. Forsythe) 선교사, 최흥종 목사 그리고 예수의 사진이 있었다고 한다. 신정식 원장이 평생의 멘토로 삼았던 포사이드 선교사, 그는 어떻게 한국 한센병 환자들의 아버지가 되었을까?

포사이드

1909년 4월 오웬 선교사가 급성 폐렴으로 위급해지자 목포 선교부에 근무하던 포사이드가 급히 광주에 파견된다. 목포를 떠나 효천에 이르러 마중 나온 최흥종 등과 만나 광주로 오는 도중, 길거리에 방치된 한센병 환자(나병 환자)를 만난다. 그녀의 손과 발은 퉁퉁 부어 상처투성이였으며 걸친 누더기 옷은 피와 고름으로 얼룩져 있었다. 포사이드 선교사는 아무렇지도 않은 듯 환자를 자기 대신 말에 태우고 자신의 털외투마저 벗어 입힌 채 광주까지 온다. 이 사건은 젊은 최흥종에게 큰 충격이었고, 그 일생의 나침반이 된다.

포사이드 선교사가 한센병 환자를 극진히 보살펴주었다는 소문이 퍼지자 한센병 환자들이 하나둘씩 양림동으로 모여들기 시작한다. 포사이드의 사랑에 감동받은 제중원 원장 윌슨과 최흥종의 노력으로 1912년 광주 봉선동에 한국 최초의 한센병 전문 병원인 광주나병원이 탄생하게 된다. 이후 주민들의 반발로 1926년 여수시 율촌면으로 이전하여 애양원이라는 이름으로 운영된다. 포사이드 선교사의 한센병 여인에 대한 사랑과 헌신이 한국 최초의 한센병 환자들을 치료하는 병원으로까지 이어진 것이다.

1918년 5월 9일 포사이드가 풍토병을 이기지 못하고 45세의 나이로 사망하자, 환자들은 광주나병원에 그를 기리는 비를 세웠다. 병원이 여수로 이사할 때 나환자들은 광주에서 여수까지 상여를 메듯 비석을 어깨에 지고 보름이나 걸려 옮겼다. 아름다운 보은의 모습이 아닐 수 없다.

쉐핑을 포함, 양림동에 묻힌 유진 벨, 오웬 그리고 포사이드 등 초기 선교사들은 이 땅을 다녀간 작은 예수였다.

제3부

민주
인권
평화의 도시,
광주

1

남도 의로움의 출발,
눌재 박상

광주에서 기, 고, 박씨는 지금도 명문이다. 행주 기씨는 고봉 기대승을, 장흥 고씨는 임진왜란 당시 금산에서 순절한 고경명과 두 아들을, 그리고 충주 박씨는 눌재 박상과 사암 박순 같은 큰 인물을 배출했기 때문이다.

박상(1474~1530)은 성종 5년, 광주 방하동(지금의 광주광역시 서구 서창동)에서 태어났다. 그의 아버지 박지흥은 원래 충청도 회덕에서 살았는데, 세조가 왕위를 찬탈하자 출사를 포기하고 하동 정씨였던 처가 마을인 광주 방하동으로 이사한다. 박상이 광주에서 태어난 이유다. 그러나 박상의 어머니는 하동 정씨가 아닌 계성 서씨다. 아버지 박상이 방하동으로 이사 온 지 2년 만에 첫째 부인인 하동 정씨가 죽자, 계성 서씨와 재혼했던 것이다.

박상은 28세인 연산군 7년(1501)에 과거에 급제하고, 30세에 병조좌랑이 된다. 그는 불의를 보면 참지 못하는 의로운 인물이었다. 그가 의로운 인물이었음을 보여주는 단적인 예가 우부리 격살 사건이다.

희대의 폭군이었던 연산군은 팔도에 채홍사를 파견하여 미색을 구

눌재 박상과 조카 박순의 영정을 모신 송호영당(광산구 소촌동)

하라 명했는데, 나주에 사는 천민 우부리의 딸이 뽑히게 된다. 얼마 후 우부리의 딸은 연산군의 총애를 받아 후궁(숙용, 종3품)이 된다. 이에 우부리는 딸의 권세를 믿고 남의 전답을 빼앗고 부녀자를 겁탈하는 등 온 갖 못된 짓을 자행한다. 민심은 흉흉했지만 우부리의 비위를 거스르면 목이 달아났으므로 나주목사도, 전라도관찰사도 그의 못된 짓을 멈추게 하지 못했다.

이때 박상은 전라도도사를 자원하여 부임했다. 박상이 부임하자 동료와 아전들은 우부리에게 부임 인사할 것을 권했다. 그가 권유를 듣지 않자, 많은 사람들은 그의 앞길을 걱정했지만 박상은 도리어 부하들에게 엄명을 내려 우부리를 잡아 나주 금성관에서 매질하여 죽였다.

왕의 애첩의 아비를 죽인 박상은 우부리의 죄상을 조정에 알리고

박상 영정(송호영당)

당당하게 죄를 청하기 위해 서울로 올라간다. 그러나 그를 체포하기 위해 내려오던 금부도사와 길이 엇갈렸고, 그 사이 중종반정이 일어나 목숨을 구할 수 있었다. 야사에는, 박상이 장성 갈재를 넘어 입암산 밑 갈림길에 이르렀는데, 난데없이 고양이 한 마리가 나타나 "야옹 야옹" 소리를 내며 따라오라는 흉내를 냈다고 한다. 박상이 이상히 여겨 고양이를 따라 큰길을 피해 샛길로 들어가는 사이에 사약을 든 금부도사와 길이 엇갈렸고, 곧바로 중종반정이 일어나 목숨을 구했다는 이야기도 전해온다.

「신비복위소」의 주인공인 중종의 비 신씨는 비운의 여인이었다. 남편이 왕(중종)이 되었지만, 왕이 되었기에 쫓겨나야 했던 인물이었기 때문이다. 신씨가 쫓겨나게 된 것은 아버지 신수근과 관련이 있다. 중종비 신씨는 연산군 때 좌의정을 지낸 신수근의 딸인데, 공교롭게도 연산군의 비 역시 신수근의 누이였다. 반정 공신인 박원종, 성희안 등은 신수근이 반정에 참여하지 않았다 하여 격살한다. 그리고 신수근의 딸이 왕비가 되면 자신들이 위태로워질지 모른다고 생각하여 7일 만에 신비를 폐위시킨다. 중종의 두 번째 부인은 후일 장경왕후가 된 숙의 윤씨의 차지가 된다.

중종 10년(1515) 장경왕후 윤씨는 훗날 인종이 되는 원자를 낳고 6

일 만에 죽고 만다. 이때 담
양부사였던 박상은 순창군
수 김정, 무안현감 유옥 등
과 함께 순창의 강천사 계곡
에 모여 각각 관인을 나뭇가
지에 걸고 억울하게 폐위된
신씨를 복위시키는 것이 옳
다는 상소를 올리기로 결의

삼인대비(순창 강천사)

한다. 이들이 소나무 가지에
관인을 걸어놓고 맹세한 곳이 삼인대이다.

　그들이 목숨 걸고 올린 「신비복위소」는 폐위된 신씨의 원통함을 풀
어줌과 동시에 복위시키고, 신씨의 폐위를 주장한 반정의 3대 공신인
박원종, 유순정, 성희안의 관직을 박탈하고 죄 주라는 청천벽력과도 같
은 요구였다. 조강지처를 내친 죄가 반정의 공보다 더 크다는 것이, 박원
종 등의 죄를 묻는 근거였다. 반정 공신들이 권력을 잡고 있던 당시 「신
비복위소」는 목숨을 담보로 한 의로운 행동이 아닐 수 없다.

　조정은 「신비복위소」로 인해 격렬한 논쟁에 휩싸인다. 박상은 중벌
에 처해질 분위기였으나 조광조 등의 간언으로 전라도 남평으로 유배된
다. 조광조 등이 적극 옹호한 결과였다. 그러나 이 상소는 사림들이 다시
결집하는 계기가 되었고, 이어 일어난 기묘사화의 불씨가 된다. 박상이
요구했던 신씨의 복위는 이루어지지 못했지만, 영조는 박상 등의 상소
를 "늠름한 행위였다."고 평가하였고, 영조 15년(1739) 5월 신씨는 단경왕
후로 복위된다. 그 후 5년 뒤인 영조 20년(1744) 「신비복위소」를 올렸던
장소에 삼인대 비가 세워지고, 후일 정조는 박상의 제문을 직접 지으면

서 "삼인이 걸었던 그 석대는 만고에 닳지 않으리라."고 칭찬하였다.

서창검문소에서 칠석동까지가 눌재의 의로움을 기리기 위한 도로 명인 눌재로다. 서구 사동(일명 절골)에는 그의 생가터와 재실, 묘소가 있고, 광산구 소촌동의 송호영당에는 그의 영정과 영의정을 지낸 조카 박순의 영정이 함께 걸려 있다. 처음 송호영당은 영조 4년(1728), 그가 태어난 서창동 절골 마을에 건립되었다. 그러다가 1998년 소촌동 100번지 기찻길 옆으로 옮겨진 후, 아파트가 들어서면서 2008년 현 위치인 소촌동 산85번지로 이전되었다. 먼 후손인 용아 박용철 시인의 생가 바로 뒤다.

우부리 격살 사건과 「신비복위소」는 목숨을 건 의로움의 실천이었고, 광주가 의로움의 고장으로 다시 태어나는 출발점이 된다.

박상과 조광조의 인연

기묘사화가 일어난 이듬해인 1520년 봄, 능성현(지금의 화순군 능주면)에 귀양 와 사약을 받고 죽은 정암 조광조의 시신이 경기도 용인으로 떠나갈 때, 박상은 관이 실린 소달구지를 먼발치로 바라보면서 만시(죽은 사람을 애도하는 시)를 짓는다.

"무등산 앞에서 서로 손을 붙잡았는데/ 관 실은 소달구지만 바삐 고향으로 가는구나/ 후일 저세상에서 다시 서로 만나더라도/ 인간사 부질없는 시비일랑 더 이상 논하지 마세나."

이 시의 1절과 2절은 박상과 조광조가 만난 과거와 현재의 인연 이야기이다. 1519년 11월 박상은 무등산 앞 분수원(지금 학동 삼거리)에서, 유배되어 내려오는 조광조를 만나 이별을 나눈 적이 있다. 그런데 그 이별이 박상과 조광조의 마지막 만남이 되고 만다. 조광조는 유배 온 지한 달도 채 되지 않아 사약을 받았고, 그의 시신은 소달구지에 실려 고향으로 가고 있는 것이다.

　박상은 3절과 4절에서, 내세에서 다시 만나더라도 그때에는 인간사 부질없는 시비는 하지 말자고 읊는다. 인간사 부질없는 시비, 이는 그가 겪은 「신비복위소」 사건과 조광조를 죽음으로 몰고 간 급진적인 개혁 정치를 말한다. 중종 13년(1518)에 대사헌이 된 조광조는 중종을 설득하여 급진적인 개혁을 추진했다. 소격서를 혁파하고, 향약을 실시했으며, 지식만을 평가하는 과거시험 대신 인성을 중시하는 현량과를 실시했다. 그리고 반정 공신들의 공훈을 4분의 3 이상 삭탈했다. 이러한 개혁 정치는 훈구 세력의 반발을 가져오게 되고, 결국 기묘사화가 일어나면서 조광조는 38세의 나이로 사약을 받았다.

2

작은 장터에서 울려 퍼진
3·10 만세 운동

광주에 독립선언서가 전해진 것은 광주 출신으로 동경 유학생이던 정광호가 최팔용 등 11인이 서명한 조선청년독립단 명의의 「2·8독립선언서」를 가지고 귀국하면서부터다. 귀국 후 정광호는 서울에서 최남선 등을 만나 동경의 2·8독립선언과 때를 같이 하여 국내에서 거사해줄 것을 기대했지만, 확실한 대답을 얻지 못하자 서울에서 유학 중이던 광주·전남 출신의 김범수, 박일구, 최정두 등과 의논하여 광주에서만이라도 거사하기 위해 등사판을 사 가마니 속에 넣어가지고 내려온다. 이들은 거사를 위해 먼저 태극기와 선언서를 준비한다. 선언서 등사는 일본 경찰의 감시를 피하기 위해 박일구의 처가인 장성군 북이면 백암리 김기형의 집에서 은밀히 진행되었다. 그리고 등사된 선언서의 일부는 광주 3·1운동을 주도적으로 모의하고 준비했던 광주 지식인들의 비밀 단체였던 신문잡지종람소 회원인 김태열이 가지고 와 최한영의 집에 숨기게 된다.

2월 말 서울에서 광주의 3·1운동을 논의하기 위해 김필수 목사가 내려와 최흥종과 김복현(김철)을 만나 거사 계획을 은밀히 숙의하고 돌아간다. 이어 최흥종과 김복현은 3월 2일 상경하여 김범수 등 유학생들

을 만나 광주 3·1운동을 구체적
으로 논의한 후 책임자가 되었지
만, 3월 5일 최흥종은 감격을 이
기지 못하고 인력거 안에서 유인
물을 나눠 주고 깃발을 흔들며 만
세를 부르다 종로경찰서에 연행되
고 만다. 최흥종이 연행되자, 김복
현은 3월 6일 손병희 외 32인이
서명한 「3·1독립선언서」 등 5종
류의 문건을 지참하고 광주로 내
려온 후 당일 저녁 남궁혁의 집에
서 광주 3·1 만세 시위를 모의한

광주3·1만세운동 기념탑(수피아여고)

다. 이때 참석한 인물은 김복현·
김강·최병준·송흥진·최정두·한길상·김용규·김태열·강석봉·손인식
등 양림동 기독교계 인사와 신문잡지종람소 회원, 숭일학교 교사 등 10
명이었다.

이들은 광주 거사에 대한 준비를 의논하고 거사일을 3월 8일 큰 장
날로 정하였다. 그리고 다음과 같이 역할 분담을 하였다.

　　-독립선언서 등의 인쇄는 시내 조선인 청년이 담당한다.
　　-인쇄용지 1만 장은 강석봉이 구매한다.
　　-인쇄용기는 숭일학교 소장의 등사판을 사용한다.
　　-최병준, 손인식, 송흥진은 숭일학교 생도를 담당한다.
　　-김태열은 보통학교 생도를 담당한다.

광주 3·1 만세 운동 재현 행사

책임 분담이 이루어지자 독립선언서와 태극기의 준비를 맡은 최한영은 최정두·한길상·김용규·범윤두 등과 함께 자기 집 방문을 이불로 가려놓고 밤낮없이 작업을 진행시켰다.

3월 8일 큰 장날을 기해 만세를 부르려던 계획은 독립선언서 등 준비 소홀로 3월 10일 작은 장날로 연기된다. 10일 오후 3시 30분, 광주교 밑 모래사장에 수백 명의 군중이 모여들자, 김복현은 시위 군중들과 함께 '대한 독립 만세'를 외치고, 독립운동의 개시를 선언한다. 이어 시위 군중들은 모래밭에서 언덕으로 올라와 작은 시장으로 출발, 양림리 방면에서 달려온 숭일학교 학생 100여 명과 수피아여학교 여학생 30여 명, 작은 시장에 모인 시민 수백 명과 합쳐져 천여 명의 무리를 이룬다.

작은 장에서 대규모 만세를 부른 후 김복현·김강·최병준 등이 지휘한 시위 군중은 작은 시장을 출발, 우편국(충장우체국) 쪽을 향해 행진한다. 숭일학교 농감이던 송흥진의 대형 태극기를 선두로 시위 군중은 우편국에서 좌회전하여 본정통(충장로)으로 돌아 북문 밖에서, 누문리 방면에서 만세를 외치며 당도한 농업학교 학생 및 시민 수백 명과 다시 합쳐지면서 시위 군중의 규모는 천 수백 명으로 커진다.

시위 군중은 다시 역행하여 본정통을 지나 우편국으로 행진하였는데, 군중의 다수는 독립만세기와 구한국 국기를 휘날렸고, 기를 손에 들지 않은 사람은 모자를 흔들고 혹은 양손을 들고 수시로 독립 만세를

큰 목소로 외쳤다. 이 무렵 지산
면 방면에서 범윤두·이주상 등
이 생용·일곡 일대의 농민과 기
독교인들과 함께 시위행진에 합
류한다.

사흘 밤낮으로 준비한 선
언서·태극기·애국가 등은 장성

대규모 만세 시위지였던 작은 장터

북이면에서 비밀리에 인쇄한 것까지 합해 6가마가 넘었다. 숭일·수피
아·농업학교 학생들이 선두에 서 대한 독립 만세를 외치자, 시위 군중
이 이에 호응하면서 충장로 일대는 천여 명의 함성으로 가득 찼다. 굳
이 시위에 참여하라고 독려할 필요도 없었다. 쌀장수는 됫박을 든 채
시위대에 따라붙었고, 걸인들은 자리를 박차고 일어나 장타령 대신 만
세를 불렀다. 심지어는 친일 부역배로 손가락질 받던 조선인 순사마저
도 허리에 차고 있던 칼을 내팽개치고 대열에 합류했다.

시위 군중이 우체국 앞에 이르렀을 때 무장한 기마헌병대가 출동,
주동자를 체포하여 광주경찰서에 가두었다. 그때 군중들이 "우리가 자
진해서 경찰서로 가겠다."고 외치며 광주경찰서 앞마당으로 몰려 들어
갔고, 이에 일제는 소방대원들까지 동원하여 총검을 휘두르며 노인과 학
생을 가리지 않고 무자비한 폭행을 자행하였다. 이때 수피아여학교 윤형
숙은 일본 헌병이 내리친 칼에 왼팔이 잘리는 등 경찰서 앞마당은 피로
벌겋게 물들게 된다. 이 과정에서 주동자였던 김복현을 비롯한 시위 군
중 100여 명이 체포된다.

만세 운동은 다음 날인 11일에도 계속된다. 오후 5시 무렵 숭일학
교 학생과 농업학교 학생이 중심이 된 300여 명이 시내를 돌며 만세를

불렀다. 그리고 13일, 큰 장날을 맞아 또 천여 명이 목이 터져라 대한 독립 만세를 불렀다. 당시 광주면의 인구가 만여 명이었음을 고려한다면 천여 명의 시위 군중은 대단한 규모가 아닐 수 없다.

연이은 시위로 일제의 경비가 삼엄해지자 충장로 조선인 상인들은 철시로 이에 맞섰으며, 비아·하남·임곡·평동 등 각 면에서는 4월까지 산에 봉화를 올리고 횃불을 들고 만세를 불렀다. 특히, 4월 8일에는 광주보통학교 4학년 학생이던 최영섭 등이 주도한 자혜병원 앞 시위도 있었다.

3월 10일 시위에서 다수의 주도 인물이 체포되자, 시위에 참가하였던 제중원 회계직원이던 황상호는 독립의식을 높이고 다음 거사를 위해 윤익선 명의로 발행되었던 「조선독립신문」을 모방하여 「조선독립 광주신문」 1~4호를 발간하기도 하였다. 4호까지 발행된 이 신문은 당시 광주 최초의 신문이기도 했다.

오늘 3·1운동의 함성이 처음 울려 퍼진 광주교 밑 모래사장도, 천여 명이 만세를 불렀던 작은 장터의 모습도 확인하는 일은 결코 쉽지 않다. 1920년대 광주천이 직선화되면서 모래사장도, 다닥다닥 붙어 있던 작은 장터의 가게들도 사라진 지 오래이기 때문이다. 그러나 3월 10일 광주천변에서 울려 퍼진 대한 독립 만세 소리는 아직도 광주천 곳곳에 묻어 메아리치고 있었다.

제2의 유관순, 윤혈녀

광주천에서의 3·10 만세 운동은 가슴 아픈 수많은 사연을 품고 있다. 그중에서도 일제 헌병에게 왼팔이 잘린 수피아 여학생 윤형숙 열사의 사연은 압권이다.

1900년 9월 전남 여천군 화양면 창무리
에서 태어난 그녀는 어린 시절 어머니를 여
의자, 친척의 소개로 순천의 남장로교 미국
인 선교사 가정에 식모로 들어간다. 선교사
의 도움으로 순천 매산중학교 성서학교를 졸
업한 후, 1918년 수피아여학교에 진학했다.
1919년 3·1 만세 시위가 일어나자 윤형숙은
시위 군중의 맨 앞에서 태극기를 흔들며 대
한 독립 만세를 외쳤다. 일본 헌병의 목표가
된 그녀에게 일본 기마병이 칼을 휘두르며 돌
진하는 순간, 그녀의 왼팔이 땅바닥에 나뒹

일제 기마병에 의해 왼손이 잘린
윤혈녀(윤형숙)

굴었다. 그녀의 왼팔이 잘린 것이다. 왼팔이 잘려 나가자 오른팔로 다시
태극기를 들고 만세를 부르다 체포되었다. 응급치료 후 구금된 그녀에게
일제가 "너의 이름이 무엇이냐?"라고 묻자, "난 윤혈녀다."라고 답했다.
"윤혈녀, 본명이 뭐냐니까?"라고 다그치자, "보다시피 피를 흘리는 윤혈
녀."라고 대답했다. 피 흘리는 윤혈녀, 그녀는 4개월의 옥고 끝에 오른쪽
시력마저 잃는 불행을 당한다.

출옥 후 고향 여수에서 문맹퇴치와 항일운동을 하는 외팔이 여선
생이 된다. 그러던 중 해방을 맞았지만 6·25 당시 기독교인이라는 죄목
으로 다시 체포되고, 후퇴하는 인민군에 의해 총살된다. 향년 50세였
다. 2004년 정부는 윤혈녀에게 건국포장을 추서하여 그의 독립정신을
기린다.

왼팔이 잘리면서까지 태극기를 들고 대한의 독립을 외쳤던 윤형숙,
그는 제2의 유관순으로 불려도 손색이 없다.

3

한말 최대 의병 항쟁지,
어등산

남도의 한말 의병은 타 지역에 비해 다소 늦은 1896년 장성에서 시작
되었다. 중심 인물은 노사 기정진의 손자이자 제자였던 송사 기우만
(1846~1916)이었다. 1896년 1월에 거병한 200여 의병은 대오를 편성한
후 나주로 향했다. 나주 의병과 연합하여 북상, 왕에게 충성하기 위해
서였다. 그 후 기우만은 의진을 광주향교로 옮겼다. 그가 광주로 의진을
옮긴 것은, 광주가 갖는 지리적 이점과 충의의 고장이기 때문이었다. 이
때 광주 지역 유생들이 얼마만큼 기우만 의병에 참여했는지는 확인할
수 없지만, 광주향교 재임을 맡았던 박원영이 의병의 주도 인물로 지목
되어 진위대에 피살되었음을 볼 때 적극 가담자가 상당수 있었을 것으
로 보인다. 기우만이 광주향교를 중심으로 의병을 모으고 있을 무렵 장
성의 기삼연이 300여 의병을 이끌고 합류하면서 사기가 크게 올랐다.
이때 고종은 남로선유사 신기선을 파견하여 해산을 종용했다. 기삼연
의 반대에도 불구하고 기우만은 "고종의 해산 조칙을 거절할 수 없다."
고 하면서 해산하고 만다. 전기의 광주 의병은 별다른 활동 없이 해산
되었지만 반침략적·근왕적 성격을 확인할 수 있고, 중기 의병으로 이어

한말 최대 의병 항쟁지인 어등산

지는 계기를 마련했다는 점에서 의미가 있다.

1905년 11월에 체결된 을사늑약을 전후하여 중기 의병이라 불리는 의병이 재차 일어났다. 이때 남도 의병을 주도했던 중심인물은 태인의 면암 최익현, 광양의 백낙구, 남원의 양한규, 능주의 양회일 등이었다. 면암은 1906년 6월, 전 낙안군수 임병찬과 함께 태인의 무성서원에서 수백 명의 문인들을 모아 의병을 일으켰다. 면암의 거병과 격문은 당시 남도 유생들에게 큰 영향을 주었고, 이때 태인 의병에 광산 출신 박현동이 참여했다.

1906년 3월 31일자 『대한매일신보』에 "전라남도 광주 지방에서 의병이 일어나 곳곳에서 쌀 250석과 기타 금품을 강탈하며 일진회원 20여 명을 감금 구타하였는데……"라는 기록이 있다. 그리고 동 신문 같

농성광장의 죽봉 김준(김태원) 의병장 동상

은 해 12월 15일자에 "전라남도 등지의 의병이 곳곳에서 봉기하여 인명을 살해하는 폐가 종종 있더니 일전에 광주우편국을 습격하여 사무원 좌야 씨를 살해하였다."는 기사도 남아 있다. 이 두 기사는 누가 주도했는지, 그후 어떻게 진전되었는지는 확인할 수 없지만, 1906년 당시 광주에서도 의병 활동이 전개되고 있음을 보여준다.

1907년 후반, 헤이그 특사 사건 이후 고종이 강제 퇴위당하고 군대마저 해산되면서 전국적으로 의병이 일어났다. 이 무렵 광주·전남의 의병 활동이 전국에서 가장 활발하게 전개되었다. 1907년부터 1909년에 걸친 3년 동안 광주에서는 110여 차례의 크고 작은 전투가 일어났다. 이들 의병의 목표는 일제 침략 기구와 군대, 경찰, 일진회원과 부왜인들을 몰아내는 것이었다. 다음의 『대한매일신문』(1908년 5월 10일자) 기사는 이를 잘 보여준다.

"본월 5일에 의병 천여 명이 광주군에 들어와 재무서, 우편취급소, 분파소, 기타 공해를 타파함에 일반 민심이 시끄럽다더라."

광주를 중심으로 활동한 대표적인 의병부대와 활동 목표에 대해 일제는 1908년 1월 25일자 광비발 제67호에 다음과 같은 기록을 남기고 있다.

"이 방면에 있어서의 폭도의 수괴는 고 최익현의 문하인 장성군 서이면 송계동 거주의 기삼연 부자, 나주군 거평면 갈마지 거주의 김태원, 광주군 고룡면 장교 거주의 박처인 형제 등이다. 근거지는 일정하지 않으며 전라북도와 경계하는 장성군의 산맥 안, 혹은 장성, 함평, 나주, 광주 등의 군 경계에 있는 산맥 안을 배회 출몰한다. 많을 때는 100명 내지 200여 명, 적을 때는 30여 명이 단체가 되어 횡행한다. 그들이 목적하는 바는 일본인을 죽여 없애고 일진회원 및 경찰 관리를 살해하는 데 있다. 물론 한편으로는 각 면에 있어서의 조세 징수원을 협박하여 징세를 금하고, 이미 징수한 금액을 약탈하는 데 있다."

1908~1909년, 이 지역에서 활동했던 대표적인 의병부대로는 기삼연, 김준(김태원)·김율 형제, 전해산, 조경환, 박처인 4형제, 김원국·김원범 형제, 양진여·양상기 부자, 오성술, 이기손, 김동수, 박용식 등을 들 수 있다. 이들은 타의 추종을 불허할 정도로 돋보이는 활동을 전개했다.

당시 의병부대의 규모는 많게는 100~200명에서 적게는 수십 명 규모였다. 이들은 지형지물의 우세를 이용하여 '분산과 집중'이라는 전술을 썼지만 무기의 열세로 전투력의 열세를 면치 못하였다. 이 때문에 전투가 붙을 때마다 일본군보다 의병의 피해가 훨씬 더 컸다.

그럼에도 의병 활동이 거세지자 일제는 때와 장소를 가리지 않고 크고 작은 이른바 토벌 작전을 전개했다. 특히, 1908년 2~4월에 전개된 토벌 작전으로 광주 지역의 의병 200여 명 이상이 전사했는데, 이때 기삼연과 김준·김율 형제 등이 희생되었다. 기삼연은 1908년 2월 광주천에서 총살형을 당했고, 김준은 1908년 4월 어등산에서 치열한 접전 끝에 순국하였다.

토벌 작전으로도 광주를 비롯한 남도 의병이 사라지지 않자, 일제

어등산 한말호남의병전적지 비(호남대학교)

는 1909년 9월부터 두 달간에 걸쳐 이른바 남한폭도대토벌작전을 자행했다. 이로 인해 남도 의병은 막대한 피해를 입었다. 의병 500여 명이 전사하고, 피체 혹은 자수자가 1,500명을 넘었다. 이때 광주 출신의 양진여, 오성술, 김원국과 심남일, 안규홍, 강사문, 강무경 등 남도의 대표적인 의병장들이 체포되어 처형되었다.

이 토벌 작전으로 전남은 물론 광주의 의병 활동도 그 막을 내렸다. 그러나 1907~1909년 사이 가장 치열했던 광주·전남의 의병 정신인 절의 정신은 이후 광주학생독립운동과 5·18 민주화운동을 거치면서 민주, 인권의 정신으로 계승된다.

전국 최대의 의병 항쟁지 광주, 그 최대 격전지는 어등산이다. 어등산이 남도 최대 격전지가 될 수 있었던 것은 광주를 비롯한 장성, 나주, 함평을 잇는 지리적인 이점 때문이었다. 또한 3~4개 군의 경계에 위치하고 있어 관할 구역이 애매했고, 주위에서 가장 높은 산(338미터)이었기에 일군의 추격을 따돌리고 주변 지역을 관측하기에도 용이했다. 그리고 인근 지역과의 연락 면에서도 편리했다.

1908년 4월 25일 김준은 3시간의 치열한 접전 끝에 23명의 의병과 함께 순국했다. 농성 광장에 우뚝 서 있는 김준 의병장의 동상이 두 눈 부릅뜨고 어등산을 바라보고 서 있는 이유다. 전해산 의병부대의 중군장을 맡

의병들의 피신처였던 어등산 토굴

았던 김원범도, 김준 의병장의 선봉장이었다가 독립한 조경환 의병장도, 형 김준의 죽음을 확인하기 위해 갔다가 총살당한 김율의 순국 현장도 어등산이었다. 양동환 의병 80여 명도 어등산에서 치열하게 싸우다 10여 명이 전사했다. 이처럼 어등산은 김준 의병장을 비롯, 최소한 50명 이상의 의병이 전사한 전국 최대 격전지다.

어등산 앞산인 용진산 사호고개에서는 오상렬 의병장이 순국했다. 어등산 가까이의 산천으로 둘러싸인 경치 좋은 장소인 대명동천과 석문동천, 용진동천은 전해산·오성술·조경환 의병부대의 주둔지이자 전투지였다. 어등산 주변인 고룡면 장교 부근은 의병장 박처인 4형제의 고향이며, 김원범의 형 김원국이 의병장 조경환을 만난 후 의병에 투신한 장소 또한 어등산 자락의 선암리였다. 이처럼 어등산과 주변 자락은 전국 최대의 의병 격전지이자 순국지였다.

남도인의 소중한 정체성 중 하나가 절의 정신이다. 그래서 불리는 남도의 별칭이 의로움의 고장, 즉 의향이다. 하지만 광주 어디에도 의병들의 절의 정신을 기리는 기념공원, 기념탑 하나 없다. 100여 년 전 나라를 지키기 위해 분연히 일어나 어등산 등지에서 순국한 의병들의 혼

을 기리는 사업은, 의로움의 고장을 내세우며 살아가는 광주시민의 자긍심이다. 그 적격지는 김준 의병장과 수많은 의병들이 순국한 한말 최대 의병 항쟁지, 어등산일 수밖에 없다.

4

3·1운동 이후 최대 항일운동, 광주학생독립운동

광주학생독립운동의 조직적 확산에 중요한 역할을 한 학생 조직은 성진회와 그를 계승한 독서회다. 성진회는 광주고보 학생인 왕재일·장재성 등이 중심이 되어 1926년 11월 3일 광주 부동정(현 불로동) 최규창의 하숙집에 모여 결성했지만, 결성 5개월 만에 해체되었다. 왕재일과 장재성 등 핵심 인물들이 졸업하였고, 회원 가운데 한 사람이 광주경찰서 형사와 인척 관계임이 밝혀지면서 비밀 누설을 염려한 때문이었다.

1929년 6월, 동경 중앙대학 예과에 유학 중이던 장재성이 학업을 중단하고 광주에 돌아와 양림리(현 양림동) 김기권의 집에 모여 성진회를 계승하는 독서회 중앙본부를 결성했다. 독서회 중앙본부가 결성되면서 동년 6월에 광주고보와 광주농업학교가 무등산 중머릿재와 세인봉에서, 1927년 7월에는 홍귀주 등이 중심이 된 광주사범학교가 수피아여고 뒷산에 모여 독서회를 결성했고, 광주여고보는 장재성의 누이인 장매성의 주도로 소녀회가 결성되었다. 독서회 중앙본부는 독서회원들의 친목과 단결을 도모하고 경제적인 뒷받침을 위해 김기권이 출자한 500원 등 720원으로 1929년 9월 초순 광주지방법원 앞(현 금남공원)의 2층 점포를

성진회 회원들

빌려 문방구점을 열었다. 문방구점 옆은 독서회 중앙본부의 책임비서인 장재성의 빵집이었다. 이 건물 2층의 문방구점과 빵집은 독서회 회원들의 비밀 모임 장소가 되었다.

성진회를 이은 독서회 조직과 함께 광주학생독립운동을 잉태하고 확산시킨 원동력은 동맹휴학(맹휴) 투쟁이었다. 광주 최초의 맹휴 투쟁은 1924년 6월, 광주고보와 재광 일본인 선발팀과의 야구 경기가 발단이 되었다. 당시 광주고보가 1 : 0으로 이기고 있는 상황에서 9회 초 일본인 선발팀의 마지막 공격이 시작되었고, 3루 주자가 홈으로 들어오다 태그 아웃되면서 경기가 종료되었다. 일본팀 응원단장 안도가 경기 결과에 불만을 품고 심판에게 거칠게 항의하자, 광주고보생들의 분노가 폭발했다. 안도는 선수들에게 포위되어 몰매를 맞았고 출동한 경찰에게 선수들이 잡혀가자, 학생들은 경찰서로 몰려가 선수들의 석방을 요구했다. 석방 요구가 받아들여지지 않자 학생들은 수업을 거부하고 광주 최초의 맹휴를 단행했다. 이러한 상황에서 1928년 6월, 이경채 사건이 일어났다. 이경채(광주고보 5년)는 일본 제국주의 타도 등을 주장하는 내용의 선언서와 격문을 도내 각 중학교와 경찰서 등에 배포하고, 광주역 등 10여 곳에 유인물을 붙이다 발각되었다. 경찰로부터 사건의 진상을 통보받은 광주고보 시라이 교장은 재판도 열리기 전에 이경채를 퇴학시킨다. 이에 광주고보생들은 동맹휴학을 결의하고 1928년 6월 26일 1학년을 제외한 전교생이 맹휴를 감행했다. 5개월이나 지속된 투쟁의 결과 16명이 실형을 선고받았고, 39명이 퇴학당했으며, 전교생 500명 중 300여 명이 무기정학을 당했다.

10월 30일 나주역 사건 이후 맞닥뜨린 운명의 날 11월 3일, 이날은 음력 10월 3일로 개천절이었고, 독서회 학생들에게는 성진회(독서회 전신) 창립 3주년이 되는 날이었다. 그리고 일본인에게는 메이지 왕의 생일인 명치절이면서, 전남산 누에고치 6만 석 돌파 축하회가 예정된 날이어서 시내 곳곳에는 현수막과 일장기가 휘날리고, 전남 각지에서 많은 사람들이 모여드는 등 그들에게는 축제일이었다.

일제는 일요일이었지만 명치절 기념행사를 위해 학생들의 등교를 명했다. 광주고보 학생들은 명치절 기념식에서 기미가요를 부를 때 침묵으로 저항한 후 신사참배를 거부했다. 그리고 나주역에서의 한·일 학생 충돌 사건을 일방적으로 편파 보도한 일본인이 경영하는 광주일보사에 몰려가 윤전기에 모래를 뿌리며 항의했다.

이와 비슷한 시각에 신사참배를 마치고 돌아가던 광주중학생들이 광주천변에서 광주고보생 최쌍현(광주고보 2년)을 칼로 찌른 사건이 발생했는데, 이 소식이 삽시간에 퍼졌다. 오전 11시경, 최쌍현을 찔렀던 일본인 학생들과 수명의 광주고보 학생들이 수기옥정 우편국(현 충장로 신한

장재성 빵집

은행 부근) 앞에서 최초로 충돌했다. 일본인 중학생들 수가 더 많았지만 광주고보생들의 기세에 눌려 광주역(현 동부소방서) 쪽으로 도주했다. 이때 수십 명의 광주중학생들이 유도 교사의 인솔하에 야구방망이와 죽창·죽도를 휘두르며 광주역으로 달려왔고, 급보를 접한 광주고보 기숙사 학생들이 기차를 기다리던 한국인 학생들과 합세하면서 한·일 학생들 간에 난투극이 벌어져 광주역 일대는 아수라장이 되었다. 광주학생독립운동이 시작된 것이다.

시위대는 충장로, 구도청 앞 등 광주 전역을 누비며 조선 독립 만세를 불렀고, 광주중학 타도, 식민지 노예 교육 철폐 등의 구호를 외치며 애국가와 행진곡을 목이 터져라 불렀다. 동문다리(현 대인시장 입구)에서 일본 학생과 대치할 때 관동여관의 여주인은 월동을 위해 준비한 장작을 학생들에게 나눠 주기도 했다. 광주고보 학생을 상대로 호떡을 팔던 아저씨는 바구니 가득 호떡을 가져와 학생들의 사기를 북돋았다. 연도의 시민들도 합세하거나 박수로 격려하며 일제 타도를 외쳤다. 이날의 시위는 성진회를 모태로 결성된 독서회 중앙본부의 지도하에 11월 12일 다시 타오른다. 이때에도 광주고보, 광주농업학교, 광주여고보, 광주사범학교 학생뿐만 아니라 수많은 시민들이 합세하여 대규모 시위로 발전한다.

3일과 12일에 걸친 광주 학생들의 항일 시위 소식은 수백 명의 학생들이 일제 경찰에 의해 체포되었다는 소식과 함께 전국으로 퍼져나갔다. 이에, 학생들의 시위는 나주, 목포 등 인접 지역뿐만 아니라 12월과 1월에는 서울을 비롯한 전국으로, 심지어는 만주나 일본의 조선인 학교에까지 확대되었다. 당시 『조선일보』와 『동아일보』는 앞다투어 3·1운동 이후 가장 큰 사건으로 보도했다.

광주고보(현 광주일고)에 세워진 기념탑

광주의 학생들에 의해 시작된 항일운동에 전국 320여 개 학교에서 5만 4,000여 명이 참여했다. 당시 중등학교 이상의 학교에 재학 중인 학생 수가 8만 9,000여 명이었음을 고려해보면, 전체 학생의 60%가 항일 시위에 참여했다고 볼 수 있다. 이 과정에서 1,462명이 검거되고 3,000여 명이 퇴학 또는 무기정학을 당했다. 광주학생독립운동에 참여했던 광주고보(현 광주제일고), 광주농업학교(현 광주자연과학고), 광주여고보(현 전남여고), 광주사범학교(현 광주교대)에는 그날의 의미를 새긴 기념비가 서 있고, 서구 화정동에는 기념관이 건립되어 당시의 생생한 모습을 전해준다.

정부는 광주 학생들의 항일운동의 뜻을 기리기 위해 1953년부터 11월 3일을 학생의 날로, 2006년부터는 학생독립운동기념일로 지정하였다.

잊혀버린 주역, 장재성

광주학생독립운동의 중심인물 장재성(1908~1950), 그는 1931년 6월 13일 대구 복심 법원에서 가장 무거운 4년형을 선고받았다. 대부분이 집행 유예로 풀려나거나 1~2년 남짓을 선고받은 데 비해 당시 그가 받은 형량은 매우 무거웠다. 이는 광주학생독립운동에서 그의 역할과 위치가 절대적이었음을 보여준다. 그럼에도 그는 아직 우리에게 생소한 이름이다.

4년의 수감 생활 이후 요주의 인물로 일제의 감시를 받던 중 그에게도 해방이 찾아왔다. 해방 후 그는 여운형, 안재홍 등이 만든 조선건국준비위원회의 전남 조직부장을 맡았다. 1945년 12월 2일자 『광주민보』에 "광주에 청년동맹 결성…… 의장 장재성 씨로 하여…… 열렬한 토론을 하였다."는 기사가 있어 그의 행적을 더듬어볼 수 있다.

그가 다시 등장한 것은 황해도 해주였다. 1948년 남한만의 5·10 총선거 일정이 잡히자, 평양에서는 그해 4월, 김구 등이 참가한 남북대표자회의에 이어 8월 21일부터는 황해도 해주에서 남조선인민대표자대

장재성의 수훈 취소를 알리는 신문기사

회가 열렸다. 장재성은 바로 이 남조선인민대표자대회에 참가했다. 그는 이 사건으로 수배되어 1949년 서울에서 체포된 후 징역 7년을 선고받고 광주형무소(현 광주광역시 동명동 위치)에 수감되었다.

6·25전쟁이 일어나자 경찰은 후퇴하면서 광주형무소에 수감된 사상범들을 집단 처형했는데, 장재성은 1차로 총살당한 120명 가운데 한 명이었다. 일제강점기 3대 항일 민족운동 중의 하나로 꼽히는 광주학생독립운동의 주역 장재성의 최후는 이렇듯 비참했다. 그때 그의 나이 43세, 가족들은 그의 시신조차 찾지 못했다.

오늘 광주학생독립운동사에 장재성은 없다. 4·19혁명 직후 그의 복권 움직임이 있었지만 5·16 군사정변으로 들어선 군사정권은 이를 기각했다. 그리고 사회주의자라는 이유로 독립유공자 포상 대상자에서마저 탈락했다. 광주학생독립운동의 주역 장재성은 아직도 잊힌 채 역사의 그늘 속에 묻혀 있다.

5

광주고에서 시작된
광주 4·19혁명

1960년 3·15 정·부통령 선거가 부정으로 얼룩지자 민주당 전남 도당은 투표소 참관인의 철수를 지시했고 부정선거 규탄 거리 시위를 하자는 데 뜻이 모아졌다. 그래서 제작된 플래카드가 '곡(哭) 민주주의'였고, 훗날 민주주의 장송 시위로 불리게 된 이유가 된다.

　광주에서 일어난 민주주의 장송 시위는 전국 최초의 3·15 부정 선거 규탄 대회였다. 당시 민주당 중앙 당사에서는 4시 30분에 선거 무효를 선언했고, 마산에서는 이보다 앞선 3시 30분에 선거 무효를 선언한 후 시위가 시작되었다. 그러나 민주당원이 중심이 된 금남로의 시위는 이보다 앞선 12시 50분경이었다(『동아일보』는 당시 시간을 12시 45분경으로, 옛 『전남일보』는 12시 50분경으로 쓰고 있다). 이날 광주 시위는 당시의 『동아일보』와 『전남일보』, 『조선일보』에 보도되었지만 15일 7시경에 일어난 마산의 2차 시위 당시 경찰의 발포로 시위 학생들의 피해가 속출한 마산항쟁에 묻히고 말았다.

　1천여 군중이 합세한 광주의 3·15 민주주의 장송 시위는 자유당 정권의 부정 선거에 항거하여 선거 무효를 선언한 전국 최초의 시위였

3·15 부정 선거를 규탄한 전국 최초의 '곡 민주주의' 장송 데모

고, 장총의 개머리판으로 후두부를 맞아 금남로에 흘린 조계현의 피는 4·19혁명의 첫 피였다.

19일의 광주 시위는 광주고등학교에서 시작되었다. 그 중심에 이홍길(광주고 3년)이 있었다. 전날 이홍길은 시내 전남일보(광주일보 전신) 벽보판에서 고대생의 데모를 알리는 호외를 접했다. 저녁 무렵 그의 계림동 하숙집에 홍갑기, 김신담, 김병욱 등 10여 명이 모여 19일 시위를 모의했다. 여기에 조선대부속고등학교 학생인 전만길이 포함되어 있었다.

이들은 19일 1교시 난타의 종소리를 신호로 운동장에 집결하기로 약속하고, 종을 칠 타종수로 몸집이 큰 신강식과 조병수를 정했다. 그리고 19일 목이 터져라 외칠 구호를 만들었다. 그날 밤에 만든 구호는 '3·15 부정 선거를 다시 하라', '마산의 발포 경찰을 처단하라', '구속 학생 석방하라', '경찰은 학원에 간섭하지 말라' 등이었다.

19일 아침 시위를 결의했던 학생들이 등교하자 낌새를 눈치챈 교장은 간부들과 모의 주동 학생을 불러 자중하고 대학 입시에 전념하라고 훈계했다. 이홍길을 비롯한 학생 대표들은 협의할 시간을 달라고 부탁한 후 시간을 얻어 회의를 진행한 끝에 시위를 감행하기로 의견을 모았다. 이때 시위의 시작을 알리는 종소리가 울렸다. 4·19와 관련된 전국적

교문을 돌파하는 광주고등학생들

인 현상으로 시위의 시작을 알리는 타종이 있다. 시위를 계획하면서 신강식, 조병수를 타종자로 지목해놓은 것만 보아도 그 상징적 의미가 짐작된다. 타종이 곧 시위의 상징임은 서울대 선언문의 한 구절 "보라, 우리는 캄캄한 밤의 침묵에 자유, 자유의 종을 난타하는 타수임을 자랑한다."에서도 잘 드러난다.

이미 약속한 대로 종소리에 맞춰 전교생이 운동장에 집합했고, 학생 대표들도 잠긴 교장실의 문을 박차고 나왔다. 10시가 조금 못 된 시간이었다. 학생들이 운동장에 집결했지만 정문은 이미 경찰에 의해 봉쇄되어 있었다. 정문이 막히자 일부 학생들은 후문을 통해 거리로 박차고 나갔다.

후문으로 나와 거리로 진출한 학생은 100여 명, 계림동 앞길로 나오자 경찰이 곤봉으로 후려쳤다. 경찰의 곤봉 세례에 광주고생들은 계림파출소와 경양방죽 쪽의 두 갈래로 나뉘어 시내로 진출, 전남여고, 광주여고, 광주일고, 광주공고 등 시내 고교를 찾아다니며 동참을 호소했다. 이에 광주여고생들은 판자 울타리를 넘어뜨리고 시위대에 합류했다.

오후 2시, 금남로는 몰려드는 고교생들로 물결을 이루었다. 일부 시민들이 합류하면서 수천으로 불어난 시위대는 "광주 학생 의거 선배를 따르자."를 외치며 여러 갈래로 나뉘어 시내 곳곳의 파출소와 소방서를 파괴하며 경찰과 충돌했다. 그리고 광주 4·19혁명 최초의 희생자가 발생했다. 오후 8시경, 광주 학동파출소 앞에서 시위하던 강정섭(당시 17세)이 경찰이 쏜 총알을 맞고 좌우상박부 관통상으로 숨졌다. 그의 신원은 10일이 지난 4월 29일이 되어서야 확인되었다.

강정섭은 경찰이 쏜 총에 맞아 숨졌지만 발포자가 명확하지 않다는 이유만으로 방치되다 1961년 2월, 특별검찰부에 의해 학동파출소 김남중 주임, 이용수·김해수 순경 등이 공소됨으로 그 진상이 드러났다. 공소장에 의하면 오후 8시경 파출소로 밀려오는 시위대 1천여 명을 향해 김남중은 칼빈 실탄 6발을, 이용수와 김해수는 각각 3발과 4발을 발사했다. 그리고 그중 한 발이 파출소에서 70여 미터 떨어진 곳에 있던 강정섭에게 명중했다. 시위대들이 전대 병원으로 옮겼지만, 그의 몸은 이미 식어 있었다.

학생 시위대의 최대 격전지는 광주경찰서였다. 1천여 명의 시위대가 광주경찰서로 모여들었고, 경찰은 최루탄과 공포탄으로 이에 맞섰다. 시위대와 경찰과의 밀고 당기기를 수차례, 9시 25분경 40명의 경찰 돌격대는 시위대를 향해 돌격을 감행했다. 그러나 시위대는 물러나지 않았다. 그리고 얼마 후 탕, 탕, 탕, 경찰의 발포가 시작되었다. 9시 40분이었다. 여기저기서 시위대가 쓰러졌다. 경찰은 금남로로 후퇴하는 시위대를 끝까지 쫓아와 사격을 해댔다. 순식간에 이귀봉(당시 18세)을 비롯하여 7

4·19혁명 기념관(계림동)

명이 금남로에서 사망하고, 수십 명이 부상을 당했다. 20일 오전, 농고생들이 합세한 전남대생들의 시위가 있었지만 무장한 군인과 장갑차의 공격으로 해산되었다. 그러나 광주에서의 시위는 이후 목포, 여수, 순천 등 전남 일대로 퍼져나갔다.

광주고등학교 정문에 광주 4·19민주혁명 발상지 표지판과 교정 안쪽에 광주 4월혁명 발상 기념탑 및 4·19혁명 그날 시비 등을 세워 이를 기념하고 있고, 계림동(구시청 옆)에는 4·19혁명 기념관이 건립되어 당시의 모습을 생생히 증언하고 있다. 4·19혁명을 기념하기 위해 발상지인 광주고등학교 앞길(중앙초교~대인시장~광주고~서방4거리)을 '4·19로'로 지정하였고, 버스 419번이 이 구간을 운행하고 있다.

4·19의거 영령 추모비

1962년 4월 19일 광주공원에 광주 4·19의거 희생 영령 추모비가 세워졌다. 당시 목숨을 바친 이들을 추모하고 4·19혁명의 뜻을 잊지 않기 위해서였다. 맨 중앙에 4·19를 양각하고 우측에는 4·19혁명 당시의 시위 모습을, 좌측에는 조지훈의 시를 새겼다.

자유여 영원한 소망이여.

피 흘리지 않곤 거둘 수 없는 고귀한 열매여.

그 이름 부르기에 목마른 젊음이었기에 맨 가슴 총탄 앞에 헤치고

4·19의거 희생 영령 추모비(광주공원)

달려왔더이다.
　불의를 무찌르고 자유의 나무의 피거름되어
　우리는 여기 누워 있다.
　잊지 말자, 사람들아.
　뜨거운 손을 잡고 맹세하던
　아 그날 4월 19일을.

　전국 최초로 3·15 부정 선거 무효를 외쳤던 광주 3·15 장송 시위는 진주, 마산을 돌아 다시 광주고생들이 중심이 된 광주 4·19혁명으로 타올랐다. 광주 4·19혁명은 광주학생독립운동의 정신을 이어받아 5·18 민주화운동을 있게 했던 한국 민주 지형의 토대이자 허리였다. 그리고 민주주의를 회복하기 위해 그들이 흘린 피는 5·18 민주화운동을 거치면서 민주, 인권의 광주 정신이 된다.

6

대한민국 민주주의의 초석,
5·18 민주화운동

1980년 광주에서 일어난 5·18 민주화운동은 민주주의를 쟁취하기 위한 대한민국 현대사의 일대 사건이 아닐 수 없다. 5·18 민주화운동은 당시 신군부의 무자비한 탄압에 의해 좌절되었지만, 거대한 잠재 에너지를 응축하면서 이후 사회 변혁의 힘찬 원동력이 되었기 때문이다.

10·26 사건 이후 전두환을 비롯한 일부 신군부 세력은 12·12 쿠데타로 군권을 움켜쥐고 국가 권력을 찬탈하기 위해 국민적 여망인 민주화에 역행하는 일련의 강압적 조치를 취했다. 5·18 민주화운동은 이러한 신군부의 국가 권력 찬탈에 맞선 정의감에서 우러나온 불굴의 저항이었다.

5·18 민주화운동의 직접적인 발단은 5·17 비상계엄 확대 조치였다. 비상계엄으로 대학에는 휴교령이 내려지고 전남대학교와 조선대학교 등에는 계엄군이 진주했다. 휴교령에도 불구하고 5월 18일, 전남대학교 정문 앞에 모인 수백 명의 대학생과 계엄군 사이에 일어난 최초의 물리적 충돌이 과격화되면서 급기야 유혈사태로 확대되었다. 힘에 부쳐 퇴각하는 학생들을 계엄군이 끝까지 추격하여 개머리판과 진압봉으로 무

도청 앞 광장에서의 민주 집회

자비하게 내리쳐 다수의 부상자가 속출하자, 이에 격분한 시민들도 항
의하며 시위에 적극 가담했다. 이런 상황에서 시민·학생들은 향후 정치
민주화 일정 공개를 요구하며 도청 앞 광장에 모여 시위를 계속했다.

　20일 저녁 시작된 계엄군의 발포로 다수의 사상자가 발생하자 시민
들도 자위 차원에서 시내·외 파출소 등의 총기를 빼앗아 무장하고 광
주공원에서 시민군을 편성하는 등 계엄군들과 맞서면서 광주 곳곳은
피로 얼룩졌다. 광주역 광장, 옛 시외버스 공용터미널 일대, 광주교도소,
주남마을 계곡, 광·목 간 도로, 금남로 등 광주의 어느 곳도 격전지 아
닌 곳이 없었다. 그리고 그 격전의 마무리는 도청이었다. 27일 새벽 도청
이 계엄군에 의해 무력으로 진압되면서 5·18 민주화운동은 사망 154명,
부상 3,000여 명 등 막대한 인명 피해를 남긴 채 10일간의 항쟁을 끝마

금남로에서의 차량 시위

쳤다.

　계엄군에 의해 외부와 단절된 10일간, 광주 시민들이 보여준 높은 시민의식은 1992년의 LA 폭동과 대비되면서 전 세계인을 감동시켰다. 시민군의 손에 총이 들려 있었고, 경찰의 치안 부재중임에도 단 한 건의 방화·약탈·살인·절도 사건도 없었다. 가게에서의 식품 사재기조차 없었다. 양동시장과 대인시장 상인들은 시민군과 학생들에게 김밥을 나누어 주었고, 헌혈을 위한 시민들의 행렬은 감동 그 자체였다. 힘들었지만 서로를 위로하고, 의지하고 도와주는 아름다운 공동체를 만들었다. 누구는 이를 대동 세계라 불렀다.

　이러한 5·18 민주화운동을, 무자비한 진압으로 국가 권력을 찬탈한 전두환 정권은 광주사태라 불렀다. 5·18 민주화운동이 부정적인 의미를 지닌 사태로 불릴 때, 광주 시민들은 폭도가 되었다. 그러나 1987년 6월 민주항쟁이 일어나고 시민들에 의해 민주주의가 쟁취된 이후인

계엄군의 무자비한 시민 폭행

1990년, 5·18 희생자 보상법이 제정되면서 5·18 민주화운동이라는 명칭이 사용되기 시작했다. 1993년에는 5·18 민주화운동이 김영삼 정권을 탄생시킨 문민정부의 모태가 되었다는 평가를 받았다. 그리고 1997년 5월, 5만여 평 부지의 신묘역이 완공되면서 광주 망월동은 민주 성지의 요람으로 거듭나게 된다.

5·18 민주화운동은 신군부의 무자비한 탄압에 의해 좌절되었지만, 이후 국민의 힘으로 민주주의를 쟁취한 1987년 6월 민주항쟁의 원동력이 되었다. 또한 5·18 민주화운동은 사실상의 군 작전권을 가진 미국에 대한 재인식을 통해 자주·통일 운동의 중요성을 인식하게 되었고, 이후 대한민국이 나아갈 민주·인권·평화라는 바람직한 방향성을 정립했다. 한편, 5·18 민주화운동은 중국의 천안문 민주화운동과 필리핀에서의 마르코스 독재 정권 타도 등 아시아 각국의 민주화를 앞당기는 촉매제 역할도 했다.

5·18 민중항쟁 추모탑

광주는 민주주의의 성지다. 광주가 민주주의의 성지가 될 수 있었던 밑바탕은 광주인들이 보여준 의로움의 역사 속에서도 확인할 수 있다. 임진왜란 당시 광주·전남에서 일어난 의병들은 국난 극복에 큰 역할을 수행했다. 이는 이순신의 '약무호남 시무국가'라는 말에 잘 녹아 있다. 뿐만 아니라 광주·전남은 동학농민군들의 최대 활동지였고, 국권이 강탈당하던 대한제국 말기에는 최대 의병 항쟁지였다. 1909년 전라도 의병들의 교전 횟수는 전국 총 1,738회 중 820회를, 교전 의병 수는 전국 총 3만 8,593명 중 2만 3,155명을 차지하고 있다. 즉 교전 횟수의 47.3%가, 교전 의병 수의 60.1%가 전라도 지역에서 일어났다. 이러한 저항정신은 3·1운동 이후 최대 항일운동인 광주학생독립운동(1929)으로 이어진다. 망월동 묘역 안에 있는 역사의 문 안쪽 부조벽에 새겨진 임진왜란 의병, 동학농민운동, 3·1운동, 광주학생독립운동, 4·19혁명, 5·18 민주화운동 등의 모습에는 이러한 불의와 폭압에 맞선 광주인들의 올곧은 저항이 잘 표현되어 있다.

역사 속에서 형성된 불의에 항거하는 의로움의 전통은 광주·전남

만이 갖는 독특한 유전인자다. 이러한 전통이 있었기에 해방 이후 독재로부터 민주주의를 쟁취하는 싸움에 늘 앞장설 수 있었다. 전국 최초로 3·15 부정 선거를 규탄하는 시위가 광주에서 일어났고, 광주학생독립운동의 후예인 광주의 고등학생들이 중심이 된 4·19혁명은 서울, 마산과 더불어 3대 혁명지가 될 수 있었다. 그리고 그 정신은 광주에서 일어난 5·18 민주화운동으로 이어졌고, 광주 시민들이 앞자리를 차지한 6월 민주항쟁으로 완성된다.

5·18 민주화운동의 상징물은 묘역 중앙에 자리 잡은 5·18 민중항쟁 추모탑이다. 탑 중앙에 두 손으로 감싸 안은 타원형의 조형물은 5·18 당시 희생된 분들의 영혼이 새로운 생명으로 부활하라는 희망의 의미를 담고 있다.

광주는 민주주의를 지켜내고 쟁취한 자랑스러운 고장이다. 그리고 민주와 더불어 인권·평화는 광주 정신으로 정립된다. 광주 정신인 민주·인권·평화는 광주인들의 자긍심이며, 광주 정신의 부활과 희망은 대한민국이 지향해야 될 소중한 가치이다.

「임을 위한 행진곡」의 '임', 윤상원과 박기순

"사랑도 명예도 이름도 남김없이/ 한평생 나가자던 뜨거운 맹세/ 동지는 간데없고 깃발만 나부껴/ 새날이 올 때까지 흔들리지 말자."

5·18을 넘어 1980년대 시위 현장의 대표적 애창곡이 된 「임을 위한 행진곡」은 5·18 민주화운동 당시 불린 노래는 아니다. 1982년 2월, 망월 묘역에서는 들불야학 창설의 주역으로 1978년 연탄가스로 숨진 박기순과 도청을 마지막까지 사수하다 숨진 시민군 대변인 윤상원의 영혼결혼식이 행해졌다. 둘의 영혼결혼식은 못다 피고 스러진 넋을 안

식케 하려는 원풀이요, 광주 항쟁을 겪은 이들이 '살아 있음'의 의미를 캐는 의식이었다. 영혼결혼식이 치러진 후 소설가 황석영의 주도로 5월의 진상을 알리고 살아남은 자의 부끄러움과 투쟁의 각오를 담아내기 위해 영혼결혼식을 주제로 한 노래극「넋풀이; 빛의 결혼식」을 만들었다. 그 노래극 15곡 중 마지막 노래가「임을 위한 행진곡」이었다. 이 곡은 소설가 황석영이 백기완의 시「묏 비나리」(젊은 남녘의 춤꾼에게 띄우는)에서 한두 구절을 따와 노랫말로 바꾸고 대학가요제에서「영랑과 강진」이란 노래로 상을 받은 노래꾼 김종률이 곡을 붙였다.

　「임을 위한 행진곡」의 첫 번째 주인공인 '임', 5월의 신부 박기순은 전남대학교 국사교육과 재학 중 교육지표 사건으로 강제 제적을 당한 후 노동자로 취업, 들불야학을 만들어 활동하던 중 연탄가스로 숨졌다. 또 한 분의 '임'인 윤상원은 계엄군에 의해 도청에서 서른의 짧은 생을 마감했다. 그는 서른의 짧은 생을 살았지만, 광주와 함께 영원한 삶을 살고 있다. 그의 삶을 그린 책『윤상원 평전』이 발간되었고, 윤상원 상이 제정되었으며, 그의 생가 마당에는 그와 그의 영혼 반려자인 박기순이 부조된 기념비가 서 있다. 또한 그는 광주 항쟁을 그린 영화「화려한 휴가」의 주인공 민우의 실제 모델이기도 하다. 영화 포스터에 실린 카피, "찬란했던 5월, 우리를 잊지 말아주세요."는 살아남은 우리가 오늘 꼭 지켜야 할 역사적 책무다.

7

5·18,
그때 그 현장을 걷다

8·15 해방에 버금가는 한국 현대사의 일대 사건이 된 5·18 민주화운동
은 전남대학교 정문에서 출발했다. 5·18 민주화운동의 직접적인 발단이
된 5·17 비상계엄 확대 조치로 모든 대학에는 휴교령이 내려지고, 전남
대학교에는 완전무장한 제7공수여단 33대대가 주둔했다. 휴교령이 내려
진 5월 18일, 전남대학교 정문 앞에는 200~300명의 대학생이 모여 웅
성거렸고, 군부독재 타도라는 구호가 터져 나오자마자 공수부대원이 달
려들어 박달나무로 만든 진압봉으로 사정없이 내리쳤다. 갑작스러운 공
수대원의 강경 진압에 당황한 일부 대학생들은 정문 앞 다리 밑 용봉천
으로 뛰어내렸고, 일부는 광주역과 시외버스 공용터미널, 금남로로 진
출하여 항의 시위가 이어졌다.

이들 학생들을 금남로까지 뒤쫓아 온 계엄군의 무자비한 진압에 분
노한 시민들이 합세하면서, 5·18 시위는 전대미문의 항쟁으로 발전했다.
당시 정문 앞에는 용봉천이 흘렀고 그 위에 다리가 놓여 있었다. 옛 교
문 옆 수위실에 설치된 M60 기관총도 눈에 선하다. 그러나 지금은 당시
의 교문도, 용봉천도, 경황없이 쫓기던 대학생들이 뛰어내렸던 콘크리트

5·18 민주화운동의 출발지, 전남대학교 정문

다리도 더 이상 찾아볼 수 없다.

옛 도청 앞 광장(5·18 민주광장)은 한국 민주화운동의 성지다. 5·18 민주화운동이 일어나기 이전부터 전남도청 앞 광장에서는 수만 명의 시민·학생들이 분수대 주변에 모여 민족 민주화 대성회를 열고 횃불 행진을 벌이며 민주화를 촉구했다. 이곳은 또한 5월 21일, 계엄군이 금남로에 모여 있는 시민들을 향해 집단 발포하여 54명이 숨지고 500명 이상이 총상을 입었던 피의 현장이다. 계엄군이 물러간 21일 이후 옛 도청 앞 광장은 민주수호 범시민 궐기대회를 열었던 5·18의 심장부였다. 이후 5·18 민주광장은 전두환, 노태우의 군부독재 체제에 반대하다 희생당한 연세대생 이한열, 명지대생 강경대, 전남대생 박승희 등 수많은 민주 열사들의 노제가 열린다. 옛 도청은 항쟁 기간 내내 시민군 지휘부였고, 5월 27일 250여 명의 시민군이 계엄군과 싸운 최후 항쟁지였다. 그리고 분수대 옆 상무관은 당시 계엄군의 총에 숨진 시신들의 임시 보관

장소였다. 그러나 지금 옛 도청은 헐리고, 장막으로 가려진 채 아시아문화전당 공사가 한창이다. 한때 도청 별관을 허는 문제를 놓고 벌어졌던 5·18 단체와의 싸움은 아픈 상처가 되어 남아 있다. 당시의 대부분의 흔적은 사라지고 없다. 분수대만이 어수선하게 남아 당시의 민주주의 함성을 바람결에 전해줄 뿐이다. "저승에서 다시 만나더라도 이 나라의 민주주의를 위해 일합시다."라는 시민군 대변인 윤상원이 동료 이양현과 도청에서 나눈 마지막 작별 인사가 아직도 심금을 울린다.

주남마을 뒤 계곡 입구에 세워진 위령비

5·18 당시 계엄군의 무차별 학살 장소 중 하나는 주남마을이다. 이곳에서는 23일 오후 3시, 계엄군이 민간인 버스를 향해 무차별 총격을 가하는 사건이 일어났다. 이 발포로 버스에 타고 있던 승객 15명이 사망하고 3명이 부상당했다. 그리고 같은 날 오후, 11공수부대 62대대 소속 병사들이 부상당한 남자 2명을 주남마을 뒷산으로 끌고 가 총살했다. 이 둘의 원혼을 위로하는 위령비가 마을 주민들과 5·18재단에 의해 마을 끝자락 계곡 왼쪽에 세워져 있다.

앞에서도 언급했듯이 10일 동안의 광주 시민들의 높은 시민의식은 1992년의 LA 폭동과 대비되면서 전 세계인을 감동시켰다. 시민군의

팔십년 오월의 꽃
朴今喜 殉義碑

박금희 순의비(전남여상고 교정)

손에 총이 들려 있었고, 경찰의 치안 부재중임에도 단 한 건의 방화·약탈·살인 사건도 없었다. 특히 전대병원, 기독병원 등에는 헌혈 대열이 수백 명씩 줄을 지었고, 헌혈양이 충분하니 돌아가라고 해도 시민들이 "내 피도 뽑아주라."며 애원했다고 한다. 그 아름다운 모습에도 계엄군은 총질을 해댔다. 당시 혈액 수집 업무를 담당했던 이광영 씨의 목격담이다.

"우리가 탄 차가 양림동을 지날 때 한 여학생이 차를 세웠다. '헌혈하러 가는 길인데 저를 병원으로 데려다 주세요.'라고 했다. '어른들이 헌혈을 많이 하고 있으니 학생은 그냥 집으로 가라.'고 해도 꼭 헌혈을 하겠다고 해서 기독병원까지 태워다 주었다. 그러고는 전대병원에 들러 병실이 부족해 복도에 있던 환자들을 싣고 급히 기독병원으로 왔는데, 사람들이 울부짖고 있었다. 바로 조금 전 헌혈을 하겠다고 조르던 그 여학생이 머리에 총을 맞고 죽어 있었다."

그 여학생은 전남여상에 재학 중이던 박금희(당시 3년)였다. 박금희는 기독병원에서 헌혈을 하고 돌아가다 10분 뒤 양림다리에서 계엄군의 총을 맞고 숨졌다. 그녀를 기리는 비가 그녀의 모교인 전남여상에 '팔십 년 오월의 꽃 박금희 순의비'라는 이름을 달고 서 있다.

흔히 망월동 묘지라 불리는 5·18 구묘역은 당시 죽임을 당한 시신들이 묻힌 곳이다. 가족과 친지들은 처참하게 훼손된 주검을 손수레에 싣고 와 이곳에 묻었고, 연고자가 나타나지 않거나 5월 27일 도청 함락때 희생된 주검은 아예 청소차에 실린 채로 와서 묻혔다. 1997년 신묘역이 완성된 후 5월 영령들이 신묘역으로 옮겨 가자, 구묘역은 1980년대 이후 독재 정권에 항거하다 숨진 영령들의 묘역으로 바뀐다. 연세대생이한열, 명지대생 강경대, 전남대생 박승희, 조선대생 이철규, 민족시인김남주 등이 이곳 구묘지에 묻혀 있다. 특히, 5·18 민주화운동 직전 전남대학교 총학생회장이던 박관현과 6월 항쟁 당시 경찰의 최루탄을 맞고 숨진 진흥고 출신의 이한열은 나란히 누워 있다. 임신 8개월의 몸으로 남편을 기다리다 총에 맞아 숨진 최미애도 신묘역으로 옮겨지기 전까지 이곳 구묘역에 안치되었다. 지금 남아 있는 무덤은 가묘다. 그녀의묘비 뒷면에 새겨진 "여보 당신은 천사였소. 천국에서 다시 만납시다."라는 글귀에 지금도 수많은 사람들이 눈물을 훔친다. 5·18 영령들은 신묘역으로 이장되었지만, 구묘역은 당시의 처절한 참상과 아픔을 아직 그대로 간직하고 있었다.

1993년, 5·18 민주화운동은 김영삼 정권을 탄생시킨 문민정부의모태가 되었다는 평가를 받는다. 그리고 1997년 5월, 5만여 평 부지의신묘역이 완공되고 2002년에 국립 5·18 민주묘지로 승격된다. 묘역에는구묘지에서 옮겨 온 영령들을 포함하여 총 330여 기가 넘는 묘가 조성되어 있고, 묘역 중앙에는 5·18 민중항쟁 추모탑이 세워져 있다. 탑 중앙에 손으로 감싼 모양으로 설치된 타원형 형상은 새로운 생명, 즉 광

망월동 구묘역

주 정신의 부활을 상징한다. 역사의 문 안쪽에 조성된 벽에는 임진왜란 의병, 동학농민운동, 3·1운동, 광주학생독립운동, 4·19혁명, 5·18 민주화 운동과 통일마당 등 7개의 부조가 있다. 이는 불의를 참지 못하는 남도 인들의 저항의식이 광주항쟁으로 표출되었음을, 이후의 지향점은 통일 이어야 함을 잘 보여준다.

이 외에도 5·18 민주화운동 당시의 치열함을 보여주는 현장은 더 많다. 광주고에서 계림파출소 쪽 도로의 어느 지점은 19일 4시 30분경 조대부고 3년생이던 김영찬 학생이 계엄군이 쏜 총에 부상을 입은 5·18 최초 발포지이며, 20일 밤 광주역 광장은 계엄군의 발포로 최초 총격에 의한 사망자가 발생한 장소다. 5월 항쟁의 불씨를 지핀 운전기사들의 차 량 시위 출발지는 무등 경기장 정문이며, 광주공원은 계엄군에 맞서 조 직된 시민군 훈련장이었다. 시외버스 공용터미널 일대(현 롯데백화점 부근) 와 증심사 입구의 배고픈 다리는 계엄군과의 치열한 격전 장소였고, 주

남마을과 함께 광·목 간 도로와 광주교도
소는 무고한 양민들의 학살 장소였다. 그리
고 양동시장은 김밥과 주먹밥을 나눠 먹었
던 따뜻한 나눔의 대동 세계였다. 5·18 내
내 정보 수집 장소였고 '투사회보' 제작지였
던 녹두서점은 불교포교원이 되어 있고, 학
생·시민들을 무차별 끌고 갔던 상무대 영창
과 사형·무기징역을 선고한 상무대 군사법
정은 상무지구 개발로 흔적도 없이 사라지
고, 대신 상무대 자유공원에 옛 모습이 복
원되어 있다.

5·18 최초 발포지에 남겨진 표지석
(계림동)

　　5·18 민주화운동이 일어난 지도 30년
이 더 지났다. 광주 어느 곳도 시민군이 계엄군에 대항했던 현장 아닌
곳이 없다. 당시의 현장은 더러는 그대로의 모습이었지만, 대부분은 흔
적 없이 사라지고 잊힌 채 휑한 허공의 역사로만 남아 있었다. 40미터가
넘는 5·18 민중항쟁 추모탑의 모습은 당당함이었지만, 그 당당함 속에
는 아픔도 분노도 함께 배어 있었다.

8

5·18 항쟁의 불길을 지핀
광주의 아들, 박관현

1979년 10월 26일, 영구 집권을 꿈꾸던 유신 독재자 박정희는 궁정동 안가에서 심복인 중앙정보부장 김재규의 총탄에 맞고 쓰러졌다. 박정희의 유신 독재가 끝장나자, 오랫동안 억눌렸던 각계각층의 민주화 요구가 봇물처럼 터져 나왔다. 그러나 국민들의 민주화 열기를 비웃기라도 하듯 전두환·노태우를 비롯한 신군부 세력은 12·12 쿠데타를 통해 권력을 찬탈했다. 이에 맞서 서울의 봄이라 불리는 민주주의 쟁취를 위한 국민들의 저항이 시작되고, 그 선봉은 학생들의 몫이 되었다.

1980년 5월 10일, 23개 대학 대표로 구성된 전국 총학생회장단은 '비상계엄 즉각 해제', '전두환·신현학 등 유신 잔당 퇴진' 등을 담은 결의문을 발표하고 5월 13일부터 민주화를 요구하는 거리 시위를 시작했다. 5월 15일, 서울에서의 거리 시위는 그 정점을 이루었다. 시위는 서울만이 아닌 광주에서도 뜨거웠다. 그 선봉에 1980년 4월 압도적인 표차로 전남대학교 총학생회장에 당선된 박관현이 있었다. 그는 5월 14일부터 16일까지 도청 앞 광장에서 진행된 민족민주화 대성회를 성공적으로 이끌면서 광주의 아들로 우뚝 서게 된다.

총학생회장 선거 유세에서 열변을 토하고 있는 박관현

전남대학교 정문을 통과해서 도청 앞 분수대가 있는 광장에 도착할 때까지 목청껏 외쳤던 구호는 '전두환 물러가라!', '비상계엄 해제하라!', '정치 일정 단축하라!'였다. 학생들의 구호에 시민들도 아낌없는 박수와 환호를 보냈다. 그리고 5월 16일, 박관현은 그의 생애 마지막이 되어버린 도청 앞 연설에서 시민·학생들의 심장에 뜨거운 열변을 토했다.

"제가 전남대학교 총학생회장 박관현올시다. …… 이 우레와 같은 박수와 여러분 함성이 전 국토와 민족에게 다 들릴 수 있도록 다시 한 번 큰 목소리로 외쳐봅시다. …… 우리가 민족민주화 횃불 대행진을 하는 것은 이 나라 민주주의의 꽃을 피우고, 이 횃불과 같은 열기를 우리 가슴속에 간직하면서 우리 민족의 함성을 수습하여 남북통일을 이룩하

자는 뜻이며, 꺼지지 않는 횃불처럼 우리 민족의 열정을 온 누리에 밝히
자는 뜻입니다. 이런 뜻에서 우리 광주시민, 아니 전남도민, 아니 우리
민족 모두가 이 횃불을 온 누리에 밝히기 위해 이 자리에 모인 것입니
다……."

　　5월 14일부터 시작된 도청 앞 집회에서 박관현은 광주의 아들, 5월
의 아들로 다시 태어나고 있었다. "내일 또 도청에서 만납시다."라는 박
관현의 말 한마디는 시민들 사이에 꼭 지켜야 할 무언의 약속이 된다.
그가 광주의 아들로 급부상할 수 있었던 것은 그의 리더십과 더불어 뛰
어난 연설 실력 때문이기도 했다. 그의 연설은 흡인력과 설득력이 대단
했다. 도청 앞 집회에서 그의 연설을 들은 시민들은 그를 김대중 대통령
이후 가장 연설을 잘하는 인물로 칭송할 정도였다.

　　학생들이 투쟁의 대열을 재정비하기 위해 잠시 휴식에 들어간 틈을
노려 신군부는 5월 17일 비상계엄을 전국으로 확대했다. 그리고 전남대
학교를 비롯한 모든 대학은 계엄군의 차지가 되었다. 5월 18일 윤상원을
만난 박관현은 그로부터 후일을 기약해야 한다며 일시 피신을 권유받
고, 여수 돌산으로 향했다. 그리고 1982년 4월 광주교도소에 수감될 때
까지 그는 고향 땅 광주에 돌아오지 못했다. 그가 광주를 떠난 5월 18
일, 전남대 정문에서 계엄군인 공수부대원들과 학생들이 정면 충돌하면
서 광주 민중항쟁은 시작된다. 박관현, 그는 그렇게 광주 항쟁의 불씨를
지펴놓고 또 다른 고행의 길을 떠났다.

　　박관현(1953~1982), 그는 1953년 전남 영광군 불갑면 쌍운리에서 5
남 3녀 중 장남으로 태어났다. 손위로 누님만 셋이었기 때문에 그의 출
생은 집안의 큰 경사였다. 그를 가졌을 때 어머니가 꾼 태몽도 유별나다.
당시 대통령이었던 이승만은 자신이 매고 있던 고급 넥타이를 풀어 어

머니의 목에 걸어주면서 "이 넥타이의 주인은 바로 당신이요. 나는 이 넥타이를 맬 자격이 없소. 바로 당신이 주인이요."라는 별난 꿈을 꾸었다. 장차 태어날 아이가 훗날 정치적으로 큰사람이 될 암시였던 모양이다.

불갑초등학교 6학년이 되던 해인 1965년, 명문중학교에 진학하기 위해 청운의 꿈을 품고 광주 수창초등학교로 전학한 후 동중학교와 광주고등학교에 진학했다. 그가 고등학교 3학년이던 1972년 유신이 선포된다. 그는 몹시 분노하여, 그날 일기에 "자유롭게 말할 수 없어 외롭다."라고 썼다. 군 제대 후 1978년, 그는 법관의 꿈을 키우기 위해 전남대 법대에 입학했다.

그가 사회 부조리에 눈을 뜨게 된 것은 1978년 겨울 방학부터 시작된 광주공단 노동자 실태 조사에 참여하고 서부터였다. 그리고 박기순 등이 운영하던 들불야학에 합류한다. 들불야학

민주열사 박관현을 기리는 동상
(영광군 불갑면 농촌테마 공원)

7열사로 불린 연유다. 들불야학 합류는 후일 5·18 민주화운동 당시 시민군 대변인을 지낸 항쟁의 주역인 윤상원의 강력한 요청 때문이었다. 윤상원은 후배 임낙평을 통해 "삼고초려 정도가 아니라 십고초려를 해

박관현 열사 혁명정신 계승비(전남대학교)

서라도 박관현을 야학에 합류시켜야 한다."며 그의 합류를 간청했다. 이후 윤상원은 박관현이 야학과 학생운동에 투신하기까지 가장 큰 영향을 준 멘토가 된다. 박관현이 전남대 총학생회장에 출마할 당시 입었던 양복과 넥타이도 윤상원이 빌려준 것이었다. 이런 연유로 박관현은 서울로 도피해 있을 때 윤상원의 죽음을 듣고 분노와 슬픔에 치를 떨었다. 비상계엄이 전국으로 확대되던 5월 18일, 두 사람은 생애 마지막으로 만나 후일을 약속하며 헤어졌다. 그리고 두 사람은 2년의 시차를 두고 우리 곁을 떠났다. 한 사람은 항쟁의 주역으로, 또 한 사람은 항쟁의 불씨를 지핀 광주의 넋으로……

1980년 4월 9일, 그는 압도적인 표차로 전남대학교 총학생회장에 당선된다. 그리고 '민주학원의 새벽 기관차'라는 구호를 앞세우고 전남대학교 학생운동의 선봉이 된다. 4월에는 병영집체훈련 거부, 어용교수 퇴진, 상담 지도관실 폐쇄 등 학내의 비민주적인 잔재 청산을 이끈다. 그리고 운명의 5월을 맞는다.

광주를 떠난 후 2년의 세월이 흐른 1982년 4월 5일, 서울 공릉동 부근의 요코(쉐타) 공장에서 일하던 박관현은 TV를 통해 광주 항쟁 수배자임을 알게 된 동료 노동자의 신고로 경찰에 체포되었다. 그들은 나중에 박관현이 누구인지 알고 후회하면서 당시 받았던 현상금 500만 원을 누나를 통해 돌려주려 했지만 거절당했다.

내란 중요 임무 종사로 구속된 박관현은 교도소에서 임낙평·신영일 등 후배들과 해후하면서 다시 힘을 얻는다. 7월 7일부터 3차례에 걸친 40여 일 간, 그는 후배 신영일과 함께 광주 항쟁의 정당성과 교도관 폭행 근절, 처우 개선을 요구하며 단식으로 맞섰다. 그 와중에 그는 들것에 실려 나가 받은 공판에서 징역 5년을 선고받았다. 생명이 경각에 달린 상황에서도 3차 단식으로 맞서자, 교도소 당국은 서신·접견·운동·목욕·구매 등 재소자의 모든 권리를 박탈하는 특별 징벌방에 가두는 것으로 보복했다. 10월 10일, 사경을 헤매던 그는 8시간이나 방치되었다. 11일, 죽음의 그림자가 짙게 드리우자 구속 집행정지로 풀려났다. 1982년 10월 12일 새벽 2시, 그는 가족 선후배의 간절한 기원에도 불구하고 피를 토하며 끝내 절명했다. 그의 나이 스물아홉이었다.

그는 저승길마저 고난의 길이었다. 경찰은 그의 시신을 강제로 탈취하여 고향인 영광 불갑의 원불교당에 던져 놓고, 인근 야산에 묻었다. 이날 전남대학교에서는 역사상 가장 격렬한 대규모 시위가 하루 종일 계속되었다. 무자비하게 난사된 최루탄으로 시위 현장은 눈물의 추도식장으로 변했다.

그의 시신은 1987년 망월동 민주열사묘역(구묘역)으로 이장된 후 1997년 5·18 신묘역으로 이장되었다. 그리고 광주의 아들로 다시 부활한다. 상무지구 5·18 기념공원에는 7인 들불 열사탑이, 고향인 영광군 불갑면 농촌 테마공원에는 주먹을 불끈 쥔 그의 동상이 우뚝 서 있다.

전남대학교 법과대학 교정에는 '박관현 열사 혁명정신 계승비'도 세워졌다. 그의 동지이자 후배인 임낙평은 『광주의 넋 박관현』을, 작가 최유정은 그의 일대기를 정리한 『새벽 기관차 박관현 평전』을 썼다. 짧고 굵은 삶을 살다 간 그는 누구에게는 민주학원의 새벽 기관차로, 또 누구에게는 5·18 항쟁을 지핀 광주의 넋으로, 80년 광주의 아들로 함께 살아가고 있다.

9

5·18 항쟁의 주역, 시민군 대변인 윤상원

1980년 5월 27일 새벽 2시 30분, 학생 시민들이 점거하고 있는 도청에 비상이 떨어졌다. 무기고에서 총을 지급받은 청년 학생들이 각각 작전 방향으로 흩어지고, 시민학생투쟁위원회 대변인 윤상원은 시민군과 도청 민원실 2층에 자리 잡았다. 당시 도청에는 157명의 시민군이 남아 있었다.

계엄군으로 출동한 공수부대의 총소리가 지척에서 들려왔다. 새벽 4시경, 윤상원은 투쟁위원회 동지인 이양현·김영철과 마지막 작별 인사를 나눈다. "우리 저승에서 만납시다." "저승에서 다시 만나더라도 이 나라의 민주주의를 위해 일합시다." 윤상원의 마지막 대화는 이내 총성에 파묻히고 잠시 정적이 흐른다. 뒤쪽이 무너졌다는 시민군의 보고가 끝나자마자, 콩 볶는 총성이 울리면서 '아이쿠' 소리와 함께 윤상원이 쓰러진다. 동이 틀 무렵이었다. 그의 나이 서른, 시민학생투쟁위원회 대변인 윤상원은 그 고귀한 청춘을 그렇게 민주의 제단에 바친다.

시민학생투쟁위원회 대변인 윤상원은 5월 26일, 처음이자 마지막 행한 내·외신 기자회견에서 "우리는 오늘 여기에서 패배하지만, 내일의 역사는 우리를 승리자로 만들 것이다."라는 의미심장한 말을 남긴다. 기자회견을 지켜본 미국『볼티모어 선』의 도쿄지국장 브래들리 마틴은 1994년 월간『샘이 깊은 물』에서 윤상원에 대해 다음과 같은 기록을 남겼다.

"……분명히 살아 있는 모습으로 내 마음속에 그릴 수 있는 단 한 명의 희생자가 있다. 그는 바로 5월 26일 외신 기자회견을 열었던 시민군 대변인이다. 나는 광주의 도청 기자회견실 탁자에 앉아 그를 정면으로 바라보며, 이 젊은이가 곧 죽게 될 것이라는 예감을 받았다. 그의 두 눈이 나를 향해 다가오자, 나는 그 자신 스스로도 자신이 곧 죽게 될 것임을 알고 있을 것이라 생각했다. ……나에게 강한 충격을 준 것은 바로 그의 두 눈이었다. 바로 코앞에 임박한 죽음을 인식하면서도 부드러움과 상냥함을 잃지 않는 그의 눈길이 인상적이었다."

그때 기자회견장에 있었던 마틴은 "죽음이 코앞에 임박했음에도 그의 눈길은 부드러움과 상냥함을 잃지 않았다."라고 기억했다. 그 후 윤상원을 참배하기 위해 광주를 찾아온 마틴은 "그의 눈에서 예수를 느꼈다. 나의 죽음을, 이 자리의 진실을 알려줄 대변자로 당신을 선택했노라고 말하고 있었다. 나는 그 눈빛을 평생 잊을 수 없다."라고 회고했다.

불꽃같은 삶을 살다 스러진, 예수의 부드러운 눈빛을 지녔던 시민군 대변인 윤상원의 짧은 삶이 궁금하다. 그는 6·25전쟁이 발발한 1950년 8월, 전남 광산군 임곡면 신룡리 천동 마을(현 광주광역시 광산구 신룡동 507)에서 태어났다. 중·고등학교를 거쳐 전남대학교 정치외교학과에 입학할 때까지도, 그의 삶은 평범했다. 그의 삶에 커다란 변화를 가져온 것은 복학 후 김상윤과의 만남부터였다. 김상윤은 전국민주청년학생총연맹(민청학련) 사건으로 15년형을 선고받고 1975년 2월, 특사로

피리 부는 모습의 윤상원 벽화(광산군 신룡동 천동 마을)

풀려나 있었다. 그는 김상윤을 통해 민청학련 관련자들인 이강, 윤한봉 등과 교분을 시작했다. 그의 영혼 반려자가 된 박기순을 만난 것도 이 무렵이었다.

1978년 1월, 윤상원은 현실에 떠밀려 주택은행에 입사하지만, 서울에서의 생활은 반년도 되지 못해 끝나고 만다. 안락한 중산층의 삶 대신 억압받는 민중 한가운데로 자신을 집어 던지기 위해서였다. 광주에 내려온 그는 10월, 노동자의 삶을 직접 체험하기 위해 광천공단 한남플라스틱 공장에 일당 노동자로 위장 취업했다. 그리고 박기순이 중심이 된 들불야학의 강학에 참여하고, 광천공단 노동자 실대 조사팀을 꾸린다. 이때 후일 전남대학교 총학생회장이 된 박관현을 만난다. 박기순과 박관현과의 만남은 그의 삶을 변화시킨 두 번째 사건이었다.

윤상원 기념 동상(전남대학교)

1980년 5·18이 터지자, 윤상원은 5월 항쟁의 한복판에 선다. 5월 19일, 윤상원은 광주 시민에게 배포된 최초의 전단인 광주시민 민주투쟁회보를 비롯, 민주수호 전남도민 총궐기문 등 각종 선언문과 투사회보를 편집하고 제작한다. 당시 9호까지 나온 투사회보는 광주의 실상을 알리는 유일한 소식지였다. 22일부터는 투쟁의 본거지였던 도청에 들어가 녹두서점·투사회보·극단 광대 팀과 함께 조직적인 항쟁을 시작한다. 5월 23일부터 시작된 민주수호 범시민 궐기대회도 그의 작품이었다. 5월 25일 그는 수습위의 투항적 자세를 비판하고 정상용, 김영철, 김종배 등과 함께 시민 청년학생 투쟁위(위원장 김종배) 결성을 주도한다. 5월 26일 시민군 대변인으로 처음이자 마지막 내·외신 기자회견을 갖고, 5월 27일 새벽 3시에 최후까지 싸우자는 생애 마지막 연설을 한 후 계엄군의 총탄을 맞고 쓰러진다.

윤상원의 짧은 삶을 후배 임낙평은 『윤상원 평전』에서 다음과 같이 요약했다.

"미래가 보장된 직장을 과감히 포기했고, 노동자를 자청했으며, 소외받고 억압받는 민중과 함께 살았다. 자신의 자취방과 수입과 의식과 시간을 공동체를 위해 내놓았다. 미래를 준비하기 위해 쉼 없이 자신을 절차탁마했다. 이런 과정이 있었기에 5월에 자신을 던졌고, 그리고 죽을 줄 알면서도 과감히 몸을 던졌다."

그가 다닌 전남대학교 교정(사회 과학대)에는 그를 기리는 흉상과 기념 비가 서 있다. 흉상 옆의 기념비에는 1980년 5월 27일 새벽, 그의 마지막 연설이 새겨져 있다.

윤상원 열사상(살레시오고)

"여러분! 우리는 저들에 맞서 끝까지 싸워야 합니다. 그냥 도청을 비워주게 되면 우리가 싸워온 그동안의 투쟁은 헛수고가 되고, 수없이 죽어간 영령들과 역사 앞에 죄인이 됩니다. 죽음을 두려워하지 말고 투쟁에 임합시다. 우리가 비록 저들의 총탄에 죽는다고 할지라도 그것이 우리가 영원히 사는 길입니다. 이 나라의 민주주의를 위해 끝까지 뭉쳐 싸워야 합니다. 그리하여 우리 모두가 불의에 대항하여 끝까지 싸웠다는 자랑스러운 기록을 남깁시다. 이 새벽을 넘기면 기필코 아침이 옵니다."

죽음을 목전에 둔 그의 마지막 연설은 장엄하고 당당했다. 그 장엄함과 당당함이 또 살아남은 자들을 울린다. 그러나 그가 마지막 선택한 죽음은 역설적이지만 살기 위해서, 승리하기 위해서였다. 그는 그의 말대로 죽음을 선택함으로서 영원히 살 수 있었고, 쿠데타로 권력을 장악한 신군부 세력을 대신하여 역사의 승리자가 된다. 오늘 그를 기리는 각종 기념물과 기념사업은 그 증거다.

그가 태어난 광산구 천동 마을 생가는 복원되어 기념관이 되었고,

윤상원을 주인공으로 그린 영화 「화려한 휴가」
의 포스터

그 마당 한 켠에는 윤상원과 그의 영혼 반려자인 박기순을 부조한 기념비가 서 있다. 상무지구 5·18 기념공원에는 들불 7열사탑이, 그의 모교 살레시오고등학교에는 윤상원 열사상이, 전남대학교 사회과학대학 교정에도 흉상과 기념비가 서 있다. 그의 삶을 기리는 다큐도, 「임을 위한 행진곡」의 이름을 단 추모극도 제작되어 상영되고 공연되었다. 5·18 민주화운동을 주제로 제작된 영화 「화려한 휴가」에서는 아예 주인공이 되었다. 그의 짧지만 굵은 삶을 그린 『윤상원 평전』도 발간되었다. 그와 그의 영혼 반려자 박기순을 기린 노래 「임을 위한 행진곡」은 광주를 넘어 전 국민의 노래가 되었다. 광주의 시인 문병란은 그의 무덤 앞에 「서면」이라는 부활의 시를 써 그를 기렸다. 그의 정신을 계승하기 위한 윤상원상도 제정되었다.

1982년 2월, 망월 묘역에서는 아주 특별하고 의미 있는 의식이 치러졌다. 들불야학 창설의 주역인 박기순과 시민군 대변인 윤상원의 영혼결혼식이 그것이다. 둘의 영혼결혼식은 못다 피고 스러진 넋을 안식케 하려는 원풀이요, 광주 항쟁을 겪은 이들이 살아 있음의 의미를 캐는 의식이었다. 영혼결혼식이 치러진 후 소설가 황석영의 주도로 5월의 진상을 알리고 살아남은 자의 부끄러움과 투쟁의 각오를 담아내기 위한 노래극 「넋풀이; 빛의 결혼식」이 울려 퍼졌다. 그 노래극 15곡 중 마지막 노래가 「임을 위한 행진곡」이다.

"사랑도 명예도 이름도 남김없이/ 한평생 나가자던 뜨거운 맹세/ 동지는 간 데 없고 깃발만 나부껴/ 새날이 올 때까지 흔들리지 말자."

「임을 위한 행진곡」의 주인공인 '임', 그 임은 역사의 승리자로 부활된 윤상원과 5월의 신부 박기순이다.

10

광주 민주주의의 넋,
신영일

2008년 5월 10일, 국립 5·18 민주묘지 내 역사의 문에서는 한 열사의 삶을 기리는 추모 모임이 열렸다. 그가 세상을 뜬 지 꼭 20년 만이었다. 이날 그의 추모 모임에는 광주일고 동창회, 전남대학교 국사교육과 총동문회, 전남대 교육지표 사건 동지회, 들불야학, 독서잔디모임, 사회조사연구회, 근대사연구회, 민통련 등 관련자들이 대거 참석했다. 그의 삶의 궤적을 확인해주는 단체와 모임들이었다.

이날 배종렬(전 농민회장), 이홍길(전 5·18 기념재단 이사장), 이광철(통합민주당 의원) 등 각계 인사들은 1980년대 그 엄혹했던 시절을 불꽃처럼 살다 간 그를 기렸다. 그의 마지막 10년의 삶은 민주주의의 불꽃 그 자체였다. 교육지표 사건으로 인한 무기정학(1978), 들불야학(1978), 광천공단 노동자 실태조사(1978), 반제·반파쇼 투쟁 선언 성명서 발표 및 전남대 시위 주도(1981), 5·18 진상 규명과 교도소 내 처우 개선을 요구하며 실시한 40일 단식(1982), 전남 민주청년 운동협의회 창설(1984), 5·3 인천 개헌추진 현판식 참여(1986), 전청년 부위원장으로 6월 항쟁(1987) 등을 주도했다. 그러던 1988년 5월, 그는 누적된 과로로 투병 중 운명했다.

들불열사탑에 부조된 신영일

죽어서 광주 민주주의의 넋이 된 신영일(1958~1988) 열사가 바로 그다. 그의 삶은 광주 민주화운동의 시작이고 끝이었다. 그럼에도 그는 20년 간 잊힌 인물이었다.

1958년, 그는 나주 남평에서 아버지 신만원과 어머니 김순례의 3남 1녀 중 장남으로 태어났다. 광주로 이사한 후 중흥초등학교, 북성중학교를 거쳐 광주제일고등학교에 진학했다. 고등학교 때 그는 기타를 치며 노래 부르기를 좋아하는 평범한 학생이었다. 1977년, 그는 역사 교사의 꿈을 품고 전남대학교 사범대학에 진학했다. 그런 그가 사회 문제에 눈을 뜨게 된 것은 독서잔디모임에 참여하면서부터였다. 2학년이 되어 국사교육과를 선택한 그는 고등학교 선배이자 동급생인 문승훈의 사회과학 소모임에 참여했다. 그리고 1978년 6월, 그의 운명을 결정짓는 우리의 교육지표 사건을 만난다.

박정희 유신독재가 극악의 길로 치닫고 있던 시점인 1978년 6월 27일, 전남대학교 송기숙·이홍길·홍승기·김두진을 비롯한 11명의 교수가 '우리의 교육지표'라는 성명서를 발표한다. 우리의 교육지표는 유신체제의 산물인 국민교육헌장의 내용을 조목조목 비판한 뒤 물질보다 사람을 존중하는 민주·인간 교육을 바탕으로 3·1 정신과 4·19 정신을 계승하여 평화 통일을 위한 민족 역량을 함양하는 교육을 지표로 제시한다. 권력의 강압에 억압받던 양심적인 교수들이 죽음과도 같은 정적을 깨고 참다운 민주·인간교육을 선언한 것이었다. 이 선언은 박정희 유신독재 시기에 교수들이 학원의 민주화와 민주 교육을 위해 집단적으로 비판하고 항거한 유일무이의 사건이었다.

성명서가 발표되자마자 11명의 서명 교수들은 곧바로 중앙정보부로 연행되었고, 곧이어 전원 해직된다. 29일, 잡혀 간 교수들이 돌아오지 않자 노준현(화공학과 2년)과 문승훈(국사교육학과 2년), 신일섭(사학과 3년) 등 300여 명의 대학생들은 중앙 도서관을 점령하고 "어용 교수 물러가라", "연행 교수 석방하라" 등의 구호를 외치면서 1970년대 최초의 민주 시위를 벌인다. 이때 마이크를 잡고 "국사교육학과 2학년 신영일입니다. 연행 교수들이 석방되고 긴급조치 9호가 철폐되기 위해서는 우리 학생들이 끝까지 항의해야 합니다."며 적극 시위를 주도한다. 2년 뒤 5월 민주화운동의 씨앗이 된 우리의 교육지표 사건으로 그는 무기정학을 당한다. 그리고 이 사건은 평범한 역사 교사이길 원했던 그의 인생을 송두리째 바꿔놓고 만다.

교육지표 사건으로 무기정학을 당한 신영일은 후일 연탄가스로 숨

교육지표 선언 기념 표지석(전남대학교)

진 박기순(국사교육과 3년) 등과 함께 야학을 준비한다. 그렇게 해서 광천동 천주교 교회의 교리실을 빌린 들불야학이 만들어진다. 당시 야학이 행해진 교리실은 2006년 도시계획으로 헐리고, 그 터는 5·18 민주화운동 사적지로 최근 지정된다.

야학의 이름 '들불'은 동학농민운동을 배경으로 한 유현종의 소설 들불에서 그 이름을 빌렸다. 그리고 들불 학당가의 작사 작곡은 대학가요제에 자작곡을 내어 참여했던 그의 몫이 되었다.

"너희는 새벽이다. 밝아 오른다. 너희는 새암이다. 솟아오른다. 심지에 불 댕기고 앞서 나가자. 민족의 새 아침이 밝아 오른다. 땀과 눈물 삼켜가면서 뛰어가자 친구, 사랑하는 친구 들불이 되어."

한편, 신영일은 박관현(전 전남대학교 총학생회장), 박병섭(전 전국역사교사모임 회장), 장석웅(전 전교조 위원장) 등과 함께 광천공단의 노동자 실태 조사에도 참여한다. 그리고 1979년 새 학기가 시작되면서 사회조사연구반을 창립, 전남대학교 학생운동의 중심이 된다. 그런 와중에 부·마 항쟁이 일어나고, 전남대학교에서는 상담지도관실 방화 사건이 발생한다.

국립 5·18 민주묘역에서 열린 신영일 열사 20주기 추모식

그는 상담지도관실 방화 사건의 배후 인물로 체포된다. 10·26 사건 이후에는 전남대학교 학생회 부활 활동에 적극 참여하는 등 학생운동을 전개한다. 그리고 1980년 5·18과 만나게 된다. 5·18은 신영일에게는 커다란 시련이었다. 그는 운동의 중심에 있었던 여느 학생들처럼 선뜻 도청과 금남로에 나가 총을 들지 못한다. 그리고 가장 존경했던 들불야학의 동지이자 선배였던 윤상원의 사망은 두고두고 그를 괴롭힌다.

5·18 민주화운동 이후 그는 다시 학교로 돌아와 송두리째 박살 난 전남대학교의 학생운동을 재건하기 위해 심혈을 기울인다. 그리고 8월 졸업 직후인 1981년 9월 29일, 전두환 정권을 적으로 규정하고, 정권을 감싸고 있던 매판·파쇼 집단에 노동자 농민과 함께 학생 지식인이 총궐기하자는 반제·반파쇼 민족해방 학우 투쟁 선언문을 발표하고 시위를 주도한다. 5·18 이후 광주 최초의 시가지 시위였다. 이 사건으로 그는 국가보안법이 적용되어 1급 수배령이 내려지고, 결국 도피 6개월 만에 붙잡힌다. 1982년, 그는 광주교도소에서 전남대학교 총학생회장으로

5·18 민주화운동 이전 광주의 민주 시위를 주도했던 박관현을 만난다. 그리고 5·18 진상 규명과 교도소 내 처우 개선을 주장하며 목숨을 건 40일간의 단식투쟁을 전개한다. 함께 투쟁했던 박관현은 끝내 숨지고, 신영일은 기적적으로 소생한다.

그에게 1984년은 가장 바쁜 한해였다. 1980년의 패배 이후 긴 좌절과 침묵을 깨고 새로운 독재 권력과 싸워나갈 투쟁의 대오를 정비한 한 해였기 때문이다. 8월, 그는 재야인사와 5·18 구속자를 중심으로 광주 의거 구속자 협의회를 결성하고 간사를 맡았다. 그리고 11월, 전남민주 청년협의회(1985년 전남민주주의청년연합으로 개칭, 약칭 전청련)를 결성하고 기관지 『광주의 소리』를 창간하여 청년 운동의 깃발을 들었다. 그리고 1985년 3월에 결성된 민주통일민중운동연합(민통련)에 참여하여 1986 년부터 불붙은 직선제 민주헌법을 쟁취하기 위한 활동에 온몸을 던졌 다. 1986년 3월, 광주에서 열린 신민당 직선제 개헌추진 현판식 때 그는 YMCA 옥상에 올라가 우렁찬 구호와 몸짓으로 투쟁을 이끌었다. 그리 고 6월 항쟁의 한복판에 선다.

민주주의는 쟁취하였지만 1987년 대선에서 민주 진영의 패배로 인 한 허탈감과 과로로 인한 기력 탈진, 병마는 그를 가만두지 않았다. 그 리고 그다음 해 5월 11일, 그는 끝내 살아서 민주 세상을 보지 못한 채 저세상으로 떠나 국립 5·18 민주묘지에 묻혔다. 애국 청년으로 산 지 꼭 10년, 그의 나이 31살이었다.

그의 짧고 굵은 삶은 그의 묘비명에 압축되어 있다.

"청년이여, 청년의 모범이여, 살아서 민중의 방패, 죽어서 민중의 창 이 되다. 홀로는 불꽃으로 숨 쉬며, 어우러져서는 들불로 타오르다. 어둠 의 산하를 헤쳐 새벽의 보람찬 세상을 함께 가고져."

그가 주도한 1978년의 우리의 교육지표 사건은 1970년대 광주 최초의 대규모 민주 시위였고, 1981년 9·29 전남대 교내 시위는 5·18 항쟁 이후 패배주의에 빠진 민주화운동의 부활이었으며, 목숨을 건 40일간의 옥중 단식은 5·18 진상 규명을 위한 처절한 외침이었다. 그리고 개헌 투쟁에 그는 모든 것을 바친다. 그의 외침과 몸부림은 광주 민주화운동의 시작과 끝이 되었고, 그는 죽어 광주 민주주의 넋이 된다.

11

광주가 앞장선
6월 민주항쟁

6월 민주항쟁은 1987년 6월 10일부터 6월 29일까지 독재를 반대하고 민주주의를 쟁취하기 위해 전국적으로 전개된 민주화운동을 말한다. 6·10 민주항쟁, 6월 민주화운동, 6월 민중항쟁 등으로도 불린다. 대통령 선거인단이 대통령을 뽑는 간접선거를 골자로 한 기존 헌법을 고치지 않겠다는 대통령 전두환의 4·13 호헌조치와, 경찰의 서울대학생 박종철 고문치사 사건, 시위 도중 얼굴에 최루탄을 맞고 혼수상태에 빠진 진흥고 출신 연세대학생 이한열 사건 등이 도화선이 되어, 6월 10일 이후 전국적으로 시위가 발생했다.

6월 10일, 민주헌법쟁취국민운동본부 주최로 박종철 군 고문치사 조작, 은폐 규탄 및 호헌 철폐 국민대회가 개최되었고, 6월 26일에는 전국 37개 도시에서 국민평화대행진 시위가 전개된다. 민주헌법을 쟁취하기 위한 국민평화대행진에는 6월 10일의 3배가 넘는 시민들이 참여했다. 민주헌법을 쟁취하겠다는 대한민국 국민들의 시위는 진 세계인들에게 감동을 주었다. 6월 민주항쟁은 민주주의를 쟁취하기 위한 전 국민적인 저항운동이었지만, 늘 그랬듯이 광주가 그 앞자리를 차지했다.

진흥고 출신 이한열의 장례 행렬(금남로)

전두환 정권은 서울대 박종철 군을 고문으로 죽인 것도 모자라, 직선제 개헌을 요구하는 전 국민적 함성을 4·13 호헌조치로 틀어막았다. 이때 4·13 호헌조치의 얼음장을 깨뜨린 사람들이 바로 광주의 신부들이었다. 4월 21일, 천주교 광주대교구 소속 남재희 신부(당시 광주정의평화위원회 위원장) 등 사제 12명이 '직선제 개헌을 위한 단식기도를 드리면서' 라는 성명서를 발표하고, 금남로 가톨릭센터 6층 성당으로 들어가 무기한 단식농성에 돌입한 것이다. 파장은 예상 외로 컸다. 신부들의 목숨을 건 처절한 단식투쟁이 시작되자 이를 계기로 지지 성명과 동조 단식이 봇물 터지듯 이어졌다. 북구 신흥교회에서도 목사와 장로 20여 명이 무기한 단식기도에 동참한 데 이어, 27일에는 김병균 목사 등 전남목회자정의평화실천협의회 소속 27명이 광주 YWCA 6층

5·18 원각사 법당 난입에 항의하는 스님

인권위원회 사무실에서 단식기도에 들어간 이후 12일간의 목숨을 건 단식을 이어갔다. 단식 지지 농성은 이에 그치지 않았다. 27일에는 서울 대교구사제단 신부 40명, 수녀 80명의 명동성당 단식으로 확산돼 호헌 철폐 운동이 전국화하는 계기가 되었고, 이후 6월 민주항쟁의 불씨로 타오른다.

5월에 접어든 광주는 또다시 들끓기 시작했다. 5월 18일, 광주 남동 성당에서는 윤공희 대주교의 집전으로 5·18 광주 의거 7주기 추모 미사가 거행되었다. 미사를 마친 성직자를 비롯한 신도 2,000여 명은 전두환 정권 퇴진, 호헌 철폐를 외치며 밤늦게까지 시위를 벌였다.

같은 날 원각사에서는 불교인들을 6월 민주항쟁에 불러들이는 심각한 사건이 일어났다. 경찰들이 5·18 민주 영령 추모 법회가 벌어지고 있는 금남로 4가에 위치한 송광사 광주 포교당인 원각사 법당에 난입, 최루탄을 발사하고 참가자 13명을 연행하는 사건이 벌어졌기 때문이다. 이른바 원각사 난입 사건이었다. 이 사건을 계기로 불교인들이 들고 일어나 규탄 집회와 농성이 전국 사찰로 번져갔다. 5월 27일에는 원각사 앞 중앙로에서 스님 150여 명을 비롯한 불교도와 시민 등 1만여 명이 5·18 불교 탄압 규탄 대법회를 개최한 뒤, 오후 늦게까지 격렬한 시위를 전개하기도 했다.

원각사 난입 사건이 일어난 5월 18일은 5·18 민주화운동 7주기가 되는 날이었다. 이날 광주에서는 6월 민주항쟁의 도화선이 된 두 가지 일이 동시에 행해진다. 하나는 천주교 광주대교구 정의평화위원회가 주최한 가톨릭센터에서의 '오월 그날이 오면'이라는 5·18 사진전이었다. 80년 당시의 사진이 개인에서 개인으로 유포되기도 했지만, 시민들을 상대로 공식적인 5·18 사진전이 열린 것은 이때가 최초였다. 사진전을 보기 위해 광주은행 4거리를 거쳐 미도장 골목을 돌아 다시 가톨릭센터 앞까지 줄을 서야 했다. 보름 일정의 사진전은 몰려드는 관람자들로 인해 한 달 동안 연장 전시를 해야 했다. 또 하나는 전국 최초로 4·13 호헌조치에 대항하기 위한 '4·13 호헌조치 반대 및 민주헌법쟁취 범도민운동본부'의 조직이었다. 범도민운동본부가 모태가 되어 5월 27일에는 6월 항쟁 지도부인 민주헌법쟁취 범국민운동본부(국본)가 정식 발족되고, 31일에는 국본 광주전남본부도 남동 성당에서 창립되었다. 그리고 광주는 6월을 맞았다.

전국적 전열을 갖춘 국본은 6월 10일 박종철 군 고문살인 은폐 조작 규탄 및 호헌 철폐 범국민대회를 전국 동시다발로 개최할 것을 공표했다. 6월 10일, 경찰은 금남로 일대를 완전 차단하고 시위를 원천 봉쇄

6·16 전남대학생 삭발 시위, 왼쪽이 총여학생회장 박춘애

했다. 그러나 시위대는 수백 명 단위로 무리를 지어 호헌 철폐 독재 타도를 외치며 도청을 향해 압박해갔다. 도심 거리가 최루탄으로 가득 찼지만 시간이 흐를수록 시위대는 불어났다. 저녁 8시 무렵에는 하교한 중·고등학생과 노동자들도 합세하면서 중앙대교를 사이에 두고 5만 시민이 경찰과 대치하기도 했다. 이날 시위는 새벽 5시 30분경에야 끝이 났다. 13시간에 걸친 대투쟁이었다. 이날 시위에 전국 37개 시군에서 27만 명이 참가했다.

　6·10대회 이후 광주·전남 지방은 잠시 소강 국면에 접어들었다. 그 소강 국면을 일거에 반전시킨 6월 16일의 제2차 전남대 민주 학생 비상총회도 기억해야 한다. 이 자리에서 총학생회장 김승남은 4·13 호헌조치 철폐와 직선제 개헌 쟁취를 위한 결연한 투쟁 의지를 다지기 위해 삭

6월 항쟁 당시 거리에 나선 수녀들

발을 하자, 총여학생회장인 박춘애도 이에 동참했다. 박춘애의 삭발은 6월 민주항쟁 최초의 여학생 삭발이었다. 깡그리 밀어낸 민머리는 학과 후배들은 물론 집회 참가자들의 심금을 울렸고, 광장은 분노와 눈물의 바다로 변했다. 이날 23명의 학생들이 이에 동조하여 미리카락을 잘랐다. 삭발식이 끝난 후 20여 명의 학생들이 '민족·민주 만세, 독재 타도, 이한열 살려내라!'라는 혈서를 썼고 또 다른 학생 100여 명은 긴 광목천에 직선제 개헌 호헌 철폐라고 혈서를 썼다. 6·16 삭발 및 혈서 시위는 소강 국면이던 광주 지역의 상황을 일거에 투쟁 국면으로 반전시키면서 학생들의 광범위한 참여를 이끌어냈다. 실제로, 16일 투쟁에 이은 17일 집회에는 6,000여 명의 학생들이 운집했고, 삭발·혈서 시위는 이후 군부독재의 6·29 항복 선언이 도출될 때까지 광주·전남 6월 민주항쟁의 기폭제가 되었다.

6월 26일 민주평화대행진은 전두환 정권에게 보내는 국민들의 마지막 경고였다. 오후 5시30분, 금남로 4가 옛 중앙교회 앞에서 유동 삼거리까지 1킬로미터가 넘는 거리는 시민들로 가득 찼다. 서현교회 앞에서 중앙대교, 충파로 이어지는 중앙로 역시 5만이 넘는 시민이 결집했다. 오후 6시, 가톨릭센터에 설치된 스피커를 통해 신부와 수녀 50여 명이 부르는 애국가가 흘러나왔고, 중앙교회와 농성교회, 남동천주교 성당에서는 종소리가 울려 퍼졌으며, 금남로 5가 수창초등학교와 공용터미널 등에 있던 택시들은 일제히 경적을 울렸다. 경찰이 도청 앞 광장 진입을 원천 봉쇄하자, 시간이 지날수록 불어난 시위대는 2~3만 명 규모로 나뉘어 금남로 주위인 공용터미널, 금남로 4가 일대, 서현교회 주변, 학동 전남대 병원 인근 등에서 새벽 4시가 될 때까지 목청껏 민주주의를 외쳤다. 이날 광주에서 시위에 참가한 군중은 20만이 넘었다. 5·18 민주화운동 이후 최대 규모였다. 6·26 평화대행진에 참여한 100만여 명 중 20만 이상이 광주시민이었음은, 한국 민주주의 운동사에서 광주 시민의 위상과 역할이 어떠했는지를 잘 보여준다.

5·18 민주화운동에 이어 광주가 앞자리를 차지한 1987년 6월 민주항쟁은 국민의 승리로 끝나게 되고, 이후 한국 민주주의 정착의 기점이 된다.

12

교사를 가르친 참스승, 윤영규

2005년 3월의 마지막 날, 외출에서 돌아온 후 심장마비로 한 사람이 세상을 떴다. 향년 70세, 한국 참교육의 대부 윤영규는 교육자로서 사회 지도자로서 그 누구보다 치열하게 살았던 수많은 세월을 그렇게 마감했다. 그리고 따뜻한 4월의 봄날, 전국의 교사, 사회단체 및 정당 인사들의 오열과 슬픔 속에 민주사회장으로 국립 5·18 민주묘지에 안장되었다. 그가 죽자 많은 분들이 그의 죽음을 애도했다. 장례위원회 위원장을 맡은 박형규 목사는 "고인은 전라도의 지도자가 아닌 한국의 지도자이며 고결한 인품과 아름다운 삶을 간직해오신 참스승이었다."고 회고하면서 작별을 아쉬워했다. 이수일 전교조 위원장도 "옳은 주장을 말로 하기는 쉬워도 그것을 몸으로 실천하기는 어렵다. 더구나 평생 쉬지 않고 그 길을 가기는 정말 어렵다."면서, "윤영규 선생이야말로 그런 분"이라고 추모했다. 고인이 5·18 기념재단 이사장으로 재직한 2001년 광주인권상을 수상한 바실 페르난도 아시아 인권위원회 위원장도 조사에서 "윤영규 선생은 무엇보다 본인의 전 생애를 통해 한국의 민주화와 인권 운동을 위해 싸워온 전라도가 잉태한 겸허하고 고결한 한 사람으로 기억될 것"

전국교직원노동조합(전교조) 결성

이라고 고인의 업적과 인품을 회고하였다.

영결식을 마친 운구차량은 민주화의 성지가 된 금남로를 거쳐 도청 앞 광장에서 노제를 지낸 후 국립 5·18 민주묘지로 향했다. 금남로와 도청 앞 광장은 고인이 늘 민주주의를 위해 싸웠던 현장이었다. 하관식 때 그의 후배이자 영원한 동지였던 강신석 목사는 "'왜 그렇게 사느냐?'라는 물음에 '내게는 희망이 있질 않느냐, 교사도 노동자다, 노동하는 모든 것은 순수하고 아름답다.'"며 "희망과 노동의 아름다움을 일깨워주셨다."고 고인의 영면을 축원했다. 박형규 목사도, 이수일 전교조 위원장도, 페르난도 아시아 인권위원회 위원장도 그토록 그의 죽음을 안타까워했던 윤영규, 그의 삶이 궁금하다.

윤영규가 어떤 분인지, 어떤 삶을 살았는지는 그의 연보를 살펴보는

생전의 윤영규 모습

것만으로도 충분하다. 윤영규는 1935년 광주광역시 남구 금동에서 출생했다. 독실한 기독교 신자로 한국신학대학 신학과에 입학한 후 1961년 졸업과 동시에 목포 영흥 중·고등학교 교사로 첫 발령을 받는다. 이후 광주 숭문중학교와 광주상고 등에서 교직 생활을 한다. 대학 시절, 그는 4·19혁명 당시 한국신학대학 대표로 수습위원이 되면서 한국 민주주의의 현주소와 사회 부조리에 눈을 뜬다. 교사로 재직하면서 광주 YMCA에서 청소년 서클을 지도하는 활동을 하다 긴급조치 9호 위반 혐의로 2개월간 중앙정보부 광주분실에 구금된다(1976). 이 사건은 윤영규에게 큰 시련이었다. 이 일로 그는 10여 년간 근무했던 광주상고에서 쫓겨난다.

후일 복직하게 되지만, 당시 박정희 군사정권의 압력에 굴하지 않고 흥사단 아카데미, 밀알회, 기독학생회, 불교학생회 등의 지도자로 구성된 광주 YMCA청소년지도자협의회 의장, 광주 양서협동조합(독서클럽)의 창립을 주도하며 참교육을 위한 활동을 멈추지 않는다.

1980년 5·18 민주화운동이 일어나자, 그는 전남도청에서 홍남순, 조비오, 송기숙 등 광주 지역 민주 인사들로 구성된 17인의 수습대책위원으로 활동한다. 이로 인해 보안대에 끌려가 내란죄·소요죄 등 계엄법 위반으로 징역 1년 6월에 집행유예 3년을 선고받는다. 이 사건 이후 그는 참교육 실천의 한복판으로 나아가게 된다.

5·18 민주화운동으로 다시 학교에서 쫓겨난 그는 학원 강사로 생활하는 어려운 여건 속에서도 광주 YMCA중등교사협의회 창립을 주도한다. 1983년 나주중학교에 복직한 후 한국 YMCA중등교사협의회 3대 회장에 취임하게 되고(1986), 그해 그 유명한 5·10 교육 민주화 선언을 주도한다.

"오늘날 우리 사회에 요원의 불길로 타오르는 민주화의 열기는 역사의 필연이며 각 부문의 민주화는 누구도 막을 수 없는 대세가 되었다. …… 우리는 교육의 주체로서 국민의 교육적 요구를 올바르게 실천할 막중한 책임을 느끼며 교육의 민주화는 민주사회의 이념을 지속적으로 제공하는 바탕이라는 자각에서 새로운 교육 건설의 역사적 과제를 짊어지고 모든 장애와 고난을 이기며 민주교육을 실천해나갈 것을 오늘 엄숙히 선언한다."

1987년은 6월 민주항쟁의 열기가 전국을 강타하던 시절이었다. 항쟁의 열기는 교육 현장으로 연결되면서 9월 27일 '민족·민주·인간화 교육 만세!'를 내건 '민주교육추진 전국교사협의회(전교협)'가 결성되고, 그는 초대회장이 된다(1987).

전교협은 창립 선언문에서 "맹목적인 복종을 단호히 거부하고 교사의 단결을 기초로 교사의 의견을 수렴하고 학생 교육을 정상화하며,

학부모의 올바른 교육적 요구를 받아들여 이 시대 이 땅의 참된 교육을 실천해갈 것이다. 우리는 완전한 자주적 교원단체가 결성되고 교사의 제반 민주적 권리가 확립될 때까지 결연히 싸워나갈 것"과 "우리 교사와 학생·학부모의 희망찬 내일을 위해 교육의 민주화를 힘차게 추진하고 민족과 역사 앞에 떳떳한 참교육을 실천해나가자."고 선언한다.

전교협이 결성된 지 2개월 반 만에 14개 전국 시·도 교사협의회 조직이 결성되는 등 교사들의 자주적 조직 건설 요구는 빠르게 확산된다. 이러한 움직임은 마침내 1989년 5월 28일 전국교직원노동조합(전교조)의 창립으로 이어진다. 그는 전교조 초대 위원장으로 선출된다. 당시 연세대학교 도서관 광장에서의 전교조 창립은 극적으로 이뤄진다. 오후 2시, 산을 타고 들어간 윤영규는 플래카드 두 장이 펼쳐지자 교사와 학생 200여 명 앞에 선다. 그리고 핸드마이크를 들고 "겨레의 교육성업을 수임받은 우리 전국의 40만 교직원은 오늘 역사적인 전국교직원노동조합의 결성을 선포한다. 오늘의 이 쾌거는 학생, 학부모와 함께 우리 교직원이 교육의 주체로 우뚝 서겠다는 엄숙한 선언이며 민족·민주·인간화 교육을 위한 참교육운동을 더욱 뜨겁게 전개해나가겠다는 굳은 의지를 민족과 역사 앞에 밝히는 것이다."라는 결성 선언문을 부리나케 낭독한다. 이어 '교직원 노조 사수하자, 전교조 합법화 하라!'는 구호를 외치면서 10분 만에 결성식을 마무리한다. 전교조 결성 후 그는 공무원법 위반, 간행물법 위반, 모금법 위반으로 구속된다.

이후에도 그는 민주쟁취국민연합 공동의장(1990), 5·18정신함양 및 범국민대책위원회 전국공동위원장(1991), 5·18 기념재단 이사장, 동아시아 평화·인권 한국위원회 공동의장(2001), 전교조 자문위원(2005)을 지내면서 민주화의 끈을 내려놓지 않았다. 2005년 3월 마지막 날 갑자기 쓰러진 그는 국립 5·18 민주묘지에 잠들었다. 정부는 그의 공을 기려 국민훈장 모란장을 추서했다.

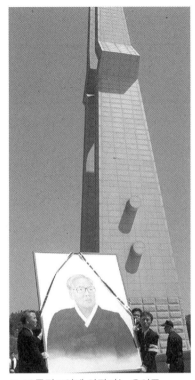

5·18국립묘역에 안장되는 윤영규

소설가 공선옥은 윤영규 선생의 생애를 담은 『교사를 가르친 교사, 우리 시대의 참스승』을 발간하여 그의 삶을 정리했다. 이 책에서 공선옥은 선생의 삶을 교사로서의 삶, 시민으로서의 삶, 교육운동가가 되어 수많은 교사들의 스승으로 살았던 삶 등으로 나누어 설명하고 있다. 그리고 "오늘, 사익보다는 공동체의 이익을, 내 가족의 안녕보다는 우리 모두의 평화를 위하여, 아직 동이 터오기도 전의 캄캄한 새벽길을 뚜벅뚜벅 걸어간 사람"으로 그를 기린다.

오늘 윤영규는 이 땅의 교사 가운데 가장 잘 알려진 이름이다. 윤영규는 한 개인을 가리키는 고유명사이지만, 어느 순간부터 참교육과 전교조를 아우르는 보통명사로 쓰여왔다. 그는 민주화운동의 투사였고, 참교육, 교육운동의 고결한 지도자였다.

교사를 가르친 교사, 참스승 윤영규는 광주 무등산이 낳은 또 한 분의 영웅이 아닐 수 없다.

참고문헌

『세종실록지리지』.

『신증동국여지승람』.

『삼국사기』.

『삼국유사』.

『고려사』.

『조선왕조실록』.

『비록한말전남의병전투사』, 이일룡 번역, 1977.

『무진고성1』, 임영진, 전남대박물관, 1989.

『사진으로 본 광주 100년』, 광주직할시, 1989.

『필문선생문헌집(蓽門先生文獻集)』, 도서출판 보림, 1993.

『광주시사』, 광주직할시사편찬위원회, 1993.

『전라남도지』, 전라남도지편찬위원회, 1993.

『광주1백년』(1, 2), 박선홍, 도서출판 민, 1994.

『광주읍지』, 광주문화원, 1994.

『양림교회90년사』, 차종순, 글벗출판사, 1994.

『國譯 懷齋集』, 동양학연구원, 1994.

『호남 4·19 30년사』, 4·19혁명 부상자회 광주·전남지부, 1995.

『영산강 삼백오십리』, 김경수, 향지사, 1995.

『광주학생독립운동사』, 광주학생독립운동동지회, 1996.

『光州 治平洞 遺蹟』, 전남대학교박물관, 1997.

『한말 광산의병 사료조사 보고서』, 광주광역시 광산구청, 1997.

『영산강 유역사 연구』, 한국향토사연구전국협의회, 1997.

『청년의 영원한 벗』, 소민 박준 선생 회갑기념문집 간행위원회, 1998.

『남도문화』, 날빛, 1998.

『광주역사』, 광주광역시사편찬위원회, 라이프, 1998.

『광주의 역사와 문화』, 광주민속박물관, 드림디자인, 1999.

『무등산 분청사기』, 광주시립민속박물관, 1999.

『성자의 지팡이』, 문순태, 다지리, 2000.

『광주 전남의 역사』, 무등역사연구회, 2001.

『광주 전남 독립운동사적지 I』, 독립기념관 한국독립운동사연구소, 2001.

『광주의 자랑』, 광주광역시, 2001.

『나는 호남인이로소이다』, 이종범, 사회문화원, 2002.

『전남향토문화백과사전』, 전라남도호남문화연구소, 태학사, 2002.

『광주의 길과 풍물』, 광주시립민속박물관, 2002.

『남도명품전』, 국립광주박물관, 2002.

『조선시대도자기』, 김영원, 서울대학교 출판부, 2003.

『무등산』, 박선홍, 다지리, 2003.

『일제 강점기 광주문헌집』, 광주민속박물관, 2004.

『사림열전』, 이종범, 아침이슬, 2006.

『김덕령 평전』, 김영헌, 향지사, 2006.

『윤상원 평전』, 박호재·임낙평, 풀빛, 2007.

『유구한 문화의 도시 광주』, 국립광주박물관, 도서출판 라인, 2008.

「교사를 가르친 교사」, 『우리시대의 참스승 윤영규』, 공선옥, 2008.

『담양의 누정기행』, 김신중 외, 담양문화원, 2009.

『양진여·양상기부자의병장 실기』, 노성태, 한국문화원연합회 광주광역시지회, 2009.

『국역 無等山遊山記』, 광주시립민속박물관, 2010.

『남도, 영웅이 깃든 땅』, 광주민속박물관, 2011.

『무등산 옛길 위의 광주』, 김덕진, 한국문화원연합회광주광역시지회, 2011.

『임진왜란과 호남 사람들』, 김세곤, 온새미로, 2011.

『광주 건축사』, 천득염, 전남대학교 출판부, 2011.

『남도의 기억을 걷다』, 노성태, 살림터, 2012.

『남구를 빛낸 사람들』, 이종일, 남구문화원, 2012.

『2000년 전의 타임캡슐』, 국립광주박물관, 2012.

『새벽 기관차 박관현 평전』, 최유정, 사계절, 2012.

『호남의 한(恨)』, 징소리, 양정석, 2012.

『어등산 일대 한말의병 전적지 기초조사 용역 최종보고서』, 광주광역시 광산구청, 2012.

『무등산이 된 화가 허백련·오지호』, 한국문화원연합회 광주시지회, 2012.

『길에서 남도를 만나다』, 광주광역시 시립민속박물관, 2013.

『전라도 역사 이야기』, 무등역사연구회, 2013.

『일제강점기 광주의 도시변천』, 광주광역시 시립민속박물관, 2013.

다음 사진은 『사진으로 본 광주 100년』(광주직할시, 1989)에서 재인용하였습니다.

65쪽, 사직공원의 명물이었던 나무 전망대
100쪽, 1913년에 세워진 희경루 자리의 광주우체국
103쪽, 사진으로만 남은 태봉산 전경
110쪽, 원효사에서 바라본 옛 무등산 전경(1955)
111쪽, 1960~70년대 학생들의 소풍 장소였던 무등산
117쪽, 해방 직후인 1946년 경양방죽 모습
118쪽, 광주여고 앨범에 실린 경양방죽 풍경(1961)
119쪽, 스케이트장이 된 경양방죽의 겨울(1940년대 사진)
124쪽, 광주 공립보통학교 교사(1928년, 현재의 서석초등학교 교사 자리)
128쪽, 광주읍성의 동문인 서원문
135쪽, 1970년대의 광주천
137쪽, 1950년대의 광주천 풍경
143쪽, 광주공원 정상 자리에 세워졌던 광주신사와 도리이
144쪽, 광주공원에 벚꽃놀이 나온 일본인들

삶의 행복을 꿈꾸는 교육은 어디에서 오는가?

미래 100년을 향한 새로운 교육 **혁신교육을 실천하는 교사들의 필독서**

▶ **교육혁명을 앞당기는 배움책 이야기**
혁신교육의 철학과 잉걸진 미래를 만나다!

한국교육연구네트워크 총서

 01 핀란드 교육혁명
한국교육연구네트워크 엮음 | 320쪽 | 값 15,000원

 02 일제고사를 넘어서
한국교육연구네트워크 엮음 | 284쪽 | 값 13,000원

 03 새로운 사회를 여는 교육혁명
한국교육연구네트워크 엮음 | 380쪽 | 값 17,000원

 04 교장제도 혁명
한국교육연구네트워크 엮음 | 268쪽 | 값 14,000원

 05 새로운 사회를 여는 교육자치 혁명
한국교육연구네트워크 엮음 | 312쪽 | 값 15,000원

 06 혁신학교에 대한 교육학적 성찰
한국교육연구네트워크 엮음 | 308쪽 | 값 15,000원

 07 진보주의 교육의 세계적 동향
한국교육연구네트워크 엮음 | 324쪽 | 값 17,000원
2018 세종도서 학술부문

 08 더 나은 세상을 위한 학교혁명
한국교육연구네트워크 엮음 | 404쪽 | 값 21,000원
2018 세종도서 교양부문

 혁신학교
성열관·이순철 지음 | 224쪽 | 값 12,000원

 행복한 혁신학교 만들기
초등교육과정연구모임 지음 | 264쪽 | 값 13,000원

 서울형 혁신학교 이야기
이부영 지음 | 320쪽 | 값 15,000원

 혁신교육, 철학을 만나다
브렌트 데이비스·데니스 수마라 지음
현인철·서용선 옮김 | 304쪽 | 값 15,000원

 혁신교육 존 듀이에게 묻다
서용선 지음 | 292쪽 | 값 14,000원

 다시 읽는 조선 교육사
이만규 지음 | 750쪽 | 값 33,000원

 대한민국 교육혁명
교육혁명공동행동 연구위원회 지음 | 224쪽 | 값 12,000원

한국교육연구네트워크 번역 총서

 01 프레이리와 교육
존 엘리아스 지음 | 한국교육연구네트워크 옮김
276쪽 | 값 14,000원

 02 교육은 사회를 바꿀 수 있을까?
마이클 애플 지음 | 강희룡·김선우·박원순·이형빈 옮김
356쪽 | 값 16,000원

 **03 비판적 페다고지는
세상을 변화시킬 수 있는가?**
Seewha Cho 지음 | 심성보·조시화 옮김 | 280쪽 | 값 14,000원

 04 마이클 애플의 민주학교
마이클 애플·제임스 빈 엮음 | 강희룡 옮김 | 276쪽 | 값 14,000원

 05 21세기 교육과 민주주의
넬 나딩스 지음 | 심성보 옮김 | 392쪽 | 값 18,000원

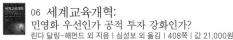 **06 세계교육개혁:
민영화 우선인가 공적 투자 강화인가?**
린다 달링-해먼드 외 지음 | 심성보 외 옮김 | 408쪽 | 값 21,000원

 07 콩도르세, 공교육에 관한 다섯 논문
니콜라 드 콩도르세 지음 | 이주환 옮김 | 300쪽 | 값 16,000원

 대한민국 교사, 어떻게 가르칠 것인가?
윤성관 지음 | 320쪽 | 값 15,000원

 아이들을 어떻게 가르칠 것인가
사토 마나부 지음 | 박찬영 옮김 | 232쪽 | 값 13,000원

 모두를 위한 국제이해교육
한국국제이해교육학회 지음 | 364쪽 | 값 16,000원

 경쟁을 넘어 발달 교육으로
현광일 지음 | 288쪽 | 값 14,000원

 독일 교육, 왜 강한가?
박성희 지음 | 324쪽 | 값 15,000원

 핀란드 교육의 기적
한넬레 니에미 외 엮음 | 장수명 외 옮김 | 456쪽 | 값 23,000원

 한국 교육의 현실과 전망
심성보 지음 | 724쪽 | 값 35,000원

▶ 비고츠키 선집 시리즈
발달과 협력의 교육학 어떻게 읽을 것인가?

생각과 말
레프 세묘노비치 비고츠키 지음
배희철·김용호·D. 켈로그 옮김 | 690쪽 | 값 33,000원

도구와 기호
비고츠키·루리야 지음 | 비고츠키 연구회 옮김
336쪽 | 값 16,000원

어린이 자기행동숙달의 역사와 발달 I
L.S. 비고츠키 지음 | 비고츠키 연구회 옮김
564쪽 | 값 28,000원

어린이 자기행동숙달의 역사와 발달 II
L.S. 비고츠키 지음 | 비고츠키 연구회 옮김
552쪽 | 값 28,000원

어린이의 상상과 창조
L.S. 비고츠키 지음 | 비고츠키 연구회 옮김
280쪽 | 값 15,000원

비고츠키와 인지 발달의 비밀
A.R. 루리야 지음 | 배희철 옮김 | 280쪽 | 값 15,000원

수업과 수업 사이
비고츠키 연구회 지음 | 196쪽 | 값 12,000원

비고츠키의 발달교육이란 무엇인가?
비고츠키교육학실천연구모임 지음 | 412쪽 | 값 21,000원

비고츠키 철학으로 본 핀란드 교육과정
배희철 지음 | 456쪽 | 값 23,000원

성장과 분화
L.S. 비고츠키 지음 | 비고츠키 연구회 옮김
308쪽 | 값 15,000원

연령과 위기
L.S. 비고츠키 지음 | 비고츠키 연구회 옮김
336쪽 | 값 17,000원

의식과 숙달
L.S 비고츠키 | 비고츠키 연구회 옮김
348쪽 | 값 17,000원

분열과 사랑
L.S. 비고츠키 지음 | 비고츠키 연구회 옮김
260쪽 | 값 16,000원

성애와 갈등
L.S. 비고츠키 지음 | 비고츠키 연구회 옮김
268쪽 | 값 17,000원

관계의 교육학, 비고츠키
진보교육연구소 비고츠키교육학실천연구모임 지음
300쪽 | 값 15,000원

비고츠키 생각과 말 쉽게 읽기
진보교육연구소 비고츠키교육학실천연구모임 지음
316쪽 | 값 15,000원

교사와 부모를 위한 비고츠키 교육학
카르포프 지음 | 실천교사번역팀 옮김 | 308쪽 | 값 15,000원

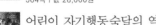
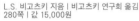

▶ 살림터 참교육 문예 시리즈
영혼이 있는 삶을 가르치는 온 선생님을 만나다!

꽃보다 귀한 우리 아이는
조재도 지음 | 244쪽 | 값 12,000원

성깔 있는 나무들
최은숙 지음 | 244쪽 | 값 12,000원

아이들에게 세상을 배웠네
명혜정 지음 | 240쪽 | 값 12,000원

밥상에서 세상으로
김흥숙 지음 | 280쪽 | 값 13,000원

우물쭈물하다 끝난 교사 이야기
유기창 지음 | 380쪽 | 값 17,000원

선생님이 먼저 때렸는데요
강병철 지음 | 248쪽 | 값 12,000원

서울 여자, 시골 선생님 되다
조경선 지음 | 252쪽 | 값 12,000원

행복한 창의 교육
최창의 지음 | 328쪽 | 값 15,000원

북유럽 교육 기행
정애경 외 14인 지음 | 288쪽 | 값 14,000원

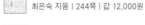
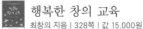

▶ 4·16, 질문이 있는 교실 마주이야기
통합수업으로 혁신교육과정을 재구성하다!

통하는 공부
김태호·김형우·이경석·심우근·허진만 지음
324쪽 | 값 15,000원

내일 수업 어떻게 하지?
아이함께 지음 | 300쪽 | 값 15,000원
2015 세종도서 교양부문

인간 회복의 교육
성래운 지음 | 260쪽 | 값 13,000원

교과서 너머 교육과정 마주하기
이윤미 외 지음 | 368쪽 | 값 17,000원

수업 고수들 수업·교육과정·평가를 말하다
박현숙 외 지음 | 368쪽 | 값 17,000원

도덕 수업, 책으로 묻고 윤리로 답하다
울산도덕교사모임 지음 | 320쪽 | 값 15,000원

체육 교사, 수업을 말하다
전용진 지음 | 304쪽 | 값 15,000원

교실을 위한 프레이리
아이러 쇼어 엮음 | 사람대사람 옮김 | 412쪽 | 값 18,000원

마을교육공동체란 무엇인가?
서용선 외 지음 | 360쪽 | 값 17,000원

교사, 학교를 바꾸다
정진화 지음 | 372쪽 | 값 17,000원

함께 배움
학생 주도 배움 중심 수업 이렇게 한다
니시카와 준 지음 | 백경석 옮김 | 280쪽 | 값 15,000원

공교육은 왜?
홍섭근 지음 | 352쪽 | 값 16,000원

자기혁신과 공동의 성장을 위한
교사들의 필리버스터
윤양수·원종희·장군·조경삼 지음 | 280쪽 | 값 14,000원

함께 배움 이렇게 시작한다
니시카와 준 지음 | 백경석 옮김 | 196쪽 | 값 12,000원

함께 배움 교사의 말하기
니시카와 준 지음 | 백경석 옮김 | 188쪽 | 값 12,000원

교육과정 통합, 어떻게 할 것인가?
성열관 외 지음 | 192쪽 | 값 13,000원

미래교육의 열쇠, 창의적 문화교육
심광현·노명우·강정석 지음 | 368쪽 | 값 16,000원

주제통합수업, 아이들을 수업의 주인공으로!
이윤미 외 지음 | 392쪽 | 값 17,000원

수업과 교육의 지평을 확장하는 수업 비평
윤양수 지음 | 316쪽 | 값 15,000원
2014 문화체육관광부 우수교양도서

교사, 선생이 되다
김태은 외 지음 | 260쪽 | 값 13,000원

교사의 전문성, 어떻게 만들어지나
국제교원노조연맹 보고서 | 김석규 옮김 392쪽 | 값 17,000원

수업의 정치
윤양수·원종희·장군 지음 | 280쪽 | 값 14,000원

학교협동조합,
현장체험학습과 마을교육공동체를 잇다
주수원 외 지음 | 296쪽 | 값 15,000원

거꾸로 교실,
잠자는 아이들을 깨우는 수업의 비밀
이민경 지음 | 280쪽 | 값 14,000원

교사는 무엇으로 사는가
정은균 지음 | 292쪽 | 값 15,000원

마음의 힘을 기르는 감성수업
조선미 외 지음 | 300쪽 | 값 15,000원

작은 학교 아이들
지경준 엮음 | 376쪽 | 값 17,000원

아이들의 배움은 어떻게 깊어지는가
이시이 준지 지음 | 방지현·이창희 옮김 | 200쪽 | 값 11,000원

대한민국 입시혁명
참교육연구소 입시연구팀 지음 | 220쪽 | 값 12,000원

교사를 세우는 교육과정
박승열 지음 | 312쪽 | 값 15,000원

전국 17명 교육감들과 나눈
교육 대담
최창의 대담·기록 | 272쪽 | 값 15,000원

들뢰즈와 가타리를 통해
유아교육 읽기
리세롯 마리엣 올슨 지음 | 이연선 외 옮김 | 328쪽 | 값 17,000원

학교 혁신의 길, 아이들에게 묻다
남궁상운 외 지음 | 272쪽 | 값 15,000원

프레이리의 사상과 실천
사람대사람 지음 | 352쪽 | 값 18,000원
2018 세종도서 학술부문

혁신학교, 한국 교육의 미래를 열다
송순재 외 지음 | 608쪽 | 값 30,000원

페다고지를 위하여
프레네의 『페다고지 불변요소』 읽기
박찬영 지음 | 296쪽 | 값 15,000원

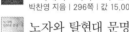
노자와 탈현대 문명
홍승표 지음 | 284쪽 | 값 15,000원

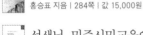
선생님, 민주시민교육이 뭐예요?
염경미 지음 | 244쪽 | 값 15,000원

어쩌다 혁신학교
유우석 외 지음 | 380쪽 | 값 17,000원

미래, 교육을 묻다
정광필 지음 | 232쪽 | 값 15,000원

대학, 협동조합으로 교육하라
박주희 외 지음 | 252쪽 | 값 15,000원

입시, 어떻게 바꿀 것인가?
노기원 지음 | 306쪽 | 값 15,000원

촛불시대, 혁신교육을 말하다
이용관 지음 | 240쪽 | 값 15,000원

라운드 스터디
이시이 데루마사 외 엮음 | 224쪽 | 값 15,000원

미래교육을 디자인하는 학교교육과정
박승열 외 지음 | 348쪽 | 값 18,000원

흥미진진한 아일랜드 전환학년 이야기
제리 제퍼스 지음 | 최상덕·김호원 옮김 | 508쪽 | 값 27,000원

폭력 교실에 맞서는 용기
따돌림사회연구모임 학급운영팀 지음 | 272쪽 | 값 15,000원

그래도 혁신학교
박은혜 외 지음 | 248쪽 | 값 15,000원

학교는 어떤 공동체인가?
성열관 외 지음 | 228쪽 | 값 15,000원

학교 민주주의의 불한당들
정은균 지음 | 276쪽 | 값 14,000원

교육과정, 수업, 평가의 일체화
리사 카터 지음 | 박승열 외 옮김 | 196쪽 | 값 13,000원

학교를 개선하는 교장
지속가능한 학교 혁신을 위한 실천 전략
마이클 풀란 지음 | 서동연·정효준 옮김 | 216쪽 | 값 13,000원

공자던, 논어는 이것이다
유문상 지음 | 392쪽 | 값 18,000원

교사와 부모를 위한
발달교육이란 무엇인가?
현광일 지음 | 380쪽 | 값 18,000원

교사, 이오덕에게 길을 묻다
이무완 지음 | 328쪽 | 값 15,000원

낙오자 없는 스웨덴 교육
레이프 스트란드베리 지음 | 변광수 옮김 | 208쪽 | 값 13,000원

끝나지 않은 마지막 수업
장석웅 지음 | 328쪽 | 값 20,000원

경기꿈의학교
진흥섭 외 지음 | 360쪽 | 값 17,000원

학교를 말한다
이성우 지음 | 292쪽 | 값 15,000원

행복도시 세종, 혁신교육으로 디자인하다
곽순일 외 지음 | 392쪽 | 값 18,000원

나는 거꾸로 교실 거꾸로 교사
류광모·임정훈 지음 | 212쪽 | 값 13,000원

교실 속으로 간 이해중심 교육과정
온정덕 외 지음 | 224쪽 | 값 13,000원

교실, 평화를 말하다
따돌림사회연구모임 초등우정팀 지음 | 268쪽 | 값 15,000원

학교자율운영 2.0
김용 지음 | 240쪽 | 값 15,000원

학교자치를 부탁해
유우석 외 지음 | 252쪽 | 값 15,000원

국제이해교육 페다고지
강순원 외 지음 | 256쪽 | 값 15,000원

교사 전쟁
다나 골드스타인 지음 | 유성상 외 옮김 | 468쪽 | 값 23,000원

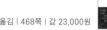
미래교육, 어떻게 만들어갈 것인가?
송기상·김성천 지음 | 300쪽 | 값 16,000원

인공지능 시대의 사회학적 상상력
홍승표 지음 | 260쪽 | 값 15,000원

선생님, 페미니즘이 뭐예요?
염경미 지음 | 280쪽 | 값 15,000원

▶ 교과서 밖에서 만나는 역사 교실
상식이 통하는 살아 있는 역사를 만나다

전봉준과 동학농민혁명
조광환 지음 | 336쪽 | 값 15,000원

교과서 밖에서 배우는 역사 공부
정은교 지음 | 292쪽 | 값 14,000원

남도의 기억을 걷다
노성태 지음 | 344쪽 | 값 14,000원

팔만대장경도 모르면 빨래판이다
전병철 지음 | 360쪽 | 값 16,000원

응답하라 한국사 1·2
김은석 지음 | 356쪽·368쪽 | 각권 값 15,000원

빨래판도 잘 보면 팔만대장경이다
전병철 지음 | 360쪽 | 값 16,000원

즐거운 국사수업 32강
김남선 지음 | 280쪽 | 값 11,000원

영화는 역사다
강성률 지음 | 288쪽 | 값 13,000원

즐거운 세계사 수업
김은석 지음 | 328쪽 | 값 13,000원

친일 영화의 해부학
강성률 지음 | 264쪽 | 값 15,000원

강화도의 기억을 걷다
최보길 지음 | 276쪽 | 값 14,000원

한국 고대사의 비밀
김은석 지음 | 304쪽 | 값 13,000원

광주의 기억을 걷다
노성태 지음 | 348쪽 | 값 15,000원

조선족 근현대 교육사
정미량 지음 | 320쪽 | 값 15,000원

**선생님도 궁금해하는
한국사의 비밀 20가지**
김은석 지음 | 312쪽 | 값 15,000원

다시 읽는 조선근대 교육의 사상과 운동
윤건차 지음 | 이명실·심성보 옮김 | 516쪽 | 값 25,000원

걸림돌
키르스텐 세룹-빌펠트 지음 | 문봉애 옮김
248쪽 | 값 13,000원

음악과 함께 떠나는 세계의 혁명 이야기
조광환 지음 | 292쪽 | 값 15,000원

역사수업을 부탁해
열 사람의 한 걸음 지음 | 388쪽 | 값 18,000원

논쟁으로 보는 일본 근대 교육의 역사
이명실 지음 | 324쪽 | 값 17,000원

진실과 거짓, 인물 한국사
하성환 지음 | 400쪽 | 값 18,000원

다시, 독립의 기억을 걷다
노성태 지음 | 320쪽 | 값 16,000원

우리 역사에서 사라진 근현대 인물 한국사
하성환 지음 | 296쪽 | 값 18,000원

한국사 리뷰
김은석 지음 | 244쪽 | 값 15,000원

꼬물꼬물 거꾸로 역사수업
역모자들 지음 | 436쪽 | 값 23,000원

▶ 더불어 사는 정의로운 세상을 여는 인문사회과학
사람의 존엄과 평등의 가치를 배운다

밥상혁명
강양구·강이현 지음 | 298쪽 | 값 13,800원

도덕 교과서 무엇이 문제인가?
김대용 지음 | 272쪽 | 값 14,000원

자율주의와 진보교육
조엘 스프링 지음 | 심성보 옮김 | 320쪽 | 값 15,000원

민주화 이후의 공동체 교육
심성보 지음 | 392쪽 | 값 15,000원
2009 문화체육관광부 우수학술도서

갈등을 넘어 협력 사회로
이창언·오수길·유문종·신윤관 지음 | 280쪽 | 값 15,000원

동양사상과 마음교육
정재걸 외 지음 | 356쪽 | 값 16,000원
2015 세종도서 학술부문

교과서 밖에서 배우는 철학 공부
정은교 지음 | 280쪽 | 값 14,000원

교과서 밖에서 배우는 사회 공부
정은교 지음 | 304쪽 | 값 15,000원

교과서 밖에서 배우는 윤리 공부
정은교 지음 | 292쪽 | 값 15,000원

한글 혁명
김슬옹 지음 | 388쪽 | 값 18,000원

우리 안의 미래교육
정재걸 지음 | 484쪽 | 값 25,000원

비판적 실천을 위한 교육학
이윤미 외 지음 | 448쪽 | 값 23,000원

좌우지간 인권이다
안경환 지음 | 288쪽 | 값 13,000원

민주시민교육
심성보 지음 | 544쪽 | 값 25,000원

민주시민을 위한 도덕교육
심성보 지음 | 500쪽 | 값 25,000원
2015 세종도서 학술부문

교과서 밖에서 배우는 인문학 공부
정은교 지음 | 280쪽 | 값 13,000원

오래된 미래교육
정재걸 지음 | 392쪽 | 값 18,000원

대한민국 의료혁명
전국보건의료산업노동조합 엮음 | 548쪽 | 값 25,000원

교과서 밖에서 배우는 고전 공부
정은교 지음 | 288쪽 | 값 14,000원

전체 안의 전체 사고 속의 사고
김우창의 인문학을 읽다
현광일 지음 | 320쪽 | 값 15,000원

카스트로, 종교를 말하다
피델 카스트로·프레이 베토 대담 | 조세종 옮김
420쪽 | 값 21,000원

일제강점기 한국철학
이태우 지음 | 448쪽 | 값 25,000원

한국 교육 제4의 길을 찾다
이길상 지음 | 400쪽 | 값 21,000원

왜 그는 한국으로 돌아왔는가?
황선준 지음 | 364쪽 | 값 17,000원

▶ 남북이 하나 되는 두물머리 평화교육
분단 극복을 위한 치열한 배움과 실천을 만나다

10년 후 통일
정동영·지승호 지음 | 328쪽 | 값 15,000원

분단시대의 통일교육
성래운 지음 | 428쪽 | 값 18,000원

한반도 평화교육 어떻게 할 것인가
이기범 외 지음 | 252쪽 | 값 15,000원

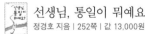
선생님, 통일이 뭐예요?
정경호 지음 | 252쪽 | 값 13,000원

김창환 교수의 DMZ 지리 이야기
김창환 지음 | 264쪽 | 값 15,000원

▶ 평화샘 프로젝트 매뉴얼 시리즈
학교폭력에 대한 근본적인 예방과 대책을 찾는다

학교폭력 어떻게 만들어지는가
문재현 지음 | 300쪽 | 값 14,000원

아이들을 살리는 동네
문재현·신동명·김수동 지음 | 204쪽 | 값 10,000원

학교폭력, 멈춰!
문재현 외 지음 | 348쪽 | 값 15,000원

평화! 행복한 학교의 시작
문재현 외 지음 | 252쪽 | 값 12,000원

왕따, 이렇게 해결할 수 있다
문재현 외 지음 | 236쪽 | 값 12,000원

마을에 배움의 길이 있다
문재현 지음 | 208쪽 | 값 10,000원

젊은 부모를 위한 백만 년의 육아 슬기
문재현 지음 | 248쪽 | 값 13,000원

별자리, 인류의 이야기 주머니
문재현·문한외 지음 | 444쪽 | 값 20,000원

우리는 마을에 산다
유양우·신동명·김수동·문재현 지음 | 312쪽 | 값 15,000원

동생아, 우리 뭐 하고 놀까?
문재현 외 지음 | 280쪽 | 값 15,000원

▶ 창의적인 협력 수업을 지향하는 삶이 있는 국어 교실
우리말 글을 배우며 세상을 배운다

중학교 국어 수업 어떻게 할 것인가?
김미경 지음 | 340쪽 | 값 15,000원

토론의 숲에서 나를 만나다
명혜정 엮음 | 312쪽 | 값 15,000원

토닥토닥 토론해요
명혜정·이명선·조선미 엮음 | 288쪽 | 값 15,000원

인문학의 숲을 거니는 토론 수업
순천국어교사모임 엮음 | 308쪽 | 값 15,000원

어린이와 시
오인태 지음 | 192쪽 | 값 12,000원

수업, 슬로리딩과 함께
박경숙 외 지음 | 268쪽 | 값 15,000원

언어던
정은균 지음 | 268쪽 | 값 15,000원

▶ 출간예정

참된 삶과 교육에 관한
생각 줍기